# ITINÉRAIRE PAÏEN

Alaric Albertsson

# ITINÉRAIRE PAÏEN

## Pratique spirituelle au jour le jour

Traduction de Keri of the Woods

2021
Éditions Danaé

# À propos de l'auteur

Alaric Albertsson (Pennsylvanie), anglo-saxon d'adoption, est l'un des membres fondateurs de Earendel Hearth. Il a occupé le poste de vice-président dans les années 1990 et faisait partie du conseil d'administration de la Heartland Spiritual Alliance. Il est actuellement membre de l'organisation druidique Ár nDraíocht Féin (ADF) et occupe le poste de vice-chef anglo-saxon des membres de la famille germanique de l'ADF, Eldr ok Iss.

Albertsson s'est tourné vers le polythéisme pour la première fois à l'été 1971. À cette époque, il eut l'occasion de s'entretenir avec des habitants des zones rurales des monts Ozark pour en apprendre plus sur les traditions liées à la lune, à la météorologie, et sur les croyances populaires qui étaient fortement influencées par les traditions spirituelles. Au cours des quatre dernières décennies, la pratique spirituelle personnelle d'Albertsson est devenue une synthèse de la tradition anglo-saxonne, du folklore rural, des études sur les plantes et du savoir-faire runique.

*Ce livre explore des expériences personnelles, les miennes et celles d'autres hommes et femmes païens, et me permet de tisser ce lien avec d'innombrables personnes à qui je dois des remerciements. Je pense que je devrais tout d'abord remercier les nombreuses personnes qui ont gardé notre culture contemporaine, comme Gerald Gardner, Sybil Leek, Paul Huson, Zsuzsanna Budapest, Oberon Zell, Raymond Buckland, Leo Martello, etc. Je ne pourrais pas les nommer tous. Ils ont jeté les bases de ce qui allait s'étendre aux vastes et diverses communautés païennes que nous connaissons aujourd'hui.*

*Je dois également remercier des personnes telles que Ian Corrigan et M. Cassius Julianus. Un merci spécial à ceux qui ont accepté d'être interviewés pour ce livre : Mario Munive, Diane Dahm, Irisa MacKenzie, Joy et Jack Bennett, Devin Hunter et Nick Egelhoff. En partageant leurs propres expériences, ils ont chacun apporté quelque chose de spécial à ce livre.*

*Enfin, je voudrais remercier mes éditeurs, Elysia Gallo et Andrea Neff, pour leur aide précieuse. Je ne pense pas que les écrivains apprécient vraiment le processus éditorial, mais mes deux rédactrices ont rattrapé des erreurs qui auraient pu être embêtantes si elles avaient été imprimées. J'ai eu la chance de pouvoir travailler avec ces deux merveilleuses femmes.*

Éditions Danaé
10 rue de Vidailhan
31130 BALMA
FRANCE

www.editions-danae.com

Retrouvez-nous sur les réseaux sociaux

Facebook @editionsdanae
Twitter @AllianceMagique
Instagram @editionsdanae



**Crédits**

Traduction : Keri of the Woods
Couverture et mise en page : Emmà Landi
Image couverture : iStock/Vladimir Zapletin (photo)
Crédits des illustrations : Llewellyn Art Department
Titre original : *To Walk a Pagan Path: Practical Spirituality for Every Day* © 2013 par Alaric Albertsson – Llewellyn Publications – 2143 Wooddale Drive – Woodbury, MN 55125-2989


Un Label du groupe Alliance Magique
ISBN : 979-10-94876-70-1
Dépôt légal : 1er trimestre 2021

*Imprimé en France par Présence Graphique - Monts.*

# SOMMAIRE

Introduction ... 9

**Chapitre 1 – Les sept étapes pour une nouvelle façon de vivre ... 13**

**Chapitre 2 – Le calendrier sacré ... 41**

**Chapitre 3 – Dévotions quotidiennes ... 59**

**Chapitre 4 – Les esprits familiers ... 75**

**Chapitre 5 – Feuilles et fruits ... 107**

**Chapitre 6 – Écorces et branches ... 129**

**Chapitre 7 – Les oiseaux et les abeilles ... 143**

**Chapitre 8 – Cuisiner ... 167**

**Chapitre 9 – Artisanat païen ... 187**

**Chapitre 10 – Yule ... 213**

Glossaire ... 227

Bibliographie ... 231

Index ... 233

# INTRODUCTION

Ce livre évoque ce que la plupart des païens aspirent à faire : il s'agit d'exprimer notre spiritualité dans notre quotidien. Après la fin de la réunion de votre coven ou la fin du rituel de votre clairière ou bosquet, comment continuez-vous à vivre votre paganisme au jour le jour ?

Il y a des années, un ami non païen m'a dit : « Je sais pourquoi tu es toujours aussi heureux, Alaric. C'est grâce à toutes ces fêtes païennes. Tu fêtes Noël toute l'année ! »

Il y avait un fond de vérité dans cette pensée. Pour la majorité d'entre nous, païens qui respectons la Roue de l'année, une fête est célébrée toutes les six semaines environ. Nous avons à peine le temps de ranger les décorations de l'équinoxe de printemps que nous devons commencer à organiser nos célébrations pour Beltane, puis Litha et ensuite celles de Lammas. En fonction de votre chemin ou de votre tradition, certaines de ces fêtes auront plus de signification que d'autres, mais l'esprit de chaque célébration traverse nos vies comme un courant sans fin.

Nous pouvons éprouver encore plus de satisfaction en étendant notre expression spirituelle au-delà de ces pratiques saisonnières et de notre quotidien. Mais vivre pleinement comme un païen nécessite un effort intentionnel, et aussi un peu d'organisation. La bonne nouvelle est que les avantages l'emportent largement sur les efforts fournis.

Pensez à ce livre comme à une trousse à outils pour bâtir votre vie païenne. Le livre fournit quelques outils, mais la construction de votre vie dépendra de votre chemin ou de votre tradition, de vos besoins personnels et de tous les nombreux éléments qui ont fait de vous un individu unique. Certaines des idées que vous trouverez ici vous seront plus utiles que d'autres. Certaines ne vous conviendront peut-être pas.

Par exemple, dans le livre, je propose l'apiculture comme activité pour créer un lien avec la Terre, mais cela peut ne pas vous convenir si vous êtes allergique aux piqûres d'abeilles ou si vous souffrez d'entomophobie (peur des insectes), ou encore si vous n'avez pas les moyens financiers d'exercer une telle activité. L'apiculture n'est pas pour tout le monde.

Selon votre conception de la vie, certaines des idées présentées ici pourront vous être utiles et vous pourrez les modifier pour qu'elles vous correspondent. Dans la mesure du possible, j'ai essayé de prendre en compte toute la diversité des croyances, traditions et expériences païennes, mais n'hésitez pas à adapter tout ce qui est contenu dans ces pages pour répondre à vos propres besoins. Marcher sur la voie païenne c'est exprimer votre spiritualité dans votre vie quotidienne !

Mon chemin personnel est saxon, comme vous le savez déjà si vous avez lu d'autres livres que j'ai écrit. L'inspiration qui façonne ma spiritualité provient de la culture et des traditions de l'Angleterre préchrétienne. Ce livre contient donc de nombreux exemples d'un point de vue saxon. Cependant, les idées à la base de ces exemples peuvent et doivent être personnalisées pour refléter votre propre tradition. Que votre chemin soit wiccan, saxon, celtique, hellénique, kémétique, ásatrú ou d'une autre tradition, ce livre vous aidera à développer votre spiritualité pour un style de vie plus épanouissant.

Dans le premier chapitre, je vais vous parler de sept choses que vous pouvez faire pour intégrer le paganisme dans votre vie quotidienne de manière significative. Vous faites très probablement déjà certaines de ces choses. La plupart sont des étapes que vous pouvez franchir au cours des deux prochaines semaines pour élargir votre expérience spirituelle. Comme pour tout le reste de ce livre, les sept étapes peuvent être facilement personnalisées pour s'adapter à votre propre voie spirituelle.

La plupart de ces sept étapes nécessitent peu d'explications, mais les deuxième et troisième chapitres exploreront le but et les méthodes de la création d'un calendrier sacré. Dans le deuxième chapitre, nous verrons comment personnaliser ce calendrier et, dans le troisième, je parlerai de l'expression de votre spiritualité par le biais de vos rituels quotidiens.

Dans le reste du livre, nous explorerons différentes activités pour renforcer votre lien avec la Terre. Encore une fois, certaines de ces activités peuvent ne pas convenir à votre style de vie et certaines peuvent avoir besoin d'être peaufinées ou personnalisées, mais d'autres correspondront parfaitement à votre pratique sans que vous n'ayez à les adapter. Les chapitres suivants explorent les possibilités d'élargir votre expérience spirituelle en travaillant avec des animaux familiers, en cultivant votre propre nourriture, en vous connectant avec les arbres et la faune, en ayant des poules ou des ruches, en cuisant votre pain, ou en fabriquant vos propres encens et bougies, etc.

Vous constaterez peut-être que la plupart des activités de Suivre la voie païenne vous apporteront du plaisir et un enrichissement spirituel. Beaucoup d'entre elles pourront être intégrées à votre quotidien en fonction de la saisonnalité, que ce soit pour vous seul ou pour des activités de groupe. Votre coven peut décider de fabriquer des bougies rituéliques lors des célébrations d'Imbolc (comme le font certains de mes amis wiccans), de mélanger des encens à Litha et de cuire du pain à Lugnasad. De cette façon, vous pouvez profiter de beaucoup de ces projets sans qu'ils ne vous prennent trop de temps.

Vous pouvez aussi n'être attiré que par une activité en particulier et c'est très bien. Plus d'un païen s'est découvert une passion pour la magie des herbes après avoir fait pousser quelques pots de basilic et de sauge ! Développer votre calendrier sacré personnel et vos rituels quotidiens pourraient vous amener à explorer votre spiritualité d'une manière que vous n'avez pas encore envisagée. C'est cela qui est merveilleux quand on suit un chemin païen : nous ne savons jamais exactement où il nous mènera, mais le voyage est toujours intéressant.

# CHAPITRE 1
# LES SEPT ÉTAPES POUR UNE NOUVELLE FAÇON DE VIVRE

Comment exprimez-vous votre spiritualité au jour le jour ?

Les coutumes et les pratiques spirituelles des premières cultures païennes préchrétiennes se sont transmises d'une génération à l'autre. Ces anciennes croyances respectaient les divinités avec lesquelles elles entraient en contact, chaque tradition variait d'une culture à l'autre. Les Anglo-Saxons, par exemple, faisaient des offrandes à un wéoh, qui était une représentation de la divinité honorée. Les premiers Romains honoraient les numina (esprits gardiens) de sa famille dans un lararium, meuble qui ressemblait à une petite armoire et qui servait de foyer à ces esprits. Les premiers grecs commençaient chacun de leurs rituels par une offrande à la déesse Hestia. Chaque culture avait ses propres coutumes. De nombreux paléopaïens, qu'ils soient grecs, romains ou saxons, avaient une foi profonde et sincère, mais leur chemin spirituel était plus lié aux circonstances plutôt qu'à un choix. Les Celtes et les Égyptiens, les Saxons et les Grecs ont tous suivis leurs propres coutumes parce que c'étaient les seules qu'ils connaissaient et avec lesquelles ils se sentaient à l'aise.

En revanche, les païens contemporains, presque sans exception, choisissent intentionnellement les chemins qu'ils suivent. Ceci est forcément vrai pour la « première génération païenne », qui n'a pas été élevée en tant que païen mais a grandi dans un environnement multiculturel, même les enfants nés dans des foyers polythéistes sont généralement encouragés à explorer d'autres chemins spirituels et, ainsi, choisir leur propre voie en toute connaissance et intentionnalité. Le païen d'aujourd'hui, qu'il ait grandi dans un foyer païen ou non, prend une décision consciente au sujet de son voyage spirituel personnel.

La possibilité de ce choix intentionnel pourrait être l'une des distinctions les plus importantes entre les païens contemporains et nos ancêtres paléopaïens. Nous espérons beaucoup de nos chemins spirituels. Pour la majorité des païens d'aujourd'hui, nous voulons être connectés à la Terre, à tel point que la spiritualité païenne a souvent été qualifiée de « religion de la terre » ou de « religion basée sur la terre ». Nos ancêtres n'avaient pas besoin de renouer des liens avec la Terre, ils étaient immergés dans ses caprices et ses marées. Dans le monde préindustriel, la population rurale était beaucoup plus nombreuse qu'aujourd'hui. Les centres urbains comme Rome et Athènes étaient peu nombreux et distants les uns des autres, et même dans ces villes anciennes, les habitants étaient beaucoup plus directement touchés par les changements de la Terre qu'aujourd'hui.

Aujourd'hui, du moins dans les pays développés, nous n'avons pas à craindre la famine, et ce, même si la récolte de céréales est mauvaise. Pour la majorité d'entre nous, les conditions hivernales rigoureuses ne signifient qu'une facture d'électricité supérieure à la moyenne. Nous sommes toujours dépendants de la terre, mais pas aussi directement que nos ancêtres et, finalement, c'est une bonne chose.

Néanmoins, nous avons perdu quelque chose en cours de route : nous nous sommes déconnectés du monde naturel et c'est justement ce qui a incité de nombreuses personnes à explorer la spiritualité païenne « basée sur la Terre ».

Avec cette spiritualité intentionnelle, les païens d'aujourd'hui tentent souvent de suivre ce que les premiers Saxons auraient appelé le *Hal Sidu*, c'est-à-dire des pratiques saines ou holistiques. Le *Hal Sidu* engage et intègre chaque part de nous-même. En tant que païen saxon, je m'attends à ce que le *Hal Sidu* engage ma pensée rationnelle, stimule mes souvenirs et mon émotion, éveille mon inspiration, équilibre mon corps physique et fortifie mon identité. Dans la tradition saxonne, ce sont toutes des parties d'égale importance du « moi ». Bien entendu, les païens qui suivent d'autres chemins auront d'autres définitions du « moi ». Par souci de simplicité, utilisons un point de vue contemporain et définissons le *Hal Sidu* comme une intégration du corps, de l'esprit et de l'âme.

J'utilise l'ancien terme anglais de *Hal Sidu* pour parler de spiritualité païenne intentionnelle parce que je suis un chemin saxon, mais un païen romain pourrait l'appeler le *Vetera Valens* (traditions convenables). Un païen islandais pourrait l'appeler *Heildræn Venjur* (habitudes holistiques). Le nom n'est pas important. Peu importe le mot utilisé, la spiritualité païenne intentionnelle nous aide à nous reconnecter avec la Terre et à intégrer toutes les parties de notre « moi » dans un être complet.

Le *Hal Sidu* (ou le terme que vous préférerez) n'est pas une question de croyance. En fait, la « croyance » est relativement peu importante dans les religions polythéistes. Oui, les paléopaïens croyaient en leurs dieux, c'est exactement comme les hommes modernes qui croient en la gravité ou en l'électricité, et non pas comme un enfant qui croit en l'existence de la petite souris. Lorsque nous utilisons la logique, pour notre perception du divin, que nous appliquons à tous les autres aspects de notre vie, alors il devient évident que les dieux sont réels. Nous pouvons en conclure que, par exemple, la déesse Athéna est réelle parce qu'elle a dialogué avec des milliers de personnes pendant des milliers d'années et elle n'en est pas moins réelle simplement parce que Bob décide, pour une raison ou pour une autre, de ne pas croire en son existence. Les premiers païens savaient que les dieux étaient réels, pour eux, ce n'était pas une question de croyance personnelle.

Ce qui compte pour le polythéiste, ce ne sont pas les croyances mais les actions : les paroles et les actes. La spiritualité païenne traditionnelle est orthopraxique, et se concentre sur des pratiques et des traditions partagées plutôt que sur des croyances. Cela reste vrai, même aujourd'hui pour la British Traditional Witchcraft, dans toutes les forme de reconstructionisme polythéiste comme dans la communauté internationale néo-païenne Ár nDraíocht Féin. Ce sont vos actions qui vous définissent et façonnent le monde qui vous entoure. Et, comme pour toutes les autres choses, c'est par vos actions que vous intégrerez le corps, l'esprit et l'âme. Pas en y réfléchissant. Pas en en parlant. C'est quelque chose que vous faites.

Lorsque nous ne faisons rien pour développer une spiritualité païenne intentionnelle, c'est souvent parce que nous ne savons pas par où commencer, plutôt que par manque de désir. Peu de livres exposent comment vivre le paganisme après la fin du rituel et le nettoyage du calice ou de la corne d'hydromel. De nombreux païens, en particulier les nouveaux venus dans le polythéisme, ne savent pas comment se connecter et s'ancrer à la terre, physiquement et spirituellement.

Le *Hal Sidu* exige que nous fassions la même chose : que nous nous ancrions à la terre en développant notre propre pratique. La façon de vous épanouir dans cette voie reflétera vos propres intérêts, besoins et choix.

Ce qui compte, ce n'est pas l'approche que vous prenez (elle variera d'une personne à l'autre) mais que vous fassiez quelque chose, une toute petite chose chaque jour pour vous connecter à vos dieux et au monde qui vous entoure.

Il y a plusieurs façons de le faire. Vous pouvez vous connecter par le biais de rituels qui sacralisent vos activités quotidiennes ou en travaillant avec un esprit familier. Vous pourriez aussi entrer en contact avec la terre littéralement parlant, armé d'une pelle et d'une pioche, en récoltant un peu de votre propre nourriture et en participant activement au cycle éternel de l'abondance. Ou peut-être trouverez-vous plus d'inspiration dans la fabrication de vos propres bougies rituéliques et d'encens. Quel que soit le moyen utilisé, créer un style de vie païen personnel vous aidera à intégrer votre corps, votre esprit et votre âme en un tout.

## Rituel de dédicace

Lorsque vous apportez des changements à long terme dans votre vie, il peut être utile de commencer par vous dédier officiellement à votre pratique. Cela est vrai pour presque tous les changements : commencer un régime, abandonner une mauvaise habitude, apprendre une nouvelle langue ou bien acquérir de nouvelles compétences. C'est également vrai pour ceux qui souhaitent adopter un style de vie païen.

Nous avons discuté de la façon dont le *Hal Sidu* exige des mesures, alors pourquoi ne pas agir dès maintenant ? Si vous souhaitez apporter des changements dans votre vie et qu'ils fassent partie de votre corps, de votre esprit et de votre âme, lisez la description suivante du rituel de dédicace, puis effectuez le rituel vous-même.

Non, vraiment. Faites-le maintenant.

Bien entendu, cela suppose que vous vous trouviez dans ou à proximité d'un lieu privé où vous pouvez effectuer un rituel sans attirer inutilement l'attention. Si vous lisez ceci dans un lieu public ou dans des transports en commun, vous devriez probablement attendre un moment plus opportun pour effectuer ce rituel. Mais si votre vie privée vous le permet, n'attendez plus ! Vous ne savez peut-être pas encore exactement comment vous voulez pratiquer le *Hal Sidu*, mais vous pouvez quand même entreprendre ce rituel initial en vous dédiant à votre pratique. Pensez-y comme à votre première étape vers un nouveau mode de vie. Le rituel est court et simple, et nécessite un équipement minimal. Tout ce dont vous avez besoin est une bougie et quelque chose à offrir, qui peut être de l'encens, du vin ou de l'hydromel à verser en libation, ou tout ce qui, à vos yeux, fera une bonne offrande. La bougie peut être en paraffine ou en cire d'abeille et de n'importe quelle couleur, celle que vous avez de disponible par exemple.

Bien sûr, vous pouvez modifier et adapter le rituel de dédicace en fonction de vos besoins spirituels. Si vous avez une relation personnelle avec une divinité particulière vous pouvez placer une statue ou un symbole de cette divinité à côté de la bougie. Si vous êtes wiccan, vous pourrez former un cercle dans le cadre du rituel. Votre choix d'offrande sera probablement influencé par votre orientation spirituelle. En tant que païen saxon, mon premier choix serait de verser une libation d'hydromel. Un païen romain pourrait, au contraire, offrir de l'huile d'olive, tandis qu'un païen grec pourrait choisir de brûler des herbes sur une pastille de charbon.

Vous pouvez aussi modifier le texte du rituel afin qu'il reflète vos besoins et votre orientation spirituelle. Ce que je vous présente ici doit être pris comme une suggestion.

Placez votre bougie et tout ce dont vous pourriez avoir besoin sur votre espace de travail ou sur votre *myse*. Si cela fait longtemps que vous pratiquez vous aurez déjà un autel. Si vous n'en avez pas, n'importe quel espace propre et plat suffira, du moins pour le moment. Plus loin dans ce chapitre, nous verrons pourquoi il est important d'avoir un espace sacré : un autel ou quel qu'autre nom que vous lui donnerez, dans votre maison.

Prenez quelques respirations lentes et profondes pour vous détendre et vous préparer mentalement. Allumez ensuite la bougie et dites :

*Esprits qui vivent en ce lieu,*
*Ancêtres qui m'ont amené en ce lieu,*
*Dieux et déesses, vous qui bénissez ce lieu,*
*Sachez que je me souviens de vous et j'en témoigne par ce rituel.*

Prenez encore quelques respirations lentes et profondes. Essayez de sentir la présence des esprits autour de vous. Peu importe ce que vous sentez, voyez ou entendez. Le proverbe « pas de nouvelles, bonnes nouvelles » s'avère souvent vrai quand on interagit avec le monde des esprits. Notre culture païenne contemporaine a tendance à surévaluer la magie. J'ai connu certaines personnes qui pensaient qu'il y avait quelque chose qui n'allait pas, car elles ne recevaient pas de messages psychiques évidents alors qu'elles se concentraient vers les énergies des divinités, de leurs ancêtres ou des esprits locaux. Mais c'était surtout parce que, justement, tout se passait bien, qu'il n'y avait aucun besoin de communiquer de la part des esprits. Vous n'allez pas forcément recevoir un message, mais si c'est le cas vous devez simplement accorder le temps aux esprits de vous envoyer leurs conseils.

Vous allez pouvoir maintenant faire votre offrande. Vous pouvez utiliser un bol à offrandes si votre rituel se déroule à l'intérieur. Après la fin du rituel, je vous invite à les enterrer. Les offrandes d'encens seront brûlées.

Après votre offrande, dites :

*Acceptez cette offrande, librement offerte avec mon amour et mon respect.*

*Je me présente à vous et vous déclare mon intention de vivre pleinement mon paganisme,*

*D'agir chaque jour en accord avec l'Univers.*

*Je vous demande des conseils pour mes choix,*

*Afin que par mes paroles et mes actes je puisse faire honneur aux anciens dieux, apporter de la fierté à mes ancêtres*

*Et apporter beauté et bien-être à tout ce qui m'entoure. Que mes actions me gardent attentif à la terre sur laquelle je suis né et sur laquelle je reviendrai un jour.*

*Je vous remercie donc avec joie et gratitude.*

Puisque vous avez demandé l'accompagnement des esprits, faites quelques instants de silence supplémentaires alors que vous les écoutez. Ensuite, terminez le rituel en éteignant la bougie et en disant : « Qu'il en soit ainsi » ou *« Ic bedde éow nu »* ou tout autre phrase que vous avez l'habitude de dire pour conclure un rituel. Si tout cela est nouveau pour vous et que vous n'avez pas encore choisi de voie, « Qu'il en soit ainsi » fera l'affaire.

## Les sept étapes pour une pratique païenne

Pour la plupart des nouveaux païens, la multiplicité des chemins et des pratiques peut vite être perturbante. Il peut être difficile de savoir par où commencer. Il y a quelques années, j'ai assisté à une présentation donnée par Ian Corrigan sur le développement d'une pratique païenne personnelle. Corrigan est un ancien archidruide de l'organisation païenne internationale Ár nDraíocht Féin. Inspiré par ses idées, j'ai développé mon propre « programme en sept étapes » pour aider chaque nouveau païen à prendre ses marques. Ces sept étapes ne sont pas destinées à vous conduire sur une voie païenne en particulier, mais plutôt à vous aider à trouver la voie qui vous convient le mieux. Et même si vous êtes né dans une famille païenne ou avez choisi ce cheminement, il y a plusieurs années, vous trouverez peut-être quelque chose d'utile pour vous dans ces sept étapes.

## Étape 1 : se connecter avec un esprit

Nous avons déjà établi ensemble une connexion avec les esprits, ne serait-ce que brièvement, lors du rituel de dédicace. Nous nous connectons automatiquement avec les esprits à chaque fois que nous demandons des conseils ou faisons des cadeaux (offrandes).

Lors de cette première étape, les nouveaux païens peuvent être déstabilisés par les nombreux chemins possibles. Il y a tellement de dieux et de déesses dans tellement de panthéons ! Par où commencer ? Il se peut qu'une divinité se soit déjà connectée avec vous. Les personnes qui ont vécu cette expérience disent souvent : « J'ai été appelé » ou « Il m'a tapé sur l'épaule », mais ça c'est l'exception plutôt que la règle. Il est beaucoup plus probable que vous ayez à faire le premier pas. Tout d'abord, vous devez décider avec quel dieu ou déesse vous souhaitez créer un lien. Pour ce faire, vous devez rechercher le panthéon qui vous convient le mieux.

Un panthéon est une « famille » culturelle de dieux et de déesses. Le panthéon hellénique (grec) comprend les douze dieux et déesses du Dodekatheon : Zeus, Héra, Apollon, Athéna, etc. Le panthéon saxon comprend, entre autres, Woden, Frige, Thunor et Éostre. Le panthéon irlandais comprend des divinités telles que Brigid et Manannán Mac Lir. Les dieux et les déesses d'un panthéon donné ont des relations bien définies les uns avec les autres.

Aucun panthéon n'est meilleur qu'un autre, alors comment choisir ? Vous devez d'abord considérer votre propre filiation. Si vous venez d'Italie, le panthéon romain pourrait être un bon choix. Si vous vous appelez O'Reilly, le panthéon irlandais pourrait bien vous convenir. Bien sûr, vous n'avez pas à vous limiter à votre passé, peu de personnes aujourd'hui sont issues d'une même lignée culturelle.

Si vous vous sentez proche d'un panthéon en particulier, faites confiance à votre instinct. Peut-être avez-vous été inspiré par la mythologie grecque lorsque vous étiez à l'école. Peut-être que la version comics de Thor (qui ne partage guère que son nom avec le vrai Thor) a éveillé votre intérêt pour les dieux nordiques de l'Asgard. Il y a une infinité de raisons pour lesquelles vous pourriez être attiré par un panthéon en particulier. La plupart de ces raisons peuvent sembler n'être rien de plus que du hasard, mais j'ai constaté que le hasard avait très souvent un objectif sous-jacent.

Si ni votre lignée, ni votre cœur ne vous mènent sur un chemin précis, vous pouvez vous rendre dans une bibliothèque et consulter des livres sur plusieurs mythologies. Je n'aime pas le mot « mythologie » en raison de sa définition secondaire qui signifie « quelque chose qui est faux ». « Mythe » est un mot grec qui signifie simplement « histoire ». Les mythologies sont des recueils d'histoires anciennes expliquant l'ordre de l'univers ou les us et coutumes d'une société. C'est dans cet esprit que vous pouvez parcourir les livres de mythologie et vous familiariser avec eux. Puis choisissez quelque chose.

Quand il s'agit de choisir un panthéon, comme pour tout le reste, agissez. Ne vous inquiétez pas si vous avez ou non choisi le bon panthéon, car il n'y a pas de bonne ou de mauvaise réponse.

Le panthéon qui vous intéresse le plus en ce moment est le meilleur panthéon pour vous en ce moment. Tout comme un premier rendez-vous décisif pourrait éventuellement entrainer un mariage, votre choix initial peut conduire à un engagement à vie, mais vous pouvez le changer plus tard si vous estimez que votre premier choix n'est pas le meilleur pour vous.

Après avoir choisi un panthéon, vous pouvez maintenant choisir un dieu ou une déesse avec lequel vous connecter. Ce choix dépend généralement de vos intérêts personnels, car vous avez plus de chances d'établir de bonnes relations avec une divinité qui partage ces intérêts. Un païen kemetic (égyptien) qui a cinq chats et une vaste collection de statuettes de chat ferait bien de se connecter avec la déesse à tête de chat

Bast. Un païen saxon travaillant dans le juridique pourrait être en contact avec Tiw, un dieu de l'ordre et de la justice. Un païen romain qui apprécie les bons vins pourrait établir un lien initial avec le Dieu Bacchus. Mais si vous trouvez qu'un dieu ou une déesse dans le panthéon est fait pour vous, même si vous ne savez pas pourquoi, faites confiance à votre ressenti.

Trouvez un endroit au calme, isolé et sûr, où vous pouvez vous connecter avec une divinité. Ce sera probablement à l'autel de votre domicile, si vous en avez un, mais l'important est que vous trouviez un endroit où vous ne serez pas dérangé. Apportez un cadeau, une offrande, avec vous pour établir un lien de réciprocité avec la divinité. Le choix d'une offrande dépendra du panthéon et de la divinité. Si vous ne savez pas quoi offrir, l'hydromel (vin de miel) est généralement apprécié de la plupart des divinités d'Europe du Nord, tandis que l'huile d'olive est généralement appréciée des dieux et déesses de l'Europe du Sud. D'autres cultures ont leurs propres préférences, mais assurez-vous d'apporter quelque chose. Tout cadeau vaut mieux que pas de cadeau du tout !

Si vous êtes en intérieur, vous aurez besoin d'un bol d'offrande. Versez une libation (offrande liquide) dans le bol pendant que vous vous adressez à la divinité. Ensuite, au moment qu'il vous convient, sortez le bol et versez la libation directement sur le sol. Des offrandes solides, en particulier de la nourriture, peuvent également être placées symboliquement dans le bol d'offrande, puis enfouies dans la terre.

Quelqu'un m'a un jour demandé pourquoi je m'embarrassais avec une offrande, puisqu'un dieu peut vraisemblablement obtenir presque tout ce qu'il désire. C'est comme dénigrer un cadeau qu'un enfant a fait de ses mains pour l'un de ses parents. Bien sûr, le parent aurait pu fabriquer ou acheter quelque chose de beaucoup plus adapté, mais le cadeau n'aurait pas été aussi personnel et donc touchant. C'est l'acte de donner qui est apprécié et la valeur du cadeau est directement proportionnelle à l'effort fourni.

Lorsque vous êtes prêt à approcher la divinité et à faire votre offrande, faites attention à ce que les mots que vous prononcerez soient les vôtres, il est préférable qu'ils viennent de votre cœur plutôt que des pages d'un livre. D'abord, saluez la divinité par son nom, faites votre offrande et demandez qu'elle soit acceptée. Si vous êtes à l'intérieur, versez ou placez l'offrande dans votre bol à offrandes. Si vous êtes à l'extérieur, placez l'offrande directement sur la terre. L'exception à cette règle est l'offrande qui doit être brûlée, généralement de l'encens. Vous pouvez utiliser des cônes ou des bâtons d'encens, mais je pense qu'un mélange personnel d'herbes aromatiques serait plus symbolique. Celles-ci seront brûlées dans un encensoir sur des disques de charbon ardents qui peuvent être achetés dans beaucoup de commerces.

Après avoir fait votre offrande, présentez-vous et demandez les conseils et la bénédiction de la divinité. Il n'est pas encore temps de faire des demandes spécifiques. Plus tard, vous pourrez demander de l'aide, et ce après avoir établi une relation mutuelle, mais, à ce stade, vous ne faites que reconnaître votre volonté d'accepter les bénédictions que la divinité peut offrir.

Vient ensuite la partie la plus importante : l'écoute. Apaisez-vous autant que possible et faites attention aux impressions que vous pourriez avoir. La réponse du dieu ou de la déesse se manifeste rarement de façon audible, bien que cela puisse parfois arriver. Vous pouvez avoir une vision fugace ou sentir une odeur qui évoque un souvenir oublié depuis longtemps. Ou bien vous pouvez faire l'expérience du « savoir », c'est une prise de conscience soudaine de la présence de la divinité et de son message.

Ou vous pouvez ne rien ressentir du tout.

Ne vous découragez pas si c'est le cas. Vous n'allez pas vivre une expérience extrême à chaque fois que vous vous adressez aux dieux et aux esprits. En faisant une offrande à la divinité, vous avez créé un lien. Si vous ne sentez toujours pas de relation réciproque après deux ou trois « entrevues » avec la divinité, passez poliment à un autre dieu ou déesse.

De nombreux païens aujourd'hui adoptent une approche plus éclectique pour se connecter aux esprits, allant d'un panthéon à l'autre, se dédiant à plusieurs divinités « protectrices » comme s'il s'agissait de figurines. Imaginez-vous en train de marcher sur un trottoir à Manhattan, en saluant tous ceux que vous croisez. Quelle est la profondeur de votre relation avec ces passants ? Vous ne consacrez pas suffisamment de temps à chacun d'eux pour que cela soit significatif. Vous ne connaissez pas intimement chaque personne. De la même manière, il peut être difficile de développer des relations véritablement significatives avec une douzaine de dieux et de déesses issus de panthéons sans rapport les uns avec les autres. Je ne recommande pas cette approche du tout. Si vous voulez devenir bons amis avec une personne, passez beaucoup de temps avec cette personne. Rencontrez sa famille et ses amis. De même, si vous souhaitez entretenir de bonnes relations avec un dieu ou une déesse, vous devez consacrer beaucoup de temps à cette divinité.

Bien sûr, les dieux ne sont pas les seules manifestations spirituelles. Vous pouvez également souhaiter vous connecter à votre ancêtre, en suivant un processus similaire consistant à faire une offrande, puis en échangeant des bénédictions avec vos ancêtres. Dans la tradition saxonne, comme dans la germanique, le respect de ses ancêtres est très important comme pour la plupart des traditions païennes. Les esprits des ancêtres sont directement liés à vous, vous êtes leur patrimoine, et ils sont donc plus disposés à vous offrir aide et conseil.

Vous pouvez aussi établir une connexion avec les esprits locaux. Selon votre spiritualité vous les nommez fées, elfes, nymphes... Ces esprits sont vos voisins qui peuvent aussi bien vous aider que vous faire des difficultés. Il est donc dans votre intérêt d'entretenir de bonnes relations avec eux. Si vous pratiquez le *Hal Sidu*, vous vous retrouverez presque certainement en interaction avec les esprits familiers des lieux. Lorsque vous commencez une activité liée à la nature d'une manière ou d'une autre, comme semer, tailler un arbuste, désherber le jardin, pensez à offrir un peu de semoule de maïs ou de vin aux esprits locaux. Puis faites une pause et écoutez. Ils pourraient avoir quelque chose à partager avec vous.

Quelle que soit votre approche (que vous soyez plus à l'aise avec une divinité, vos ancêtres ou des entités locales), la première et la plus essentielle étape vers la vie en tant que païen consiste à vous connecter d'une manière ou d'une autre avec les Esprits.

## Étape 2 : créer un espace sacré

« Soit les dieux ont une place dans votre maison, soit ils n'en ont pas. »

Ainsi dit Marcus Cassius Iulianus, un païen romain contemporain et fondateur de l'organisation reconstructionniste Nova Roma. Il parlait de l'autel de la maison et je suis tout à fait d'accord.

Une fois que vous avez établi un lien avec les esprits, votre prochaine action devrait être d'organiser un endroit où vous pourrez construire ce lien. Agencez-le comme vous le souhaitez, mais il devrait y avoir dans votre maison un endroit sacré réservé aux dieux.

La conception de cet espace sacré dépendra de plusieurs facteurs. Le premier facteur à considérer est votre concentration spirituelle. Un autel grec aura toujours une flamme. Un autel saxon (wéofod) aura toujours une statue ou une image symbolique (wéoh) de la divinité honorée. Quel que soit le chemin que vous avez choisi, votre autel devrait être le reflet par son esthétique. L'espace sacré que vous réservez à vos dieux devrait être un espace où ils peuvent se reposer confortablement.

Le lieu de votre vie influencera également la conception de votre espace sacré. Certains païens consacrent à leurs rituels des salles entières, meublées de tentures murales appropriées, d'armoires à encens, de costumes et de l'autel lui-même. Ce n'est évidemment pas une option envisageable si vous louez un studio, et même si vous avez l'espace nécessaire ce n'est pas nécessairement le meilleur choix. Cette pièce peut être pour certains une pièce enchanteresse, isolée des activités du quotidien.

Mon autel de maison est dans le salon, je passe donc constamment devant. Cela fonctionne mieux pour moi. L'autel est une étagère de bibliothèque. Cela me donne beaucoup d'espace et s'adapte parfaitement à la pièce, qui est grande. Considérez l'environnement qui vous entoure et gardez à l'esprit que ce n'est parce que c'est gros que c'est mieux.

Un autre point à prendre en compte est combien vous paraissez païen. Aucun de ceux qui voient mon autel (avec ses statuettes, ses runes et son bol à offrandes) ne me confondraient avec un baptiste du sud. Beaucoup par peur, ou pour une quelconque autre raison, ne s'affirment pas en tant que païen. Malheureusement, même au XXI^e^ siècle, certains d'entre nous pourraient perdre leur emploi si notre spiritualité venait à être connue, et ce en raison de l'ignorance et des préjugés de la part des autres. Certains ont simplement peur du regard de leurs amis, voisins ou parents.

Si cela vous pose un problème, deux solutions sont possibles. La première consiste à mettre votre autel où il ne sera pas vu par les autres. Vous pouvez installer l'autel dans votre chambre ou même dans un sous-sol. C'est ici qu'une pièce séparée devient pratique si vous avez une grande maison. Gardez à l'esprit que quelqu'un pourra toujours voir votre autel, peu importe votre degré de prudence.

Une meilleure solution consiste à « cacher » l'autel à la vue de tous. Votre autel peut être discret et sans prétention, sous les yeux de tous sur une table au milieu des bibelots. Un païen saxon, par exemple, pourrait mettre sur une petite table avec une seule jolie bougie, un grand cristal de quartz (représentant le dieu Thunor) et un bol en céramique (offrande). Même s'il est toujours plus confortable de vous ouvrir aux autres sur votre spiritualité, l'important est que vous disposiez d'un espace sacré où vous pouvez vous connecter avec les Esprits sans être dérangé.

Votre autel principal devrait être en intérieur pour que vous puissiez vous rapprocher de vos dieux même par mauvais temps. Un autel secondaire extérieur vous donnera l'occasion d'écouter le vent, de profiter de la chaleur du soleil sur votre peau et de sentir la richesse du sol sous vos pieds. Comme votre autel principal, un autel extérieur aura l'aspect qui vous convient le mieux. Quand j'ai déménagé en Pennsylvanie, j'ai acheté une maison avec un belvédère dans le jardin arrière. Dès le début, je savais que j'irais rarement m'y asseoir. Plutôt que de le laisser inoccupé inutilement, j'ai transformé le belvédère en un sanctuaire saxon dédié au dieu Ing Fréa. Suivant la tradition anglo-saxonne, j'ai placé une image représentant Ing Fréa à l'intérieur du kiosque (le vieux mot anglais pour un autel, *wéofod*, signifie littéralement « l'endroit où se trouve l'image de la divinité »). J'ai décoré l'autel de quelques pierres. Ensuite, j'ai planté des herbes et des fleurs autour du kiosque, car Ing est le Seigneur des Elfes et préside aux végétaux.

Un autel extérieur peut être aussi simple qu'une pierre plate placée là où vous vous sentez particulièrement proche de vos divinités, adapté à votre voie spirituelle.

Jusqu'à présent, nous avons considéré l'autel comme un espace sacré pour nos dieux. Certaines personnes, y compris moi-même, aiment avoir un autel indépendant pour honorer leurs ancêtres. Ce n'est pas une obligation, faites en fonction de vos envies.

Comme me l'a récemment décrit un païen, s'adresser aux divinités avec une requête spécifique en revient à demander audience au Roi, tandis que s'adresser à nos ancêtres c'est comme demander de l'aide à sa famille.

Un autel à ancêtres peut comporter des photographies, des représentations symboliques… J'ai connu des païens qui fabriquaient des « poupées » d'ancêtres sculptées dans de l'argile ou bien cousues dans du tissu. Certaines de ces poupées étaient destinées à représenter des ancêtres spécifiques, tandis que d'autres étaient plus symboliques. L'autel à ancêtres peut également contenir des objets importants ayant appartenu à vos ancêtres. Le couteau de pêche de mon grand-père repose sur mon autel à côté d'une photo de lui. Un brûleur d'encens et un bol à offrandes sur l'autel serviront à recevoir les cadeaux que vous leur apportez.

Comme je l'ai mentionné précédemment, les ancêtres ne sont pas nécessairement limités à votre lignée biologique. Je définis les ancêtres comme ceux qui, d'une manière ou d'une autre, nous ont façonnés et amenés là où nous sommes aujourd'hui. Un parent adopté (et les parents de cette personne) est un ancêtre. Si vous êtes veuf ou veuve, votre conjoint est un ancêtre. Un enseignant ou un voisin plus âgé qui vous a inspiré est un ancêtre. Un ami proche qui a influencé votre vie de manière significative avant son décès pourrait être considéré comme un ancêtre. Même un animal de compagnie aimé peut être un ancêtre, car nous aimons aujourd'hui nos animaux de compagnie à un degré bien plus important que les hommes ne le faisaient auparavant.

Je rends hommage aux animaux avec lesquels j'ai partagé ma vie, mais pas sur le même autel que celui où je rends hommage à mes ancêtres humains. C'est surtout parce que j'ai une relation différente avec eux. Je pourrais communiquer avec ma chienne Sheena pour la réconforter, mais je ne vais probablement pas lui demander conseil, aussi intelligente qu'elle fut.

Tout le monde n'a pas la place pour plusieurs autels et tout le monde n'en ressent pas le besoin. Cependant, vous devriez avoir au moins un espace sacré quelque part dans votre maison où vous pouvez vous connecter avec les esprits. Les dieux et les ancêtres ont-ils une place dans votre maison ou pas ?

## Étape 3 : créer un temps sacré

Si vous ne faites rien avec votre autel, ce n'est pas vraiment un autel, il ne s'agit que d'une table ou d'une étagère avec un brûleur d'encens, quelques bougies et peut-être deux ou trois statuettes intéressantes. Les activités qui se déroulent à cette table ou étagère (les hommages, les offrandes et la méditation) sont ce qui donne un sens à votre espace sacré. Par conséquent, votre prochaine action devrait être de réserver du temps sacré pour vous connecter de manière cohérente aux Esprits.

Ne surestimez pas la valeur de cette étape. La vie nous teste en permanence : votre patron vous a demandé de faire des heures supplémentaires ou bien le bébé vous a gardé éveillé toute la nuit. Quand cela se produit, il est facile de remettre au lendemain vos besoins et obligations spirituels. Le problème c'est que demain c'est dans un jour, car la vie poursuit son cours. La semaine prochaine, vous aurez peut-être la grippe ou la visite surprise d'un vieil ami. La semaine d'après apportera son lot de surprises. Les moments parfaits pour vous connecter aux esprits peuvent se révéler rares, sauf si vous prenez des mesures pour les créer vous-même.

La cohérence est la clé. Les personnes qui réussissent à tout conjuguer ont pris l'habitude d'anticiper les choses. Elles agissent de manière cohérente. Si vous faites un régime vous ne parviendrez pas à contrôler votre poids sur le long terme. Les personnes qui réussissent à perdre du poids ont pris des habitudes alimentaires saines et cohérentes. Il est aussi peu probable que vous arriviez à éduquer votre chien correctement si vous ne prenez qu'une dizaine de cours de dressage. Les chiens les mieux éduqués ont des propriétaires qui récompensent systématiquement leurs bons choix et ignorent leurs mauvais. Les artistes à succès peignent ou dessinent régulièrement, les écrivains à succès écrivent régulièrement et les athlètes s'entrainent régulièrement. Les comportements récurrents nous permettent de rester concentrés sur nos objectifs.

Pour développer cette habitude à vous connecter avec les Esprits réservez-vous un moment précis. Dédiez ce temps sacré pour vous-même, vos dieux et vos ancêtres. Vous consacrez quotidiennement du temps à votre corps : prendre un bain ou une douche, se brosser les dents, préparer des repas. Vous accomplissez ces actions de manière cohérente et finalement il n'est pas plus difficile de le faire pour l'aspect spirituel de votre vie. Lorsque vous créez un temps sacré, vous commencez à développer un comportement automatique qui nourrira votre relation avec vos dieux et vos ancêtres.

Ces actions nécessitent un objectif réaliste de votre part. Revenons à l'exemple de la formation d'un chien. Mes propres chiens se comportent relativement bien parce que je travaille avec eux tous les jours. Est-ce que l'on fait des séances quotidiennes d'une heure de dressage ? Bien sûr que non, ni les professionnels ni moi n'en avons réellement le temps. Mais au lieu de cela, Lucky et César attendent patiemment pendant que je remplis leurs gamelles de nourriture, s'asseyent à la porte de derrière jusqu'à ce que je leur dise qu'ils peuvent sortir et, une fois par jour, nous faisons rapidement une série d'activités : « assis », « pas bouger », « donne la patte », « debout », « va faire la vaisselle » (ok, ni Lucky ni Caesar ne feront la vaisselle. Je travaille encore là-dessus).

Si votre objectif est de faire une offrande à Woden, puis de méditer trente minutes chaque soir, il vous sera difficile d'y arriver. Votre temps sacré devrait définir le temps minimum que vous consacrerez à la connexion avec vos Esprits. Lorsque les circonstances sont bonnes et que vous en ressentez le besoin, vous pouvez faire une offrande à Woden chaque soir, puis méditer pendant trente minutes. Mais soyez honnête avec vous-même et reconnaissez que ce n'est pas quelque chose que vous pourrez faire indéfiniment. Consacrer du temps régulièrement à ces rituels est une habitude à prendre sur le long terme, quelque chose qui finira par être aussi essentiel et naturel que de mettre ses sous-vêtements le matin (en supposant que vous ayez l'habitude de porter des sous-vêtements).

Combien de temps pouvez-vous accorder à vos dieux et à vos ancêtres avec constance ? Combien de temps pouvez-vous y passer dans votre vie, pas seulement aujourd'hui ou cette semaine, mais pour les années à venir ?

Un temps de quinze minutes chaque semaine n'est pas déraisonnable. Ça vous semble simple ? Cela devrait être le cas, car c'est un engagement que vous serez plus susceptible de respecter. Choisissez un jour et une heure où vous passerez au moins quinze minutes devant votre autel, faisant des offrandes aux Esprits, et écoutant ce que vos dieux et vos ancêtres peuvent avoir à vous dire. Le jour et l'heure doivent correspondre à votre style de vie. Quelqu'un peut trouver plus facile et plus naturel de prendre quinze minutes chaque mardi soir, alors que les matinées du samedi pourraient mieux convenir à quelqu'un d'autre.

Ce que vous faites pendant ces quinze minutes devrait refléter votre spiritualité. Certaines offrandes devraient être faites aux Esprits pour encourager la réciprocité. Nous donnons à nos dieux et à nos ancêtres afin qu'ils nous donnent en retour. Cette offrande cela peut être une simple pincée d'encens. Les païens nordiques et saxons offriront probablement des libations d'hydromel ou de bière. Un païen romain peut offrir de l'épeautre, un grain apparenté au blé. Les offrandes du païen égyptien incluront du pain et de la bière. Après avoir fait l'offrande, le reste de vos quinze minutes sera consacré à la prière ou aux chants, à la méditation ou à toute autre activité qui vous relie à vos Esprits.

Au bout d'un certain temps vous pourrez passer près d'une demi-heure à votre autel plutôt que les quinze minutes initialement prévues. Et, lorsque votre vie se complique, vous devez faire de votre mieux pour respecter ce temps sacré, ces quinze minutes par semaine, que vous avez réservées à vos dieux et à vos ancêtres. En créant du temps sacré, vous vous assurez que votre spiritualité reste une partie de votre routine tout au long des périodes les plus chaotiques de votre vie.

Et même malgré tous vos efforts, il peut arriver que sur une semaine vous ne puissiez consacrer ce temps à vos Esprits. Vous aurez peut-être besoin de vous rendre aux urgences, soit pour vous-même, soit pour quelqu'un d'autre. Ou vous pouvez faire face à une inondation de votre sous-sol. Il y a des choses qui peuvent perturber même l'engagement le plus simple. Lorsque quelque chose comme cela se produit, traitez d'abord votre problème mais faites de votre temps sacré la priorité suivante. Si vous le retardez plus que nécessaire, vous en diminuerez la valeur.

## Étape 4 : sacraliser les activités quotidiennes

Vous êtes connecté avec vos dieux et vos ancêtres. Vous avez créé un espace sacré, un autel et vous avez mis de côté le temps sacré nécessaire pour le rituel. Quand vous avez fait tout cela, le moment est venu pour la prochaine action : étendre votre conscience spirituelle au-delà de l'autel et plus pleinement dans votre vie.

C'est l'objectif du *Hal Sidu.* La tradition holistique nous invite à intégrer notre spiritualité au reste de nos vies. Tout comme votre corps physique est soutenu par l'air que vous aspirez dans vos poumons tout au long de la journée, votre corps spirituel est également soutenu par les actions conscientes que vous réalisez pour sacraliser vos activités quotidiennes. Ces actions simples vous aideront à vous connecter aux Esprits de votre réveil jusqu'à votre endormissement.

Le troisième chapitre de ce livre est consacré aux rituels journaliers que chaque païen peut utiliser pour intégrer sa spiritualité dans une routine quotidienne. Cependant, votre routine personnelle vous est propre et vous devez donc vous efforcer de développer des méthodes uniques pour sacraliser les activités de votre vie. Espérons que les suggestions du troisième chapitre vous inciteront à le faire.

En tant qu'écrivain, par exemple, je passe une grande partie de ma journée assis devant mon ordinateur. Le plus souvent, cette routine commence par une tasse de café. Le café aide à réveiller mon corps et l'acte d'écrire lui-même stimule mon esprit, mais qu'en est-il de mon esprit ? Je veux mettre tout mon être dans le processus d'écriture, intégrer mon corps, mon esprit et mon âme. Pour ce faire, j'ai réservé un moment de prière en disant :

*Woden, Voyageur du Monde, que mes paroles soient vraies,*

*Qu'elles puissent faire honneur à mon peuple et aux anciennes traditions.*

*Ic bidde le nu.*

La dernière ligne est prononcée *« eech biddeh they noo »* et est le vieil anglais de « je vous le demande maintenant ». Woden, si vous n'êtes pas familier avec la tradition saxonne, est le dieu de l'inspiration et de la magie. Son nom nous donne le quatrième jour de la semaine en anglais *Wednesday (Woden's Day)*.

Vous pouvez vous rendre compte en quoi ce petit rituel est unique dans ma routine quotidienne. Cela prend la forme d'une prière parce que cela reflète ma spiritualité. Un auteur wiccan pourrait lancer un sort simple et rapide. Je dirige la prière vers Woden et je termine par une expression en vieil anglais parce que je suis un païen saxon. Un écrivain païen gaulois adresserait plus probablement sa propre prière à Ogmios, un dieu de l'éloquence celte qui était vénéré dans toute la Gaule. Et, bien sûr, le but du rituel lui-même est directement lié à ma profession d'écrivain. Les païens saxons qui travaillent comme vendeurs ou infirmiers ou chercheurs scientifiques concevraient des rituels totalement différents, plus appropriés à leurs modes de vie respectifs.

Vos rituels uniques pour sacraliser les activités quotidiennes ne doivent pas nécessairement se limiter à votre travail. Dans les chapitres suivants, nous explorerons diverses façons de renouer les liens avec la Terre. Toutes impliquent l'imprégnation sacrée d'activités autrement banales. Quels que soient vos passe-temps possibles (faire du jogging, jouer d'un instrument de musique, pratiquer l'art, faire de l'élevage de poissons tropicaux…) ils peuvent tous être sacralisés.

Des poissons tropicaux, vous dites ? Eh bien, pourquoi pas ? Chaque fois que nous interagissons avec d'autres créatures, nous nous connectons davantage à la Terre, et donc nous sacralisons notre passe-temps pour les poissons tropicaux ! Pour un païen hellénique, un aquarium peut être un lieu de communication et de dialogue avec les naïades (nymphes de l'eau). Un païen romain pourrait offrir une prière à Volturnus, dieu des eaux, alors qu'il nourrit son poisson. Un païen gallois avec un aquarium d'eau de mer pourrait faire de même, priant Dylan Eil Ton. Bien entendu, ce que vous faites et les Esprits avec lesquels vous vous connectez dépendent de votre spiritualité. Vous pourriez aller jusqu'à décorer votre aquarium avec un thème qui reflète votre chemin spirituel.

Vous jouez peut-être d'un instrument de musique ? Avant de jouer, demandez à Apollon ou à Hathor, ou encore aux Muses de vous inspirer. Faites une offrande lorsque vous demandez de l'inspiration. Intégrez votre passion pour la musique à votre vie spirituelle. Laissez votre performance privée être votre offrande lorsque vous vous présentez devant vos dieux.

## Étape 5 : observer les Húsels

En tant que païen saxon, je pratique un Hùsel une fois par mois, par une nuit proche de la pleine lune. *Húsel* est un ancien mot anglais qui signifie « sacrifice ». Il s'agit simplement d'une offrande plus formelle et généralement donnée à un esprit particulier. Certains Saxons appellent cela une insistance, ce qui signifie simplement une célébration. Quel que soit votre chemin, il existe probablement une coutume similaire en ce qui concerne le culte, bien que celui-ci porte un nom différent et soit pratiqué différemment. Pour les Wiccans, cette période de culte est appelée Esbat. Pour un Ásatrúar, c'est un Blót. Au lendemain de la nouvelle lune, les païens helléniques font des offrandes à Agathodémon, un esprit de bonne fortune.

On peut aussi dire que ce sont tous des rituels différents, et c'est vrai, mais ils partagent plusieurs traits distinctifs. Ils sont plus formels que les dévotions ordinaires, ils se produisent à des moments précis (souvent tous les mois) et ils sont plus susceptibles d'être pratiqués en groupe qu'en solitaire.

Les Hùsels, Esbats, Blóts et autres pratiques similaires nous garantissent également notre connexion avec les Esprits (pour des raisons de commodité, je vais utiliser le terme « Húsel » ici, car c'est un mot que j'utilise et avec lequel je suis le plus à l'aise. N'hésitez pas à substituer toute expression à votre propre chemin spirituel). Pour comprendre l'importance de cette connexion plus profonde, réfléchissez à la manière dont vous interagissez avec vos amis et vos proches. Chaque jour, vous ne pouvez communiquer avec vos amis que par un simple appel téléphonique ou par message électronique, mais vous vous réunissez périodiquement pour partager un moment précis. Ce temps est la part essentielle que vous passez avec vos dieux, vos ancêtres et les esprits qui vous entourent.

L'Hùsel prend aussi beaucoup plus de temps qu'une dévotion personnelle. S'il est célébré en groupe (pour les païens saxons c'est la façon préférentielle de faire) le rituel lui-même est généralement précédé ou suivi de festins et de jeux. Les pratiques de certains autres chemins païens ne sont peut-être pas aussi longues, mais elles nécessitent presque toujours plus de temps que celui que nous passons quotidiennement devant notre autel.

Observer des Hùsels (ou Esbats ou Blóts ou lunes de druide) se déroule de la même façon que pour les autres étapes que vous avez suivi jusqu'à présent, c'est comme si vous preniez une nouvelle habitude. Prendre du temps que nous consacrons à nos dieux n'est pas instinctif. Prendre du temps, c'est un modèle que nous devons développer et entretenir, qu'il s'agisse du temps sacré que nous créons pour nos dévotions quotidiennes ou du temps que nous consacrons à un Hùsel.

## Étape 6 : observer les saintes marées

Aujourd'hui, la majorité des païens célèbrent ou du moins reconnaissent huit fêtes saisonnières espacées à égale distance ou presque, tout au long de l'année. Ce calendrier néopaïen a pour origine la Wicca, et il est maintenant accepté par les païens suivant d'autres voies. Dans le chapitre suivant, nous examinerons le calendrier néopaïen et les moyens de l'adapter à vos besoins et à votre environnement.

Aussi appelé la Roue de l'année, les jours importants ou marées sacrées du calendrier néopaïen sont Imbolc (1er février), l'équinoxe de printemps (21 mars), Beltane (1er mai), le solstice d'été (21 juin), Lugnasad (1er août), l'équinoxe d'automne (21 septembre), Halloween (31 octobre) et le solstice d'hiver (21 décembre). Les noms et les dates varient souvent d'un groupe de païens à un autre.

Vous faites peut-être partie de ces païens qui observent un calendrier annuel différent. Il n'y a certainement rien de mal à cela. Aucune des religions paléopaïennes n'a célébré les huit jours fériés reconnus par les païens contemporains, ainsi il n'y a aucune raison pour que vous le fassiez. Si vous êtes à l'aise avec la Roue néopaïenne de l'année, suivez-la, mais il n'y a rien de mal à suivre un calendrier sacré différent.

L'important n'est pas de savoir quel calendrier vous suivez, mais de toujours observer les marées sacrées (les fêtes) de ce calendrier. Ce faisant, vous serez en contact avec la terre et vous vous adapterez aux changements saisonniers qui se produisent tout autour de vous.

Dans le chapitre suivant, nous verrons comment adapter un calendrier sacré à votre propre environnement et comment rendre les marées saintes plus significatives et plus enrichissantes pour vous.

## Étape 7 : trouver son groupe

Chaque mesure que vous avez prise jusqu'à présent a été ou pourrait être volontaire. Vous avez eu un contrôle complet sur chacune d'entre elles. Vous avez décidé où et quand vous feriez l'effort de vous connecter avec les Esprits. Vous seul avez conçu votre espace sacré et désigné un temps sacré pour maintenir constamment votre connexion avec vos dieux et vos ancêtres. Vous avez sacralisé vos actions quotidiennes et observé des Hùsels cohérents (ou Esbats ou lunes de druide) et des marées saintes. Vous avez peut-être déjà fait cela avec d'autres personnes, mais c'était à vous de décider. Mais cette septième étape comporte un élément lié au hasard. Selon votre situation, il peut s'écouler des mois, voire quelques années, avant que vous ne rencontriez des personnes avec lesquelles vous souhaiteriez tisser votre destin.

Il y a des païens qui restent « solitaires » toute leur vie, évitant toute expression spirituelle extérieure et en groupe. Les humains, cependant, sont des créatures sociales et tribales, et notre majorité écrasante est plus heureuse lorsqu'elle peut partager ses expériences de vie avec les autres. Il existe peu de personnes qui aiment passer la Saint-Sylvestre seules ou qui se hâtent de manger une dinde toutes seules, le jour de Thanksgiving. Nos célébrations, qu'elles soient laïques ou spirituelles, sont plus épanouissantes lorsque nous sommes unis à d'autres personnes ayant le même esprit.

Pour les païens saxons, ce groupe social est souvent appelé un *inhíred*, qui est un ancien mot anglais signifiant « ménage ». Les adeptes de l'Ásatrú possèdent des groupes tribaux similaires, appelées *kindred*. Un païen hellénique est plus susceptible d'appeler son groupe des demos. Tout comme pour l'Hùsel ou l'Esbat, peu importe la façon dont vous le nommez qu'il s'agisse d'*inhíred* ou de *demo*.

Le groupe peut même être une famille : maman, papa et les enfants. La plupart du temps ce sera une « famille choisie » composée de personnes qui ne sont pas toutes génétiquement liées entre elles. L'un de ces groupes peut être constitué de deux familles traditionnelles et de plusieurs autres adultes, tandis qu'un autre groupe peut être constitué de cinq personnes non liées entre elles. L'essentiel est que tous les membres partagent une vision du monde commune.

Je ne saurais trop insister sur la valeur du groupe. Les marées païennes ne sont pas différentes des autres fêtes, elles peuvent se pratiquer en solitaire si nous n'avons personne avec qui les partager. Quand je ne suis pas sûr de la marche à suivre, je peux compter sur mes collègues *gesithas* (les membres assermentés de mon *inhíred*) pour me donner des conseils honnêtes mais simples. Lorsque l'un de nous a besoin d'aide, chacun des autres membres est là pour lui. Nous célébrons tous les mois un Hùsel et nous nous rassemblons pour les fêtes comme toute autre famille.

Parce que le groupe peut devenir très important dans votre vie, il est tout aussi important de trouver les bonnes personnes avec lesquelles nouer de telles relations. C'est là que l'élément du hasard entre en jeu. Comme pour trouver un partenaire de vie, trouver votre tribu ça n'est pas simplement feuilleter les pages jaunes.

Il peut être tentant de rejoindre le premier groupe que vous rencontrerez, surtout si vous recherchez d'autres personnes avec vos croyances depuis longtemps. Avant d'accepter de rejoindre un groupe païen, vous devez vous poser les questions suivantes :

• Le groupe partage-t-il votre vision du monde ? Si non, dans quelle mesure êtes-vous prêt à compromettre votre identité spirituelle ? Qu'est-ce qui vous relie à ce groupe ?

• Quelles sont les attentes du groupe vis-à-vis de ses membres ? Ces attentes sont-elles clairement définies ?

• Que faut-il pour quitter le groupe si vous décidez de le faire plus tard ? Si un serment d'adhésion est demandé, y a-t-il une clause dans ce serment vous permettant de quitter le groupe facilement ? (La formulation de certains serments ne l'exige pas, mais assurez-vous de bien comprendre ce à quoi vous adhérez.)

• Le groupe ou ses dirigeants accordent-ils un intérêt trop important au recrutement de nouveaux membres ? Cela devrait vous alerter. Les groupes païens ne recrutent généralement pas.

• Les autres membres du groupe partagent-ils un style de vie compatible avec le vôtre ? Si vous êtes célibataire et dans votre vingtaine, vous pouvez ne pas arriver à vous intégrer à un groupe composé de couples de retraités. Ou peut-être que vous y arriverez, mais c'est un facteur à considérer.

Si vous n'êtes pas complètement satisfait des réponses à ces questions, il est préférable d'attendre d'avoir trouvé un groupe qui vous corresponde mieux. Un demo ou un coven n'est pas ou ne devrait pas être un simple club. L'adhésion au groupe est un contrat émotionnel que vous ne devriez pas prendre à la légère.

C'est pourquoi il y a un élément de hasard. Avec les six premières étapes que j'ai décrites, vous avez un contrôle total. Vous décidez de prendre ces mesures. Mais vous ne contrôlez pas complètement cette septième étape. Donc, même si j'ai dit « trouvez votre groupe », il serait peut-être plus exact de décrire cela comme une ouverture sur votre capacité à trouver votre groupe. Dans une certaine mesure, le processus est entre les mains des dieux.

Je devrais ajouter que parfois les groupes se connaissent et ont des membres en commun. Ce n'est jamais une bonne idée même si un païen peut appartenir à plus d'un groupe lorsque ceux-ci ont des objectifs différents et des calendriers non conflictuels. Les membres qui ont prêté serment de ma foi sont tous des païens saxons. Nous honorons les mêmes dieux et partageons des valeurs similaires. Cependant, j'appartiens également à un bosquet Ár nDraíocht Féin. Le but du bosquet est de favoriser la communauté spirituelle dans notre région. Tout le monde dans mon pays n'appartient pas au bosquet. Inversement, les membres de mon bosquet ne doivent pas nécessairement être des païens saxons. Ce sont deux groupes distincts, avec des paramètres et des objectifs différents. Cependant, ce n'est pas une bonne idée d'appartenir à deux groupes ayant des objectifs similaires, par exemple deux covens wiccan, car il va falloir inévitablement partager votre temps et votre énergie. Je vous conseille de n'être membre que d'un groupe avec lequel vous êtes complètement à l'aise.

Maintenant, vous en savez un peu plus sur les sept étapes. Combien en avez-vous suivi ? Si la réponse est « aucune », revenez maintenant en arrière et commencez à l'étape 1. Plutôt que de simplement lire sur le paganisme, revenez à la première étape et pratiquez.

Dans les chapitres suivants, nous explorerons diverses activités pouvant amener votre pratique païenne personnelle à des niveaux encore plus profonds, mais ce « programme en sept étapes » vous mènera à une nouvelle façon de vivre presque immédiatement. Les étapes sont très simples. Vous finirez probablement par vous attarder sur plusieurs d'entre elles (en créant un autel secondaire ou en sacralisant davantage votre emploi du temps quotidien), mais les étapes initiales sont des actions faciles que tout le monde peut entreprendre.

La seule chose que vous pourriez trouver difficile, surtout si vous êtes nouveau dans le paganisme, est d'observer les marées sacrées. En fonction de votre style de vie et de votre environnement, certaines fêtes peuvent ne pas vous sembler facile à célébrer. Dans le chapitre suivant, nous examinerons le calendrier sacré et les moyens de l'adapter à votre vie.

# CHAPITRE 2
# LE CALENDRIER SACRÉ

Un calendrier est un système permettant de calculer l'heure en définissant le début d'une année et son organisation. Le calendrier séculaire que nous partageons tous aujourd'hui divise l'année en douze mois de vingt-huit à trente et un jours, et fait commencer l'année le premier jour de janvier. La plupart des calendriers définissent une année comme le temps nécessaire à notre planète pour tourner autour du Soleil, mais il existe des exceptions. Le calendrier sacré islamique est lunaire, chaque nouvel an islamique commence onze à douze jours plus tôt que l'année précédente. La plupart des calendriers divisent l'année en douze ou treize mois, en fonction de l'orbite de la Lune autour de notre planète.

Ces divisions définissent le passage du temps de manière à lui donner un sens. Pour ceux d'entre nous qui vivent dans l'hémisphère nord au climat tempéré, le mois de janvier évoque des souvenirs de neige et de glace, des après-midis chauds et un mois d'octobre parsemé de feuilles rouges. Un calendrier sacré devrait avoir un sens encore plus profond pour qu'il reflète notre spiritualité. Mais c'est rarement le cas à cause de la tendance que beaucoup d'entre nous ont à accepter et à suivre un calendrier générique, quelle que soit sa pertinence.

En tant que calendrier sacré, la Roue de l'année néopaïenne est une belle construction que tous les païens contemporains connaissent quelle que soit la voie qu'ils suivent. J'aime voir cela comme l'espéranto des calendriers païens, il n'appartient à aucune culture, mais constitue néanmoins un moyen simple et expressif de mesurer le passage des saisons pour tous les païens. Pour le païen éclectique, suivre la Roue néopaïenne de l'année est un choix aussi judicieux que n'importe quel autre calendrier sacré.

Le calendrier néopaïen observe huit jours sacrés. Ce calendrier est né de la religion wiccane au début au milieu du XX$^{e}$ siècle. Il associe les fêtes celtiques comme Samhain et Beltane aux célébrations des solstices et équinoxes anglo-saxon. Cette fusion a été inscrite dans un calendrier de huit sabbats espacés de cinq à sept semaines. Aujourd'hui, il est utilisé comme calendrier sacré non seulement par les wiccans, mais également par de nombreux groupes païens contemporains tels que l'eglise de tous les mondes et l'Ár nDraíocht Féin.

Aussi utile que puisse être le calendrier néopaïen, votre calendrier sacré personnel aura plus de sens pour vous s'il reflète votre chemin spirituel. Si vous ne suivez pas la religion wiccane votre culture spirituelle aura un calendrier avec ses propres priorités.

En tant que païen saxon, j'observe un calendrier saxon. Les premiers Saxons préchrétiens avaient un calendrier lunaire, mais contrairement au calendrier islamique, l'année solaire était également prise en compte. La plupart des années ont douze mois, ou « lunaisons », et après quelques années, il y aura un thrilithe, qui a treize mois. Le thrilithe ajuste le calendrier lunaire de manière que le mois de Solmonath se produise toujours autour de février, Hreth-monath se produise toujours autour de mars et ainsi de suite. Pour les premiers Saxons, un nouveau « monath » commence à la pleine lune. Dans le sud de l'Europe, à Rome et en Grèce, le mois commence à la nouvelle lune, mais dans les cultures du nord de l'Europe, il semble que les mois débutaient aux pleines lunes.

Mon *inhíred* se réunit une fois par mois pour faire des offrandes à nos dieux, mais ces « mois » ne sont pas des mois grégoriens. Ce sont de vrais monthas ou lunaisons. De ce fait, nous sommes très conscients des cycles de la lune. Rappelez-vous que le *Hal Sidu* consiste à fusionner votre corps, votre esprit et votre âme. En suivant un calendrier lunaire, mes *híredmenn* et moi nous accordons au rythme du monde naturel la même importance que lui accordaient nos ancêtres saxons.

Les mois lunaires nous aident à nous connecter avec la vision du monde des premiers Saxons et à exprimer ainsi plus pleinement notre spiritualité. Solmonath, qui tombe en janvier et en février, signifie littéralement « mois de boue » en vieil anglais. L'historien Bede a déclaré que les Saxons offraient des gâteaux au cours de ce mois. Par gâteau, il voulait dire un produit cuit au four qui ressemblait probablement davantage à notre pain moderne. Lorsque la lune de Solmonath est pleine, je dépose un pain ou un gâteau sur le sol en guise d'offrande.

Les deux mois suivants, Hrethmonath et Eostremonath, sont nommés ainsi en l'honneur de la déesse de la Terre Herthe et de la déesse vernale Éostre. Puis vient Thrimilci, « trois traites », ainsi nommée parce que le bétail peut être trait trois fois par jour.

Les deux prochains mois sont Ærra Litha et Æfterra Litha. Le vieux mot anglais *lith* signifie un point ou un moment, et dans ce contexte, il fait référence au solstice d'été, ce point dans le temps où les jours cessent de s'allonger et commencent à diminuer. Les noms de ces deux mois, Ærra Litha et Æfterra Litha, signifient « Avant le solstice » et « Après le solstice ». À noter que lors d'un thrilithe, le treizième mois est inséré entre ces deux mois et est appelé simplement Litha.

Vient ensuite Weodmonath, ou « mois de mauvaises herbes », et si vous avez déjà un quelconque lien avec la Terre, vous comprenez pourquoi il porte ce nom. Le weodmonath se produit autour du mois d'août, lorsque les mauvaises herbes poussent comme… eh bien, comme les mauvaises herbes… dans la chaleur estivale de l'hémisphère nord. Vient ensuite Haligmonath, le « mois sacré », lorsque des offrandes sont faites en remerciement d'une récolte abondante.

C'est presque toujours en octobre que la lune de Winterfylleth est pleine. Comme son nom l'indique, ce mois-ci marque le début de l'hiver. À cette époque, les païens saxons célèbrent l'arrivée de l'hiver. Ce n'est pas la fin de l'année, mais c'est un mois de transition important qui mène à Blodmonath, ou « mois du sang ». L'hiver a commencé pour les premiers Saxons avec la dernière récolte, celle de la viande. Seul le bétail le plus résistant passait l'hiver et l'excédent était abattu, fumé et salé.

Les deux derniers mois sont Ærra Geola et Æfterra Geola, signifiant « Avant Yule » et « Après Yule ». La signification de Yule n'est pas certaine, mais elle pourrait signifier « roue ». Ces deux mois constituent la saison de Yule. Ærra Geola marque la fin de l'année écoulée, tandis que Æfterra Geola est le début de la nouvelle année.

Observer les mois lunaires est un aspect important de ma pratique spirituelle personnelle, mais le calendrier saxon reconnaît également les marées sacrées (les Fêtes) à différents moments de l'année. Ces marées sacrées correspondent plus étroitement au calendrier néopaïen que celles de certains autres chemins païens. En effet, Gerald Gardner, le fondateur de la Wicca, était un Anglais, alors que le calendrier néopaïen est souvent considéré comme d'origine celtique, le fait est qu'il est simplement anglais, mélangeant jours saints celtiques et anglo-saxons. Beltane et Samhain sont des festivals de feu celtes d'été et d'hiver. Yule et Litha sont des festivals anglo-saxons marquant les solstices d'été et d'hiver. Lugnasad est un festival d'été commémorant le dieu celtique Lugh et sa mère adoptive, les Anglo-Saxons célébraient une fête du grain appelée Hláfmæsse à la même époque de l'année. La fête de la déesse anglo-saxonne Éostre était célébrée à la pleine lune suivant l'équinoxe de printemps, puis s'est confondue avec l'équinoxe du calendrier néopaïen. Les Saxons et les Celtes préchrétiens vivaient sur une île ayant à peu près la taille du Missouri. Les échanges culturels étaient donc inévitables. Les païens qui suivent aujourd'hui une voie galloise ou écossaise constatent que leur spiritualité personnelle se mêle très bien à la Roue néopaïenne de l'année.

Pour le païen gallois ou écossais, les célébrations les plus importantes sont les marées sacrées de Beltane et de Samhain. Mais c'est Yule qui prime dans le calendrier saxon. Cette période correspond aux mois d'Ærra Geola et d'Æfterra Geola, et des célébrations peuvent avoir lieu à tout moment pendant ces deux mois. La partie la plus importante de Yule est la nuit des Mères, la nuit du solstice d'hiver, au cours de laquelle des éloges et des offrandes sont faites à nos ancêtres, les mères de nos mères. Les païens saxons d'aujourd'hui concentrent généralement leurs célébrations sur la nuit des mères et sur les douze nuits qui suivent, qui se terminent le Nouvel An ou juste après. Chez moi, nous allumons une bougie lors de la nuit des Mères, deux bougies la nuit suivante, trois la nuit d'après et ainsi de suite jusqu'à ce que douze bougies soient allumées à la douzième nuit. Nous aborderons les activités des marées sacrées plus en profondeur dans le dernier chapitre de ce livre.

En observant les cycles lunaires et les jours saints traditionnels saxons, je rends hommage non seulement à mes dieux, mais également aux coutumes de mes ancêtres. J'entends par là mes ancêtres spirituels. J'ai une bonne dose de sang anglais, avec des noms de famille tels que Potter, Oak et Taunton dans ma lignée, mais les Anglo-Saxons préchrétiens sont les ancêtres spirituels de tout païen saxon, indépendamment de ses origines biologiques. C'est la vision du monde des premiers Anglo-Saxons et leur respect pour la Terre qui ont inspiré les païens saxons d'aujourd'hui et nous ont façonnés en partie, pour être ce que nous sommes.

En plus des mois et des saisons, un Saxon peut incorporer les jours de la semaine dans son calendrier sacré. On peut dire que la semaine de sept jours a été créée par les Romains, mais elle a été adoptée très tôt dans la société saxonne. Les noms anglais des jours de la semaine sont un véritable défilé de divinités saxonnes : Sunne, Mona, Tiw, Woden, Thunor et Frige. La seule exception est samedi, qui a gardé en son nom la référence au dieu romain Saturnus (Saturday). Nous ne saurons peut-être jamais pourquoi, mais Saturnus étant un dieu des semences, nous pouvons penser que le samedi est un jour sacré en l'honneur du dieu Ing et de la déesse Fréo, frères et sœurs divins étroitement associés aux richesses de la terre.

Mon calendrier sacré saxon fait partie de ma pratique personnelle du *Hal Sidu*. C'est un calendrier holistique. Plutôt que d'accepter une Roue de l'année générique et unique, elle est le reflet de ma spiritualité. Si vous êtes un païen qui suit un chemin différent, vous pourrez modifier ce calendrier, mais le principe reste le même. Votre Roue de l'année devrait être en rapport avec votre spiritualité.

Les noms des mois saxons (tels que les trois traites et les mois des mauvaises herbes) vous montrent que le calendrier est essentiellement agraire. Il est habituel pour les païens de calculer le temps qui passe.

Pour en apprendre plus sur le calendrier sacré irlandais, j'en ai parlé avec mon amie Diane Dahm, une païenne irlandaise qui affirme que son propre calendrier sacré a un objectif similaire. « Gardez à l'esprit que l'importance des fêtes était liée à la survie et n'a pas toujours été une célébration festive telle que nous la vivons aujourd'hui », me dit-elle. « Lorsque les gens dépendaient de la terre et des animaux pour se nourrir, le mouvement de la Roue était lié à la provenance des sources de nourriture. »

Diane sait que le calendrier sacré irlandais traditionnel n'est pas le même que le calendrier néopaïen. « Au lieu des huit fêtes néopaïennes, les Irlandais observent quatre grands festivals tout au long de l'année : Samhain, Imbolc, Beltane et Lugnasad. » Ainsi son calendrier sacré personnel met l'accent sur ces quatre fêtes sacrées qui reflètent sa spiritualité.

Elle sait également que les interprétations populaires et modernes de ces quatre fêtes ne sont pas nécessairement des interprétations irlandaises traditionnelles. Diane pense que les païens d'aujourd'hui oublient parfois l'importance plus profonde des marées sacrées comme Beltane et Imbolc. Selon ses propres mots, « les païens voient aujourd'hui Beltane comme un rite de fertilité, mais sans prendre en compte la symbolique de la terre fertile… lorsque votre survie en dépend, [Beltane] ne concerne pas tant le sexe que le potentiel de croissance de la vie. » Elle ajoute que « les animaux étaient menés entre deux feux pour leur accorder protection pour l'année à venir », une coutume rarement vue dans les rites Beltane contemporains. À propos d'Imbolc, le festival d'hiver, Diane déclare : « Imbolc est couramment associé à la lactation des brebis. Dans la société irlandaise, la laine était une partie importante de l'économie, il semble donc naturel que cela soit célébré d'une manière ou d'une autre. Sur le calendrier chrétien, le 1er février est la fête de St. Brigid. À l'heure actuelle, de nombreux païens honorent la déesse Brigid pendant cette fête, bien qu'il ne soit pas sûr s'il s'agit d'une pratique païenne ancienne. »

Le calendrier sacré irlandais et le calendrier saxon ont une orientation agricole semblable, mais Diane indique clairement qu'il existe également des différences distinctes entre les deux. La lune de Winterfylleth en octobre marque le début de l'hiver pour les païens saxons, mais pour les païens irlandais, cette période de l'année, connue sous le nom de Samhain, signifie beaucoup plus. « Les Irlandais marquent le début du Nouvel An avec Samhain, observé la veille du 1er novembre et tout au long du jour suivant », explique Diane, « Samhain est un jour situé dans aucune de ces années. C'est un temps entre les temps. Les Irlandais pensaient qu'ils n'étaient ni en été ni en hiver, et que les frontières entre le monde des esprits du Sidhe et celui des hommes étaient facilement franchies. »

Diane et moi avons des calendriers sacrés différents parce que nous suivons des chemins spirituels différents. Nous pouvons tous les deux nous rapporter au calendrier néopaïen, mais nous le faisons chacun d'une manière légèrement différente.

L'Hellenismos, également connu sous le nom d'hellénisme ou religion hellénique, est le paganisme grec. Le culte s'adresse aux dieux grecs : Zeus, Héra, Apollon, Aphrodite, etc. Avec une culture spirituelle originaire du sud de l'Europe, les païens helléniques ont un calendrier sacré qui ressemble peu au calendrier néopaïen. Irisa MacKenzie, une païenne hellénique vivant dans l'Ohio, explique : « Le calendrier hellénique était basé sur un cycle lunaire. » Nous voyons ici une similitude entre les Hellènes et les Saxons. Tout comme les Saxons, le peuple hellénique insère un treizième mois dans son calendrier après un certain nombre d'années afin que les mois lunaires se calent avec l'année solaire. Ce treizième mois est généralement suivi (mais pas toujours) par le mois de Poséidon, qui tombe en décembre et janvier. Irisa fait un parallèle avec le calendrier sacré irlandais : « Le calendrier hellénique ne reflète pas la traditionnelle Roue néopaïenne de l'année. Hormis pour certains festivals helléniques, il y a peu de points communs avec la Roue de l'année moderne. »

Une différence significative entre le calendrier sacré hellénique et celui des Saxons, comme le souligne Irisa, c'est que le mois hellénique commence lors de la lune noire, on le connait sous le nom de Hécate

Dephinion. Ce temps était sacré pour la déesse Hécate. Et le jour suivant, alors que la lune réapparaît sous la forme d'un mince croissant dans le ciel nocturne, on le nomme Noumenia, c'est alors que l'on fait des offrandes à tous les dieux helléniques, et plus particulièrement à Séléné, Apollon, Héra, Hermès et les ancêtres de la maison.

Le jour suivant est le jour consacré au démon Agathos. Irisa le décrit comme « l'esprit qui habite chez vous, nous lui donnons la forme du serpent, ancien symbole de la guérison. En règle générale, une offrande est faite au démon Agathos pour honorer sa place au sein du foyer. Le nom d'Agathodémon signifie « esprit noble ».

Le troisième jour après la lune noire, nous célébrons la déesse Athéna et le suivant Aphrodite et Hermès. Les jours six et sept sont consacrés à Artémis et Apollon. Le huitième jour est dédié au dieu Poséidon.

À la pleine lune, la déesse Séléné est à nouveau honorée. Chaque mois hellénique est consacré à un dieu ou déesse de l'Olympe. Au début du mois, à la Nouménie, Irisa fait une libation à la divinité du mois en cours. À Athènes, l'année commence lorsque la nouvelle lune immédiatement après le solstice d'été. Cela marque le mois de Hecatombéon, qui est consacré à Athéna. Au cours de ce mois, les Athéniens célèbrent la Panathénées, une fête en l'honneur de la déesse de leur ville, qui a généralement lieu vers la fin du mois de juillet. Irisa décrit la Panathénées comme « une période de libations, de jeux et de festin ».

Le mois suivant est appelé Métageitnion, le mois du dieu Hermès. Un festival mineur connu sous le nom de Hera Thelchinia a lieu le vingtième jour de ce mois. Il est célébré aujourd'hui par les païens helléniques avec de l'encens, des hymnes et des libations à la déesse Héra.

Boédromion est le mois de Déméter et Perséphone. Cinq jours après la nouvelle lune au cours de ce mois, c'est la Genesia, une journée en l'honneur des morts, en particulier ceux qui sont morts au combat.

Le mois de Pyanepsion apporte un festival appelé Thesmophorie, qui commence le onzième jour du mois. Les femmes helléniques célèbrent généralement ce festival durant trois jours, bien que, selon Irisa, certaines sources démontrent qu'il durait cinq jours. Que ce soit trois ou cinq jours, c'est une fête des femmes. Les rites impliquent le jeun (sauf pour les graines de grenade), une cérémonie au flambeau et un festin pour le clôturer.

Maimactérion est un mois où il n'y a pas de festivités. Historiquement, il y avait une fête pendant la dernière partie de ce mois appelée la Pompaia, dédiée à Zeus, mais on en sait peu sur elle, et elle n'est pas largement célébrée par les Hellènes contemporains.

Le sixième mois est Poséidon, qui, malgré son nom, est consacré à Dionysos. On pourrait penser qu'un mois appelé Poséidon serait consacré à Poséidon, mais ces Grecs avaient parfois des idées incompréhensibles. Le vingt-sixième jour du mois a lieu une fête appelée les Halôa, consacrées à la fois à Déméter et à Dionysos, et célébrée avec beaucoup de joie. Les habitants d'Athènes organisaient à l'époque une célébration mineure appelée « Dionysies rurales », afin de la distinguer de la fête du Grand Dionysos qui a lieu au mois d'Élaphébolion. Pendant les Dionysies rurales, une statue du dieu était symboliquement transportée dans la ville. Cet événement est suivi d'une fête et d'un chant.

Le mois de Gamélion tombe en janvier et février, et est consacré à la déesse Héra. Le vingt-sixième jour du mois, un festival appelé Gamelia célèbre le mariage d'Héra et de Zeus, ainsi que l'arrivée du printemps et de nouveaux commencements.

Il est suivi par Anthestérion, le mois d'Aphrodite. Il se distingue par son Anthestérie, ou « festival des fleurs », qui est une célébration durant trois jours et qui ne semble pas avoir grand-chose à voir avec les fleurs. Pour les Hellènes qui vivaient dans un climat tempéré, c'est probablement une bonne chose, car l'Anthestérie survient généralement à la fin du mois de février, alors qu'il y a peu de fleurs. Le festival commence le onzième jour du mois avec Pithiogia, ou « ouverture de pots ». De nouvelles bouteilles de vin sont ouvertes et des libations sont versées à Dionysos. Le lendemain, c'est Khoes, le « jour des coupes », où une grande partie de ce vin est consommée lors de concours. Irisa décrit les festivités comme ayant « une atmosphère érotique ». L'Anthestérie, qui dure trois jours, se termine par Khytrai, le « jour des pots », lorsque des pots de nourriture sont présentés comme offrandes pour les morts.

Après Anthestérion, vient le mois d'Élaphébolion, consacré à Héphaïstos. C'est le mois de la fête du Grand Dionysos. Le Grand Dionysos est célébré avec des compétitions de théâtre, de poésie et d'art. Irisa dit que c'est aussi « un temps pour les gens de laisser tomber leurs inhibitions ». Elle mentionne que les images de phallus étaient traditionnellement véhiculées lors de processions, le festival avait donc probablement plus une atmosphère érotique que le mois d'Anthestérion pendant la fête de Khoes. Anthestérion et Élaphébolion semblent être de bons mois pour devenir païen hellénique.

Le mois de Mounichion est consacré à la déesse Artémis. Le sixième ou le seizième jour, la fête de la Mounichia lui est consacrée. La divergence sur le jour exact est due au fait que les Grecs n'avaient pas de calendrier standard et unifié. Libre à vous de choisir l'un ou l'autre de ces deux jours.

Il est normal que le mois d'Artémis soit suivi de Thargelion, consacré à son frère Apollon. Une fête durant deux jours à lieu pendant les sixièmes et septièmes jours de ce mois appelée les Thargélie. Traditionnellement, à Athènes, deux personnes étaient choisies pour représenter la ville entière. Ces personnes étaient nourries puis battues pour purifier la ville. Thargelion n'est peut-être pas un si bon mois pour devenir païen hellénique, du moins pas si on vous propose de participer aux rites locaux des Thargélie. Je plaisante, bien sûr. Une telle pratique est inacceptable aujourd'hui, mais un acte de purification (peut-être un bain rituélique) conviendrait à un rite des Thargélie en début d'été.

Enfin, l'année hellénique se termine au début de l'été avec le mois de Skirophorion.

Un païen hellénique très dévot peut élaborer un calendrier lunaire sacré d'une année sur l'autre, mais pour emprunter cette voie il vous faudra bien connaître les particularités de chacun des mois. Même si vous n'êtes pas certain du vingtième jour de Métageitnion, vous pouvez néanmoins organiser un rite de Thelchinia en août et offrir de l'encens et des libations à la déesse Héra. Les femmes peuvent se réunir en octobre pour célébrer la Thesmophorie en organisant un festin. Même les Hellènes paléopaïens n'avaient pas de calendrier universel et standard.

Irisa incorpore le calendrier hellénique à sa pratique païenne personnelle, comme le fait Diane Dahm avec le calendrier irlandais et moi-même avec un calendrier saxon. Ainsi le calendrier devient plus pertinent pour notre travail en tant que païen. Votre calendrier devrait être tout aussi pertinent pour votre propre chemin spirituel. Quelles fêtes ont été historiquement observées dans votre tradition culturelle ? Comment ces personnes ont-elles défini le passage du temps ?

Un autre facteur important à prendre en compte lors de l'élaboration d'un calendrier sacré personnel est votre climat et votre environnement. La Roue de l'année néopaïenne suppose que vous vivez au Royaume-Uni. Plus votre climat sera différent de celui de la Grande-Bretagne, moins la Roue traditionnelle de l'année vous conviendra. Le même calendrier sacré ne peut pas servir à la fois les besoins des païens vivant à Toronto et ceux de la Nouvelle-Orléans. Même si ces païens suivent le même chemin spirituel, ils vivent dans des climats complètement différents.

Il vous faudra au moins une année complète pour élaborer un calendrier sacré réellement pertinent pour votre environnement immédiat. Pour ce faire, vous devez poser ce livre, vous éloigner du clavier de l'ordinateur, éteindre la télévision, sortir et regarder vraiment le monde qui vous entoure. Les enseignements que vous en retirerez en vaudront la peine. Au cours de la prochaine année, essayez de découvrir les réponses aux questions suivantes.

• Quels arbres poussent dans votre voisinage immédiat (c'est-à-dire à environ 15 kilomètres de votre maison) ? Sont-ils à feuilles caduques ou à feuilles persistantes ? À quelle période de l'année les feuilles des arbres commencent-elles à changer de couleur ? Quand perdent-ils leurs feuilles ? Soyez spécifique, vous devez savoir à quel moment précis de l'année, du mois se produisent ces événements naturels. Même si nous savons tous qu'ils perdent leurs feuilles en automne.

• Quand surviennent les premières gelées ? En supposant que dans la région où vous vivez des gelées se produisent, ce qui ne sera pas le cas si vous vivez à Miami ou à San Diego.

• Quand arrive la dernière gelée au printemps ? Encore une fois, cela suppose que vous viviez dans un climat tempéré.

• Quand tombent les premières neiges ? Durant combien de temps au printemps avez-vous de la neige ? Et avez-vous seulement de la neige ?

• Quelles fleurs poussent dans votre région ? Quand commencent-elles à fleurir ? Combien de temps fleurissent-elles ?

• Quels oiseaux vivent dans votre voisinage immédiat ? Sont-ils migrateurs ou y vivent-ils toute l'année ? S'ils migrent, quand partent-ils ? Quand reviennent-ils ?

• Quels mammifères vivent dans votre environnement immédiat ? Leur comportement change-t-il à différents moments de l'année ? Comment ?

• Si vous habitez dans une région agricole, quelles cultures sont cultivées et récoltées ? Quand sont-elles plantées ? Quand les céréales sont-t-elles récoltés et stockés ?

En répondant à ces questions, vous comprendrez l'importance du facteur environnemental dans l'élaboration d'un calendrier sacré personnel. Vous développerez votre propre compréhension de votre environnement, que vous pourrez ensuite intégrer à votre travail spirituel et magique.

Vous pourrez avoir à faire des compromis entre votre voie spirituelle et votre environnement pour construire votre calendrier sacré. Par exemple, si vous êtes un païen hellénique vivant à Minneapolis, il peut être difficile de concilier le festival des Halôa avec les hivers glaciaux du Minnesota. Pour les Grecs, les Halôa était une fête des récoltes au cours de laquelle Déméter et Dionysos se voyaient chaleureusement offrir des fruits, mais les Halôa tombent généralement au mois de décembre, après la saison des récoltes dans le nord des États-Unis. Bien sûr, nous pouvons rendre grâce pour les bénédictions des dieux à tout moment de l'année. Des fruits frais sont disponibles dans nos supermarchés quelle que soit la saison. Le païen hellénique du nord pourrait célébrer les Halôa en offrant des fruits à Déméter et à Dionysos, mais réfléchissez à la manière dont cette fête grecque pourrait être incorporée dans un calendrier sacré personnel. La plupart des païens que je connais apprécient les moments séculiers de Noël. Dans une famille hellénique, l'arbre de solstice pourrait être décoré de petits fruits artificiels, rappelant ainsi la générosité de Déméter. Un arbre en forme d'ange pourrait représenter Dionysos. Des figurines de cochons ou de taureaux feront parfaitement l'affaire car ces animaux sont sacrés pour Déméter et Dionysos. Le lierre étant également sacré pour Dionysos, des guirlandes de lierre artificielles pourraient être utilisées pour décorer l'arbre et la maison.

Le solstice a presque toujours lieu après les Halôa, mais ces deux jours ne sont pas très éloignés. Il serait donc très facile d'incorporer ce festival hellénique aux célébrations de « Noël ».

Par nécessité, les païens vivant au sud de l'équateur ont adapté un calendrier sacré à leur propre environnement. Les païens de l'Australie, de l'Afrique du Sud et de l'Argentine inversent les fêtes néopaïennes. Ils célèbrent Litha en décembre, car pour eux l'hiver a lieu au mois de juin. L'équinoxe de printemps se produit en septembre et l'équinoxe d'automne en mars. En apparence, cela semble simple, mais inverser le calendrier change la nature des fêtes néopaïennes. Pour les chrétiens du sud de l'équateur, c'est au solstice d'été et pas en hiver qu'ils célèbrent la naissance du Christ !

Un païen vivant dans l'hémisphère sud doit également déterminer si chaque fête païenne correspond à la saison. Beaucoup de fêtes païennes traditionnelles (peut-être la majorité) sont saisonnières, car la production et l'acquisition de nourriture étaient très importantes dans les sociétés préindustrielles. En Europe du Nord, en particulier, la plupart des vacances étaient liées d'une manière ou d'une autre à la plantation de cultures, à la récolte, à la naissance du bétail ou à un autre aspect agricole. Mais ce n'est pas vrai pour tout. En étudiant de nouveau le calendrier hellénique, je n'y trouve rien de significatif qui nous obligerait de célébrer le festival des Panathénées en hiver au lieu de l'été. Néanmoins, certains païens de l'hémisphère sud peuvent également choisir de célébrer cette fête après le solstice d'été de décembre. Il n'y a pas de réponse correcte à moins que les fêtes ne soient évidemment et indéniablement liées à la saisonnalité. Dans 200 ans, les païens regarderont peut-être comment et quand les gens du XXI^e^ siècle auront observé ces fêtes, mais aujourd'hui, si vous vivez dans l'hémisphère sud, vous devez vous fier à votre propre intuition et à votre bon jugement.

Mais qu'en est-il des païens qui vivent sur l'équateur ? En écrivant ce chapitre, j'ai commencé à m'interroger sur ce sujet et j'ai donc interrogé mon ami Mario Munive Avendaño. Mario vit à Bogotá, en Colombie, où « hiver » et « été » sont des concepts presque abstraits. « Ici, en Colombie, nous ne parlons pas du solstice d'hiver ou du solstice d'été », m'a-t-il dit. « Ici, nous n'avons que deux saisons : la saison sèche et la saison des pluies… La saison des pluies va d'avril à octobre et il pleut beaucoup. Les rivières grossissent et la température baisse un peu, l'air est plus humide. » Ce climat peut facilement être intégré dans les calendriers sacrés personnels des païens colombiens en célébrant l'avènement de la saison des pluies chaque année à l'équinoxe de mars. Que le 21 mars soit considéré comme l'équinoxe de printemps ou l'équinoxe d'automne, peu importe, ce qui compte c'est qu'il s'agisse de l'équinoxe de « pluie » !

Mario, qui est un Wiccan, me dit que « beaucoup de Wiccans en Colombie pratiquent comme s'ils vivaient dans l'hémisphère Nord ». Cela semble être le cas par défaut, car les Colombiens n'ont pas vraiment de raison de renverser les fêtes néopaïennes. Cependant un calendrier sacré vraiment pertinent se devrait également d'observer les saisons sèches et pluvieuses, car elles sont très répandues dans ce climat équatorial.

Ce qu'en Colombie on ne célèbre pas de façon saisonnière, sera compensé avec ses nombreuses fêtes nationales. Le mois de février est particulièrement connu pour ses célébrations, avec des carnavals annuels organisés dans des villes comme Barranquilla, Santa Marta et Riohacha. Mario dit qu'il y a des festivals en Colombie tout au long de l'année, y compris « des événements si bizarres, comme un festival d'ânes dans une petite ville de Colombie, je ne sais plus où exactement ». Ce qui nous amène à une autre considération lorsque nous créons un calendrier sacré personnel : que vous viviez près de l'équateur, comme Mario, ou près des pôles, les célébrations régionales peuvent et doivent souvent être reconnues comme des reflets de votre Roue de l'année.

Au début, on peut trouver qu'il y a une grande différence entre un jour sacré comme Beltane et une fête laïque nationale comme la Journée des anciens combattants, mais cette différence diminue pour ceux qui cherchent à suivre le *Hal Sidu*. Pourquoi un moment de votre vie serait-il moins sacré qu'un autre ? Pour certaines personnes, les fêtes laïques comme la Journée des anciens combattants ne signifient rien de plus que la fermeture des banques. Mais toutes ces fêtes laïques peuvent refléter votre spiritualité et, en fait, beaucoup d'Ásatrúar américains observent le Jour des anciens combattants comme un jour sacré qu'ils appellent Einherjar ou la fête de l'Einherjar. Ainsi ils ont intégré la Journée des anciens combattants dans leurs calendriers sacrés. Les Einherjar sont les esprits des guerriers tombés au combat, ceux qui ont été emmenés au Valhalla. Les Einherjar sont généralement vénérés par un blitu, rituel dans lequel l'hydromel (vin de miel) est offert aux esprits honorés.

Toute fête laïque peut être ainsi sacralisée et se voir attribuer une place spéciale dans votre calendrier personnel. La Saint-Valentin ? Un païen hellénique pourrait faire des libations à Aphrodite (la déesse de l'amour grecque), tandis qu'un païen nordique pourrait offrir de l'hydromel à la déesse Freyja. Ou si la journée de l'arbre a une signification pour vous, incorporez-la à votre calendrier sacré en honorant les dryades, les elfes des bois ou l'esprit des arbres. La fête de Thanksgiving est explicite. Pour les païens américains, Thanksgiving est essentiellement un quatrième festival des récoltes, à la suite de Lammas, de l'équinoxe d'automne et de All Hallows Eve (Halloween).

Depuis 1970, chaque année, le 22 avril, on célèbre le Jour de la Terre aux États-Unis pour sensibiliser davantage à l'environnement. J'ai sacralisé ce moment avec le rituel suivant de la déesse de la Terre

Herthe. Le texte est basé sur une prière tirée d'un livre anglo-saxon du XIe siècle (bien qu'il soit probablement beaucoup plus ancien), tandis que les offrandes s'inspirent d'un autre texte du XIe siècle appelé *cerbot* ou « remède pour les champs ». Cette célébration de la terre doit avoir lieu à l'extérieur. S'il se tient à l'intérieur pour cause d'intempéries ou pour toute autre raison, il doit y avoir un bol pour recevoir les offrandes. Ces offrandes devraient plus tard être déversées sur la terre en extérieur. Dans un rituel en plein air, les offrandes sont individuellement déversées sur la terre sous forme de libations.

Jusqu'à sept gebedmenn (chefs de prière) peuvent jouer un rôle actif dans le rituel. S'il y a moins de sept participants, chaque membre peut prendre plus d'une partie. Vous pouvez aussi faire ce rituel seul.

Vous aurez besoin de :

- un feu ou (si à l'intérieur) un charbon ardent et un brûleur suffiront ;
- une pincée de graines de fenouil ;
- une petite quantité d'huile végétale naturelle ;
- une petite quantité de miel ;
- une petite quantité de lait entier.

Le finol gebedmann (chef de la prière du fenouil) verse une pincée de graines de fenouil dans le feu (ou sur le charbon ardent) en disant :

*Herthe, Déesse Divine, Mère Nature, qui génère toutes choses et fait naître de nouveau le soleil que vous avez donné aux nations.*

Le sceadu gebedmann (chef de la prière de l'ombre) dit maintenant :

*Gardien du ciel et de la mer, de tous les dieux et pouvoirs;*
*par ton pouvoir toute la nature se tait,*
*et puis somnole dans le sommeil.*
*Et tu ramènes de nouveau la lumière et chasses la nuit,*
*et tu nous recouvres plus intensément encore de ton ombre.*

Le gebedmann de la tempête (chef de prière de la tempête) s'avance et dit :

*Vous avez le chaos infini, oui, le vent, les averses et les tempêtes. Tu les envoies à ton bon vouloir et fais rugir la mer, tu chasses le soleil et suscites l'orage.*

*Après cela, le gebedmann de la vie (leader de la vie) dit :*

*Encore une fois, lorsque tu le souhaites, tu feras naitre le jour joyeux et apporteras la nourriture de la vie. Et quand notre âme s'en ira, nous reviendrons à toi.*

Le Ele gebedmann (prieur de l'huile) verse une libation d'huile en disant :

*Tu es appelé la Grande Mère des dieux, tu conquiers par ton nom divin. Tu es la source de la force des nations et des dieux.*

Le hunig gebedmann (responsable de la prière du miel) s'avance et verse une libation de miel en disant

*Sans toi, rien ne peut être parfait ni être né. Tu es grande, Reine des dieux.*

Le meolc gebedmann (chef de prière du lait) verse une libation de lait entier et dit :

*Déesse, je te vénère en tant que Divinité. J'en appelle à ton nom et je te remercie de tout mon cœur.*

À ce stade, le finol gebedmann peut inviter tous ceux qui le souhaitent à prononcer leurs propres louanges ou à faire prêter serment d'honorer ou de protéger la Terre de quelques façons que ce soit. C'est un bon moment pour réaffirmer votre engagement envers le *Hal Sidu* en jurant d'apporter des changements spécifiques à votre mode de vie qui vous mèneront à une existence plus holistique et positive.

Enfin, le meolc gebedmann conclut le rituel en disant :

*Salut à toi, Herthe, Mère des hommes et des dieux.*

Ce à quoi tous les participants répondent avec un chaleureux « Wassail ! »

Comme je suis un païen saxon, mon rituel du Jour de la Terre inclut des mots anglo-saxons et s'inspire des écrits en vieil anglais, mais chacun, quelle que soit sa source d'inspiration spirituelle, peut concevoir un rite similaire pour honorer la Terre chaque année le 22 avril.

Dès que vous aurez terminé votre calendrier sacré, vous constaterez qu'il ne ressemblera à aucun autre, car nos relations individuelles avec le monde qui nous entoure sont façonnées par divers facteurs. Votre propre calendrier sacré doit refléter votre orientation spirituelle, votre environnement physique et la société dans laquelle vous vivez.

# CHAPITRE 3
# DÉVOTIONS QUOTIDIENNES

Avoir créé un calendrier sacré qui reflète votre environnement et votre spiritualité a tellement plus de sens que de suivre une Roue de l'année générique, vous pouvez vivre vos croyances chaque jour de l'année. Le païen vit pleinement dans l'instant présent. Plutôt que d'attendre une date précise du calendrier pour honorer les dieux et les ancêtres, chaque jour est considéré comme une nouvelle occasion de s'exprimer spirituellement.

Peut-être que vous le faites déjà. Dans ce cas demandez-vous comment vous avez exprimé votre spiritualité aujourd'hui ? Est-ce une action que vous faites quotidiennement ou occasionnellement ? Presque n'importe quel moment de votre vie peut avoir une signification spirituelle profonde, mais ces moments sont uniques. Ma journée (influencée par mon foyer et la nourriture) est différente de la vôtre, tout comme votre journée est au moins légèrement différente de celle de la plupart de vos amis.

Que nous partions au bureau ou à l'école, dégustions une tasse de café ou promenions le chien, la seule chose que la plupart d'entre nous faisons chaque matin est de faire face à une nouvelle journée. Certaines personnes commencent la journée à une heure inconnue en raison de leurs horaires de travail, mais la majorité d'entre nous se réveillent le matin. Cet événement, si commun et simple, est une excellente occasion d'affirmer votre spiritualité. Certains païens aiment méditer le matin, pensant que cela les prépare mieux pour la journée qui s'annonce. Ce n'est pas nécessairement une longue méditation, dix minutes peuvent être plus que suffisantes. Si le temps vous fait défaut, réglez votre réveil quinze minutes plus tôt, méditez pendant dix minutes, puis profitez de cinq minutes supplémentaires que vous consacrerez à votre temps libre.

La méditation du matin est une excellente façon de commencer la journée pour certaines personnes. Cela ne marche pas pour tout le monde. Vous faites peut-être partie de ces personnes qui sont plus susceptibles de s'endormir si vous méditez tôt dans la journée. Si c'est le cas, vous pouvez toujours sacraliser les premiers moments de votre journée en vous connectant aux Esprits par une prière courte mais sincère.

Je préfère méditer plus tard dans la journée et commencer la matinée par une prière. Et j'avoue volontiers que je ne suis pas une « personne du matin », il est donc préférable que les mots soient préparés et prêts à sortir de mes lèvres. Je ne suis pas très doué pour parler de façon impromptue dès le lever. Pour cette raison, j'ai une prière bien établie que j'aime utiliser le matin. La prière s'adresse à la déesse Sunne, esprit souverain du soleil. Tandis que je lui adresse mes mots, je marque habituellement la rune sigel dans les airs avec ma main droite. Sigel est la rune anglo-saxonne qui représente le soleil.

ᛋ

La formulation de la prière est la suivante :

*Salut à toi, Sunne,*
*Joyau des cieux,*
*À juste titre on te nomme la gloire des elfes !*
*Eclairée et juste,*
*Prière des marins,*
*La lumière de l'amour est tissée dans tes cheveux.*
*Faiseuse de vie, je te prie de guider mes pas tout au long de cette journée.*

La phrase « prière des marins » est inspirée du passage d'un poème anglo-saxon sur les runes qui dit : « le soleil est toujours appelé pour les marins quand ils partent au-dessus du bain des poissons » *(sigel sæmannum simble biþ on hihte, Il a hiné fériaþ de la chair de poisson)*. Les expressions *« Glory of Elves* » et « *Jewel of the Heavens* » sont d'anciens *kennings* germaniques pour désigner le soleil.

Une prière du matin à Sunne me convient en tant que païen saxon, mais la spiritualité d'un païen hellénique (grec) se refléterait mieux dans une prière à Hélios, le dieu grec du soleil, tandis qu'un païen kémétique (égyptien) pourrait diriger sa prière du matin à Rê. Le païen irlandais pouvait prier la déesse Éadaoin et le païen slave à Dazhbog. Ce sont bien sûr des divinités solaires au sein de leurs cultures respectives. La forme de la prière et tous les gestes qui y sont associés doivent également être adaptés à la culture. Évidemment, un païen kémétique ne marquera pas la rune sigel en priant Rê, car les runes anglo-saxonnes n'expriment pas la spiritualité kémétique, mais un akhet (symbole égyptien de l'horizon où le soleil se lève) pourrait être porté ou tenu pendant la prière.

S'il est important que votre prière du matin reflète votre chemin spirituel, la divinité que vous priez ne doit pas nécessairement être une divinité solaire ou de l'aube. Un païen irlandais peut offrir une prière du matin à Éadaoin, mais aussi à Brigid ou au Dagda si cette personne a un lien étroit avec l'une ou l'autre de ces divinités. Un adepte kémétique d'Isis pourrait choisir de diriger une prière vers cette déesse plutôt que sur le dieu soleil Rê. Ici encore, l'important est que votre prière soit fidèle à votre voie spirituelle. Une déité solaire de votre panthéon culturel est un choix évident à faire dans une prière du matin, mais vous rendez essentiellement grâce pour un nouveau jour et tout ce qu'il peut vous apporter, cette prière peut être adressée à tout dieu ou déesse avec lequel vous avez une connexion.

## Chanter sous la douche

Tôt le matin n'est que l'un des nombreux moments de la journée qui peuvent être investis de sens par la prière. Si votre prière du matin retentit tel un grognement, il serait peut-être plus efficace d'honorer la journée à venir un peu plus tard.

Vous trouverez peut-être plus facile et plus utile de prier après avoir bu une tasse de café et avoir enlevé les morceaux de sommeil croustillants du coin de vos yeux. Si c'est le cas, la douche matinale est un autre bon moment pour honorer ce jour. Bien que la douche soit un acte très physique et matériel, sur le plan spirituel, vous vous nettoyez également de la journée de la veille et vous vous préparez à ce qui vous attend dans votre avenir immédiat. Si vous dédiez votre temps de douche a votre spiritualité, cela devient une sorte de rituel en soi. Vous pouvez utiliser une prière vers vos ancêtres, comme ceci :

*Ancêtres bien-aimés,*
*Mères qui ont donné naissance à mes mères,*
*Pères qui ont engendré mes pères,*
*Lavez tout ce qui pourrait me bloquer ;*
*Diminuez tout ce qui pourrait me polluer.*
*Alors que l'eau qui donne la vie coule sur moi,*
*Rafraîchissez et renouvelez mon esprit afin que je puisse,*
*Par mes actions, vous honorer comme il se doit au cours du jour à venir.*

Au lieu d'une prière orale, vous pourriez saluer la journée en chantant. Faites-le ! Il y a une raison pour laquelle tant de gens aiment chanter quand ils prennent leur douche. La conception d'une cabine de douche donne souvent un effet acoustique qui améliore la voix humaine. Il existe de nombreuses chansons païennes écrites sous la douche par divers artistes d'aujourd'hui. Votre propre chant pourrait même être une chanson laïque, comme « Oh, what a beautiful mornin' » de Rodgers et Hammer-Stein's Oklahoma. Ce qui compte, c'est que la chanson exprime en quelque sorte votre joie et votre gratitude pour le nouveau jour.

Si vous avez du talent, essayez de créer vos propres paroles et une mélodie pour un chant. C'est comme cela que se créent les nouveaux chants païens.

Transformer votre douche quotidienne en une douche rituélique peut améliorer votre pratique païenne, vous pouvez étendre à toute la journée le concept de nettoyage spirituel. Lavez-vous les mains avec une courte prière juste avant de commencer tout projet. Ceci est particulièrement approprié pour les païens qui suivent un chemin hellénique. Le fait de porter des vêtements propres sont de coutume pour tous les rituels helléniques (Burkert, p. 55). Vous préparez un repas ? Alors lavez-vous les mains au cours d'un rituel de purification avant de commencer à couper et à mélanger la nourriture.

## Bénir le repas

En parlant de nourriture, si vous faites trois repas par jour (et vous devriez le faire), vous aurez trois autres occasions d'apporter votre spiritualité à votre vie quotidienne. De nos jours, très souvent, les gens mangent leur repas de façon mécanique, sans vraiment se préoccuper de la façon dont il a été préparé ou de sa provenance. Nous verrons plus loin dans ce livre comment vous pourrez rétablir votre lien avec la nourriture qui vous sustente, mais dans un premier temps, pourquoi ne pas célébrer chaque repas avec gratitude ?

À qui allez-vous exprimer cette gratitude et comment ? Un simple verset viendra plus facilement sur les lèvres qu'une longue prière ou qu'une prière improvisée. Vous préférerez peut-être dire quelque chose de réfléchi et de très spécifique, comme lors de Thanksgiving, mais pour une pratique quotidienne, la prière devrait être peu exigeante. Cela peut être aussi simple comme la prière traditionnelle des enfants chrétiens : « Dieu est grand, Dieu est bon et nous le remercions pour notre nourriture. »

En effet, cette prière peut être facilement adaptée au polythéisme en passant du singulier au pluriel : « Les dieux sont grands, les dieux sont bons et nous les remercions pour notre nourriture. »

J'utilise une adaptation d'une prière dédiée au soleil et à la terre. Dans ma version Sunne est la déesse du soleil et Herthe celle de la terre.

*Ô Herthe, qui nous apporte cette nourriture,*

*Ô Sunne, qui la rend mûre et bonne,*
*Sunne au-dessus, Herthe au-dessous,*
*Je vous montre ainsi ma profonde gratitude.*

Bien sûr, lorsque je suis au restaurant, je ne me lève pas, ne fais pas un signe de la main et ne chante pas. En public, il est bon de tenir compte de la présence des autres. Je ne m'excuse pas du tout de mes croyances ni de mes pratiques (pourquoi devrais-je le faire ?), mais ces croyances ne m'obligent pas à faire comme si de rien n'était. Si afficher en public vos croyances peut gêner les autres, le paganisme propose des méthodes pour être plus discret : vous pouvez par exemple tracer un symbole, des sigils sur une nappe en papier au restaurant. Personne ne s'offusquera de votre geste si celui-ci est discret. Ma préférence va au symbole du marteau de Thunor :

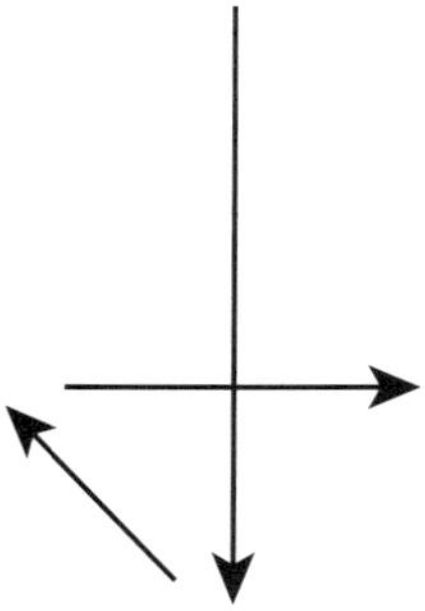

Un païen irlandais pourrait dessiner l'image de la croix de Brigid. Un Wiccan peut tracer un pentagramme. Comme pour tout ce qui se passe dans votre pratique personnelle, le symbole devrait être un reflet de votre propre spiritualité.

## À présent, je me couche pour dormir

C'est ainsi que commence la prière du coucher que l'on m'a appris à réciter quand j'étais enfant. Un vers mentionnait que je pourrais « mourir avant mon réveil », ce qui était effrayant pour un jeune enfant.

Mes parents étaient monothéistes, tout comme leurs parents avant eux. La prière était donc adressée au dieu de la bible. Mais ce n'est pas parce qu'une pratique ou une tradition est chrétienne qu'elle ne peut pas être païenne.

Comme au lever, les moments qui précèdent votre coucher peuvent vous permettre de vous connecter et d'exprimer votre spiritualité, mais il existe des différences. Le matin, beaucoup d'entre nous sont à peine éveillés que la journée doit déjà commencer. C'est pourquoi une brève prière préparée donne souvent de meilleurs résultats. Le soir est un moment parfait pour réfléchir à ce qui s'est passé pendant la journée. Une prière apprise par cœur peut convenir à un enfant, mais le soir je pense qu'une prière totalement improvisée est plus adéquate.

S'il vous est difficile d'être positif vous devriez probablement aller plus loin. Il est fort peu probable que vous fassiez partie des rares personnes à ne jamais rien laisser de bon leur arriver. Nous avons tous de bonnes raisons d'éprouver de la gratitude : amis, famille, santé, revenus (même modestes), maison… autant de choses positives qui nous arrivent. Les païens d'aujourd'hui bénéficient tous des progrès du XXIe siècle. Comparé à nos ancêtres, nous vivons dans le luxe. Nous avons l'électricité et en hiver, nous nous chauffons en appuyant sur un simple bouton. La nourriture est facilement disponible au supermarché le plus proche, quelle que soit la météo dans la région. Ce sont de merveilleuses bénédictions.

Les gens heureux sont ceux qui s'aperçoivent que leur verre est à moitié plein. En pensant aux bonnes choses qui se sont produites tout au long de la journée, alors en étant reconnaissant de ces bienfaits, vous pourriez rejoindre les rangs des gens heureux.

Et inversement, dire une prière avant de se coucher est également un bon moment pour prendre conscience de la partie à moitié vide de votre verre. Vous pourriez ainsi examiner les parties négatives de la journée et les erreurs que vous avez commises et pourrez demander conseil. À qui demander conseils ? C'est à vous de choisir. Vous pouvez vous adresser à une divinité avec laquelle vous avez un lien personnel, mais vous pouvez également demander conseil à vos ancêtres. Mettez un brin de romarin sous votre oreiller pour que vous puissiez vous souvenir des conseils qu'ils vous ont donnés pendant la nuit lorsque vous vous réveillez le lendemain matin.

Comme le soir est propice à la réflexion, la prière au coucher est un bon moment pour des prières adressées à ceux qui en ont besoin. Des proches, des membres de votre coven ou votre famille. Prier pour les autres est un autre moyen de prendre conscience de tout ce qui vous arrive de bien dans la vie. Il est plus difficile de vous apitoyer sur votre sort après avoir prié pour ceux qui doivent faire face à des événements vraiment difficiles.

Vous pouvez encourager vos enfants à faire des « vœux à la lune », le soir avant de se coucher. Une fois que votre enfant est au lit, demandez-lui à qui il aimerait envoyer ses vœux. Les enfants comprendront très vite en quoi consiste cette activité, et l'apprécieront en nommant frères et sœurs et autres membres de la famille, ainsi que des amis d'école qu'ils aimeraient bénir. Une fois que l'enfant a nommé tous ceux qui recevraient leurs bénédictions à la lune, la prière pourrait prendre cette forme :

*Mona, qui fait briller sa lumière sur moi,*
*Sur les champs et les prés, sur la colline et sur les arbres,*
*Mona, qui brille si fort au-dessus de moi,*
*Bénis les gens que je connais et que j'aime.*

Je dirige la prière de vœux à la lune à Mona, l'esprit souverain de la lune saxonne, mais vous pouvez modifier cette prière pour refléter votre propre chemin spirituel. Tout ce que vous avez à faire est de changer le nom de la divinité lunaire et peut-être le sexe. Un païen éclectique (quelqu'un qui ne suit pas un chemin spécifique, mais emprunte plutôt à des cultures différentes) pourrait même diriger cela d'une manière plus générique, en disant : « La lune qui m'éclaire », etc.

## Offrandes quotidiennes

Jusqu'à présent, nous avons abordé des actions faisant partie de votre routine quotidienne (éveil, bain, repas et heure du coucher) et ce ne sont que quelques exemples parmi ceux choisis parmi les activités que nous partageons tous. Je suis sûr que vous pensez à d'autres actions quotidiennes, propres à votre routine et à votre style de vie, qui peuvent être sacralisées de la même manière que ce qui a été décrit ici. Lorsque nous évoquons le sacré dans nos activités normales, nos modes de vie deviennent holistiques et chaque jour se transforme en une expérience spirituelle.

Au-delà de tout cela, il y a des actions que nous pouvons entreprendre pour prolonger cette expérience encore plus loin. Les principes fondamentaux de la Wicca sont incarnés dans le « Charge of the Goddess », un texte inspirant écrit par Doreen Valiente, dans lequel les fidèles sont invités à se rencontrer « une fois par mois et plus si la lune est pleine ». Et c'est un minimum, car nulle part il n'est dit que les Wiccans ne peuvent ou ne doivent pas « danser, chanter, se régaler, jouer de la musique et aimer » à d'autres moments du mois. Quel que soit le chemin que vous suiviez, vous n'avez pas besoin d'attendre une phase spéciale de la lune, un sabbat ou un jour particulier pour honorer le monde des esprits. Vous êtes un être spirituel tous les jours de l'année !

Vous pouvez par exemple faire une offrande à vos elfes de maison. De nombreuses cultures païennes priaient traditionnellement et offraient des cadeaux aux esprits du foyer. Les Saxons les appelaient *cofgodas*. Les Romains *lares*. Le folklore européen regorge de contes où des petits êtres féeriques aident les mortels et qui leur témoignent honneur et respect.

D'après ces mêmes récits, nous savons que les esprits de la maison apprécient généralement les offrandes de lait ou de pâtisseries, ou les deux. Je verse un peu de lait dans une tasse le soir et je le dispose au-dessus de la cheminée. Le matin, je verse tout ce qui reste (les elfes de maison boivent étonnamment peu) dans l'évier. Ceci est pour une offre quotidienne ordinaire. Si le cadeau aux elfes de maison fait partie d'un rituel plus large, le lait restera plusieurs jours sur l'autel de notre domicile. De plus, l'offrande est parfois un aliment ou une boisson autre que le lait, même si personnellement le lait reste mon choix préféré pour une offrande quotidienne.

Si vous avez l'intention de le faire tous les jours, soyez bref. Les mots que vous prononcerez, si vous dites quoi que ce soit, seront simples comme : « Sachez que ma famille et moi nous vous sommes reconnaissants. » C'est exactement ce que je dis quand je laisse l'offrande à nos elfes de maison.

Certaines personnes m'ont dit que leurs esprits du foyer aiment le whisky, la bière ou une autre boisson. Si vous sentez que vos propres esprits aimeraient avoir autre chose que du lait ou des gâteaux, essayez de varier vos offrandes. Le folklore nous avertit que la seule chose que vous ne devriez jamais leur donner, c'est un vêtement. L'histoire « The Elves and the Shoemaker », contée sous différents titres, remonte au moins au début du XIX^e siècle, quand elle a été publiée par Jacob et Wilhelm Grimm, mais certains éléments de ce récit sont sans aucun doute beaucoup plus anciens. Dans la version de Grimm, un pauvre cordonnier et sa femme découvrent que leur fortune commence à changer pour le mieux quand deux elfes assemblent des chaussures dans le magasin tard dans la nuit. Pour remercier les elfes, le cordonnier et sa femme confectionnent deux petites chemises, deux gilets, deux pantalons et deux petites paires de chaussures, puis les laissent comme cadeau pour leurs bienfaiteurs. Les elfes sont ravis quand ils trouvent les cadeaux, qu'ils mettent immédiatement. Ensuite, ils franchissent la porte et jamais ne revinrent.

La raison pour laquelle les elfes sont partis après avoir été habillés n'a jamais été expliquée et toute hypothèse ne serait que spéculation. Le fait est que vous devriez probablement vous en tenir aux aliments et aux boissons lorsque vous offrez des cadeaux à vos propres elfes de maison.

Une autre approche des offrandes quotidiennes, toujours en fonction de votre orientation spirituelle, concerne vos ancêtres. Rendre hommage à ses ancêtres est très important pour beaucoup de païens. Certains peuvent avoir plus de mal, généralement parce qu'ils se sont disputés avec un parent ou un grand-parent qui est décédé. Le dictionnaire définit les ancêtres comme des parents plus éloignés que des grands-parents, en d'autres termes, un ancêtre lointain. Ainsi, si vous avez un grand-père décédé qui ne vous aura pas traité correctement, gardez à l'esprit qu'il a probablement dû expliquer son comportement à son propre arrière-grand-mère lorsqu'il l'aura rencontré. Les esprits de vos ancêtres sont prêts à veiller sur vous. Après tout, vous êtes leur héritage en ce monde. En raison de cette prédisposition, votre offrande peut être presque tout ce que vous voulez. Si elle est quotidienne, elle doit être relativement simple. La valeur réside dans la cohérence de l'offrande plutôt que dans la valeur du cadeau. Une offrande quotidienne à ses ancêtres peut consister à allumer un peu d'encens ou à faire une petite libation de vin ou de bière. Comme pour une offrande à vos elfes de maison, les mots que vous prononcez lors d'une offrande quotidienne à vos ancêtres devraient être brefs.

Pouvez-vous faire les deux ? Absolument ! J'aime faire une offrande d'encens à mes ancêtres au milieu de la matinée. Il n'y a pas de raison particulière, ça me correspond, simplement. Et le soir mes elfes de maison reçoivent aussi leur offrande.

Si vous sentez que vous entretenez une relation étroite avec un dieu ou une déesse, vous pourrez aussi faire une offrande quotidienne à cette divinité. L'offrande appropriée et la manière dont elle est faite varieront d'une divinité à une autre et d'une pratique culturelle à une autre. Si vous préférez faire un rituel long et complexe, vous ne le ferez pas quotidiennement. Vous pouvez laisser passer environ une semaine, voire un mois, entre vos offrandes en fonction de vos contraintes personnelles. Vous serez plus susceptible de faire des offrandes quotidiennes si celles-ci ne prennent que quelques instants. Si vous pouvez rester devant votre autel durant de longues minutes, c'est bien, mais ne programmez pas de temps supplémentaires en avance pour un rituel quotidien.

Pensez également au nombre de ces petits rituels que vous pouvez raisonnablement et systématiquement intégrer à votre routine. Je ne conseille pas de faire des offrandes quotidiennes à vos elfes de maison, vos ancêtres et une divinité. Choisissez-en un ou deux tout au plus. Ne prenez pas plus que ce que vous pouvez gérer. N'ayez pas les yeux plus gros que le ventre.

## Ce que ce jour vous apporte

Autre chose que j'aime faire chaque matin est de prédire ce qui m'attend lors de cette journée. Tout dépend de ce que vous pensez de la divination et de vos capacités en la matière. J'aime savoir à quoi m'attendre. Il m'est arrivé de modifier le programme de la journée à cause de ce que j'avais vu lors de ma divination matinale.

À cause de mon chemin spirituel, j'utilise des runes pour la divination, et plus particulièrement les runes du Futhark anglo-saxon. L'étude des runes est un sujet vaste et dépasse de loin le cadre de ce livre. Si vous êtes intéressé par la tradition runique pour la divination ou la magie, je vous recommande mon livre *Wyrdworking: The Path of a Saxon Sorcerer* (Le chemin d'un sorcier saxon).

Si vous avez appris une chose de ce chapitre, c'est que tout ce que vous voulez faire dans votre quotidien doit être simple et bref. Ceci est également vrai pour une séance de divination. Pour avoir un présage pour la journée, je ne fais pas une lecture complète des Sept Mondes, et je n'utilise pas les vingt-neuf runes. Ce sont des techniques à utiliser lorsque vous voulez une vision détaillée de l'avenir. Pour ma divination quotidienne, je tire simplement une seule rune. Cela me donne une idée générale de ce que sera le jour à venir et c'est tout ce que je recherche.

Ce matin, par exemple, j'ai tiré la rune os, qui ressemble à ceci :

Le poème des runes décrit le message de cette rune ainsi : « Le dieu est le créateur de toute langue, du fondement de la sagesse et de la consolation des sages, ainsi que de la joie et de la confiance de chaque homme. »

Comme vous pouvez le constater, ce message ouvre à interprétation. C'est l'étude de la connaissance des runes (le mot *rune*, en anglais ancien, signifie « mystère » ou « conseil »). Ces symboles n'ont pas une signification facile et précise. Os est une rune de communication. Cela dépend exactement de qui lit les runes et pour qui il les lit. Chaque fois que je tire cette rune je sais que c'est un bon jour pour m'asseoir devant l'ordinateur et travailler. C'est ce que j'ai fait et ma journée a été incroyablement productive.

Les jours où je tire la rune Ethel, je vais me concentrer sur les tâches ménagères plutôt que sur l'écriture. Je n'ai pas toujours le luxe d'adapter mon emploi du temps de cette façon, mais au fil des ans, j'ai appris à tenir compte des conseils des runes dès que je le pouvais.

Les runes, bien sûr, ne sont que l'un des nombreux moyens utilisés pour la divination et ils peuvent ne pas vous correspondre si vous suivez un chemin non germanique. J'ai des amis païens celtes qui préfèrent utiliser les symboles du Beith-luis-nin, car ceux-ci sont directement liés à leur spiritualité. Un de mes amis slaves utilise un ensemble de symboles complètement différent qui reflète son propre chemin spirituel. Les symboles sont appelés *znaki* (un mot qui signifie simplement « symboles ») et sont dérivés des dessins utilisés sur les œufs de Pâques ukrainiens.

Le tarot est originaire du nord de l'Italie au XVe siècle, mais de nombreux païens aiment utiliser les cartes. Vous pouvez faire un tirage très simple. Au lieu d'utiliser le tirage de la croix celtique, piochez simplement une carte pour voir ce que la journée vous réserve. Vous pouvez utiliser soit le jeu entier pour cela, soit seulement les vingt-deux lames majeures (parfois appelées les cartes des « arcanes majeures »).

Dans le premier chapitre de ce livre, j'ai vous ai déconseillé de vous fixer l'objectif de méditer tous les jours. J'imagine bien que quelqu'un me prouvera le contraire en méditant chaque jour pendant des années, mais la très grande majorité des lecteurs de ce livre ne sera pas en mesure de maintenir une telle cadence, aussi sincères que soient leurs intentions. Des imprévus s'immisceront dans votre vie, ce qui peut être frustrant et même vous décourager si vous avez pour objectif de méditer quotidiennement.

Cela dit, je pense que chaque païen peut tirer profit d'une méditation aussi souvent que raisonnablement possible. Si ce n'est pas plus qu'une fois par mois, alors une fois par mois est ce qui est « raisonnablement possible » pour vous. Définissez un calendrier que vous pouvez suivre.

Pour méditer, trouvez un moment où vous pouvez être tranquille. Asseyez-vous devant votre autel. Si cela vous aide, offrez de l'encens aux esprits. Détendez-vous autant que vous le pouvez. La plupart des gens trouvent que c'est plus facile s'ils se concentrent sur leur respiration. Inspirez jusqu'à un compte lent de quatre, retenez votre respiration puis expirez. Continuez jusqu'à ce que vous soyez complètement détendu. Soyez conscient des sensations ou des impressions que vous pourriez éprouver. Quinze minutes est une durée raisonnable, mais il n'y a pas de règle prédéfinie.

Pendant votre méditation, vous pouvez recevoir des images mentales, ou même avoir des visions ou entendre des voix. Acceptez simplement ce qui vient à vous. Après la méditation, vous pouvez enregistrer vos ressentis dans un journal.

Il se peut que rien ne se passe. Cela arrive. Tout le monde n'est pas toujours connecté et il y aura des moments où les esprits n'auront tout simplement pas grand-chose à vous dire. En fait, si vous recevez des messages psychiques lors de chaque méditation, prenez du recul et assurez-vous que ce n'est pas votre imagination qui fonctionne de manière excessive. Je ne suis pas déraisonnablement sceptique, mais je ne crois pas qu'aucun de nous ne soit si important pour que les esprits et les divinités éprouvent le besoin de rester à proximité à chaque instant de la journée, attendant avec impatience de nous délivrer des messages. Peu importe qui vous êtes, il y a des moments (souvent) où votre méditation ne sera rien d'autre qu'un bref répit au cœur des pressions du quotidien.

Vos exercices quotidiens auront beaucoup plus de sens si tout votre foyer est impliqué. Malheureusement, cela n'est pas toujours possible, et si d'autres membres de votre foyer suivent un chemin différent du vôtre, vous devez l'accepter.

J'ai entendu pas mal de parents païens exprimer leur inquiétude quant au fait de « forcer » leurs enfants à pratiquer leurs croyances.

Ce sentiment provient probablement de leurs propres expériences. Je ne suggérerais jamais de forcer qui que ce soit à croire en la même chose que moi ou à pratiquer tel que je le fais, mais il y a un monde entre partager quelque chose et forcer une personne à croire en la même chose.

J'adore les queues de homard grillées avec une tranche de beurre fondu. Aussi fou que cela paraisse, je sais qu'il y a des gens qui n'aiment pas le homard et je n'essaierais jamais de forcer qui que ce soit à en manger. Mais, si l'occasion se présentait, j'essaierai presque toujours de partager cette délicatesse épicurienne avec des amis qui n'en ont simplement jamais gouté parce qu'à mon avis, c'est incroyablement délicieux. Pourquoi ferais-je différemment avec ma spiritualité ? Si votre enfant bloque sur le homard, ne le forcez pas à le manger en entier, mais au nom de Dieu, faites-le lui goûter !

Il est vrai que les enfants peuvent subir préjugés et du fanatisme si les d'autres personnes ont connaissance des croyances païennes de leur famille, mais vous pouvez éviter ce genre de problème si vous n'en parlez pas publiquement. Il est très facile d'être pleinement et dévotement païen sans dire le mot « païen » devant vos enfants. Évitez le mot « sorcière », même si un membre de votre famille pratique la magie (cela me semble étrange de devoir mentionner ceci, mais vous seriez surpris de voir combien de personnes annoncent ouvertement qu'elles sont des sorcières et sont ensuite étonnées de la réaction apeurée de leurs collègues ou voisins aux esprits étriqués). Les enfants ont leur propre code de comportementaux. Au moment où votre enfant sera en âge de discuter de manière cohérente de pratiquer leurs croyances dans votre famille, il comprendra très probablement les répercussions potentielles s'il s'en ouvre aux autres. Si vous êtes néanmoins inquiet, parlez-en à votre enfant, mais ne cachez pas vos croyances et vos pratiques comme s'ils devaient en avoir honte.

De même, je ne pense pas que ce soit une bonne idée que de protéger les enfants du christianisme. Chaque enfant païen devrait recevoir un livre d'histoires bibliques adapté à son âge. Quel que soit le chemin que vous et votre famille puissiez suivre, la Bible a façonné notre langage et nos expressions, et votre enfant doit comprendre ce que l'on entend quand quelqu'un qui fait référence à Adam et à Ève, au Déluge et à l'Arche de Noé ou encore à la Tour de Babel.

Vous ne devriez jamais imposer vos croyances à vos enfants (ni à quiconque, d'ailleurs). Les païens sont des polythéistes, croyant en de nombreuses divinités et, par extension, respectant de nombreux chemins spirituels. Exiger qu'un enfant se conforme à un chemin spécifique est peu païen. Mais si vous aimez vos dieux et que vous trouvez de la beauté dans votre chemin spirituel, vous devriez partager vos croyances avec vos enfants tant qu'ils souhaitent participer et en savoir plus.

# CHAPITRE 4
# LES ESPRITS FAMILIERS

Dans les aveux obtenus lors des procès médiévaux sur l'hérésie on retrouve des descriptions répétées de l'esprit familier de la sorcière. Selon ces confessions, le familier pourrait prendre la forme d'un être humain, mais le plus souvent d'une bête, telle qu'un chien, un chat, un oiseau, un rat ou un crapaud. Même de nos jours, un chat noir fait autant partie du stéréotype de « la sorcière » qu'un balai ou un chaudron.

Margaret Murray a divisé les familiers en deux catégories : les familiers divinifères et les familiers domestiques. Pour la première catégorie les sorcières ne feraient qu'observer des animaux dans l'espoir de percevoir des présages. Dans *Le Dieu des sorcières*, Murray raconte qu'une femme du XVI^e siècle, nommée Agnès Sampson, observait un grand chien noir afin de déterminer l'issue éventuelle de la maladie d'une autre femme (p. 82). La question est de savoir si le terme « familier » est pertinent pour cette catégorie de bêtes, car il n'y avait rien de particulièrement familier dans ces animaux. Selon Murray, le *divining familiar* n'était pas un animal spécifique appartenant à la sorcière, n'importe quel animal d'une espèce donnée pourrait être utilisé pour deviner l'avenir. C'était complètement différent du familier domestique, un animal (généralement) plus petit, apprivoisé et nourri par la sorcière.

Bien que les conclusions de Margaret Murray au sujet d'un culte médiéval organisé aient largement été démenti, il est indéniable que lors des procès, des personnes étaient souvent accusées d'héberger des animaux correspondant à la description donnée par Murray de « familiers domestiques ». Il existe des rapports détaillés sur ces esprits familiers. On a inévitablement donné aux animaux des noms, parfois assez ordinaires et parfois fantaisistes. Les petits animaux comme les crapauds et les souris étaient souvent mis dans des boîtes, des pots et des contenants similaires. De toute évidence, il se passait quelque chose de diabolique, car les sorcières nourrissaient leur esprit familier. Encore plus, la sorcière aurait soi-disant parlé à l'animal comme s'il s'agissait d'une personne.

Au moment où j'écris ces lignes, mon chien César est couché sur mes pieds. Il ne reste pas toujours là, César est tout aussi susceptible de se retirer dans son panier quand il ne veut pas être dérangé. Bien sûr, je le nourris deux fois par jour, matin et soir. Autant que je sache, il ne comprend pas plus d'une douzaine de mots, mais je lui parle tout le temps.

Il y a cinq cents ans, des personnes ont été assassinées pour avoir manifesté un comportement aussi étrange que le mien…

Nul doute que mon chien César est un esprit familier ! Il répond à tous les critères. Quand on regarde les descriptions des familiers des sorcières, on peut voir que les chiens, les chats, les crapauds et les souris qui vivaient avec les pauvres et malheureuses victimes des procès des sorcières étaient ce que nous appelons maintenant des animaux de compagnie. Non seulement il n'y a plus de stigmatisation superstitieuse liée à la compagnie d'un animal, mais les avantages mentaux et physiologiques des interactions avec les animaux sont largement acceptés. Des organisations telles que Therapy Dogs International et Canine Assisted Therapy rapportent sur les bénéfices de la compagnie d'animaux aux personnes qui sont incapables de garder leurs animaux de compagnie pour diverses raisons. La magie des esprits familiers s'est en effet répandue à notre époque !

Un esprit familier est un animal de compagnie, mais tous les animaux de compagnie ne sont pas des esprits familiers. Le mot-clé ici, bien sûr, est « familier ». Certaines espèces, notamment les chiens et les chats, se prêtent mieux à ce rôle que d'autres. Nous aimons penser que l'humanité a domestiqué ces espèces, mais on peut dire que c'est la race humaine qui a été domestiquée. Certes, nous, les humains, nous ne nous comportons pas toujours bien avec les autres. Une visite dans un refuge pour animaux révélera la froide et dure vérité sur la compassion humaine. Mais il ne fait aucun doute que les animaux domestiques ont largement profité de leurs relations avec nous. Le tigre du Bengale est sur le point de disparaître, tandis que son petit cousin, *Felis catus*, s'est propagé à travers le monde en s'associant à notre espèce. De même, la sous-espèce la plus performante de *Canis lupus*, celle qui surpasse toutes les autres, à la fois dans son aire de répartition et dans sa population, est *Canis lupus familiaris*, le loup qui a décidé de devenir l'esprit familier de l'humanité, le chien domestique.

Certains animaux sont tellement différents de nous que nous ne pouvons développer aucune relation familière avec eux. Il est difficile d'imaginer avoir une relation avec une palourde ! Certains invertébrés font des animaux de compagnie intéressants, mais c'est leur nature étrangère plutôt que leur familiarité qui fournit une grande partie de l'intérêt. Les chiens, cependant, exigent une interaction familière avec nous.

Entre ces deux extrêmes (chien et invertébrés), le fait de savoir si un animal de compagnie appartenant à une espèce est un esprit familier dépend en grande partie de la décision de développer ou non une relation personnelle avec l'animal. Encore une fois, cela est plus facile à faire avec certaines espèces qu'avec d'autres. Les chats sont généralement très réceptifs aux relations affectueuses, bien qu'ils n'en aient certainement pas besoin. Cependant, le chien, surtout un jeune chiot, a besoin de cette relation familière s'il veut s'intégrer dans le foyer humain.

## Les chiens

C'est normal que *familiaris* fasse partie du nom scientifique du chien, étant l'espèce qui exige une relation familière. Avec un chien, vous ne pouvez pas simplement verser de la nourriture dans un bol ou dans une cage une fois par jour, puis oublier l'animal. Pas si vous avez quelque chose qui ressemble vaguement à une âme.

À ma connaissance, une chienne croisée nommée Sasha a été la première non humaine à jouer un rôle actif dans un rituel Ár nDraíocht Féin (ADF). Ce n'était pas un rituel officiel de l'ADF, qui est toujours ouvert au public. C'était un mariage privé, mais les mariés étaient tous deux des druides ADF, et le mariage suivait de près l'ordre du rituel fondamental de l'ADF.

Au cours du mariage, les futurs époux ont demandé les bénédictions des trois esprits apparentés : les dieux, les ancêtres et les esprits du monde. Tout d'abord, ils se sont relayés pour s'adresser à leurs divinités protectrices respectives, chacun faisant une offrande à l'autel. Après cela, ils ont demandé les bénédictions de leurs ancêtres. À leur tour, les mariés ont approché leurs familles, les ont remerciées pour tout ce qu'elles avaient reçu, puis ont demandé à leurs ancêtres de les guider dans leur union.

Le célébrant a ensuite demandé s'il y avait quelqu'un qui pourrait parler au nom des esprits de ce monde. Un jeune homme s'est approché avec le chien de la fiancée, Sasha, à ses côtés. Sasha portait une guirlande de roses autour du cou et elle s'assit poliment après que le jeune homme l'eut conduite vers le marié et sa mariée. Elle avait été préparée à ce moment au cours des derniers mois. Lorsque l'officiant a demandé une bénédiction, Sasha était supposée lever la patte.

Le célébrant baissa les yeux sur le chien et dit : « Sasha, au nom de ceux qui n'ont pas de voix, que dites-vous maintenant ? »

Sasha non seulement leva la patte et accompagna le geste d'un aboiement rapide et enthousiaste ! Dans cinquante ans, le peu de gens qui auront assisté à ce mariage se souviendront des vœux échangés cet après-midi-là, mais ils se souviendront sûrement du chien qui a donné sa bénédiction !

Sasha savait-elle ce qui se passait autour d'elle ? Certaines personnes diront qu'elle ne l'a pas fait exprès, mais je ne suis pas d'accord. Bien sûr, les subtilités du rituel ne signifiaient rien pour elle, mais Sasha savait, à sa manière, que quelque chose de spécial se passait, quelque chose qui attirait l'attention de chacun sur son maître et la femme qu'il affectionnait tant. Sasha savait qu'elle était incluse dans ce moment spécial. Elle savait ce à quoi on s'attendait (lever la patte) et elle accomplit le geste si gracieusement. Elle a vraiment transmis les bénédictions des esprits du monde, car Sasha, comme chaque animal, est un esprit de ce monde.

Le folklore décrit une variété d'esprits de chien, allant du *cú sith* celtes à sinistros (ou grim), en passant par les chiens de chasse *yeth hounds* (ou *yell hounds*) et le Gallytrot (Briggs, p. 140). Ces « chiens fées » ont différentes couleurs de pelage et une apparence générale variée, et la plupart sont décrits comme exceptionnellement grands. Certains d'entre eux sont bienveillants et d'autres malveillants, mais quelles que soient leurs intentions, ils sont presque toujours intimidants.

La plupart des chiens féeriques sont soit noirs, soit d'un blanc pur, bien que, comme chez les chiens mortels, la couleur de leur pelage ne semble pas avoir de rapport avec leur comportement. Une exception notable est le *cusith* (prononcé « cooshee ») des Highlands écossais, qui a un pelage vert foncé et poilu. Le folklore raconte que les fées écossaises accompagnaient les chasseurs et gardaient leurs maisons.

Le sinistros prend la forme d'un gros chien noir. Grim est un autre nom pour le dieu Woden. Le sinistros est souvent, mais pas toujours, l'esprit gardien d'un cimetière. À l'époque chrétienne, ces chiens féeriques noirs étaient connus sous le nom des damnés de l'église car ils avaient l'habitude de garder les tombes dans les cimetières d'église. En Suède, la même bête est connue sous le nom de *Kirkegrimm*. On disait qu'un sinistros, connu sous le nom de « chien noir de Newgate » se dirigeait vers la fenêtre d'un mourant et hurlait pour indiquer que celui-ci allait bientôt mourir. Les sinistros sont généralement associés aux morts, ils sont donc souvent craints bien qu'ils ne soient pas vraiment mauvais. Dans le Yorkshire, le Sinistre quitte le cimetière et se promène dans la campagne par temps orageux (Simpson et Roud, p. 156).

Les *yeth hounds*, ou *yell hounds*, sont une autre race d'Esprits de chien qui peut avoir des liens étroits avec Woden. Ces chiens sans tête voyagent en meute avec un chasseur qui, disait-on à l'époque chrétienne, était le diable. Comme le souligne Katharine Briggs dans *Une Encyclopédie des Fées* (p. 314), il était courant que le folklore chrétien décrive les dieux païens comme des « démons ». Dans ce cas, le dieu serait Woden. Dans le folklore, les chiens de la Wild Hunt (la chasse sauvage) de Woden sont décrits comme ayant « des yeux hideux » (ce qui suggère fortement que, contrairement aux chiens de chasse, ils ont aussi une tête). La tête du chien (ou son absence) dans la Chasse Sauvage semble être leur caractéristique la plus variable. Dans le Lancashire, ces chiens s'appelaient des *Gabriel Hounds* et se distinguaient par leur tête humaine.

Le Gallytrot est un énorme chien blanc et ébouriffé. On dit que le Gallytrot poursuivra tous ceux qui le fuient, ce qui serait encore plus étonnant si ce n'était pas le cas, car presque tous les chiens mortels feraient exactement la même chose ! C'est un fait que les chiens chassent. Pour être juste, le Gallytrot est aussi gros qu'un bœuf, donc être poursuivi par l'un d'eux serait beaucoup plus effrayant que d'être poursuivi par un fox-terrier.

En tant qu'animal totémique, le chien représente à la fois protection et fidélité (Andrews, p. 264). Il n'est donc pas surprenant que les chiens soient souvent associés aux dieux de la guérison, tels que Nodens et Asclépios.

Aucun animal n'est meilleur que le chien pour établir une relation familière avec nous. Comme nous, le chien est une créature tribale. Il souhaite ardemment avoir une position sûre dans une meute, même si celle-ci ne comprend que le chien et vous. Il ne s'agit pas là d'une relation éphémère. Un jeune chiot peut être aussi exigeant qu'un enfant. Il a beaucoup à apprendre et personne d'autre que vous ne peut le lui enseigner. De plus, cela représente un engagement qui occupera les dix à quinze prochaines années de votre vie. Si vous pensez que ce n'est pas très long, alors rappelez-vous où vous étiez il y a dix ans.

Les chiens sont des animaux brillants, mais je suis toujours étonné par les gens qui semblent penser qu'un chiot est beaucoup plus intelligent qu'un être humain. À maintes reprises, j'entends parler de quelqu'un qui a ramené à la maison un nouveau chiot, jeté des journaux par terre, puis qui est parti au travail ou à l'école. L'histoire se termine toujours de la même manière. Cette personne rentre chez elle et est surprise de découvrir que le chiot n'avait aucune idée de ce à quoi le journal était destiné. Cela revient à s'attendre à ce qu'un enfant humain sache instinctivement comment utiliser un pot sans formation !

Si vous voulez un chien pour familier, vous devez d'abord vous assurer que vous comprenez ses besoins. Posez-vous les questions suivantes :

• Pouvez-vous consacrer la plus grande partie de votre temps au chien pendant la première semaine suivant son arrivée chez vous ? C'est particulièrement important pour les chiots, mais un chien de tout âge a besoin d'aide pour apprendre les règles de la maison.

• Après cette première semaine, pouvez-vous consacrer du temps chaque jour au chien ? Je ne parle pas de jeter de la nourriture dans un bol, le chien a besoin d'interagir avec vous. Cela peut être une promenade, un jeu ou à peu près n'importe quelle autre activité, tant que vous et le chien êtes impliqués l'un envers l'autre.

• Avez-vous suffisamment d'espace pour le chien ? Un chien de taille moyenne ou plus a besoin d'une cour clôturée à moins que vous n'ayez l'intention de le faire courir lors de plusieurs longues promenades quotidiennes.

• Pouvez-vous payer les frais médicaux ? Il y aura des injections et des pilules préventives, sans parler de la possibilité d'une urgence médicale pouvant coûter des centaines voire des milliers d'euros.

• Avez-vous de l'expérience avec les chiens et, dans le cas contraire, êtes-vous disposé à suivre des cours d'éducation canine avec votre chien ? Un bon cours est avantageux aussi bien pour le propriétaire que pour le chien.

Si vous répondez non à l'une de ces questions, vous devriez probablement envisager un animal autre qu'un chien. Un chien vous sera totalement dévoué (c'est pourquoi ils sont de si bons amis) mais cela signifie que vous devez être également attaché au chien et ce n'est pas un mode de vie qui convient à tout le monde.

Décider que vous voulez un chien doit immédiatement vous conduire à vous poser des questions et pour y répondre vous devez être honnête avec vous-même. Vous souciez-vous de ce que les autres pensent ? En ce qui concerne les chiens, tout le monde a une opinion et 90 % de ces opinions sont fondées sur l'ignorance. Pour une quelconque raison, beaucoup de gens assimilent la valeur d'un chien à sa taille. Les gros chiens comme les rottweilers et les dogues allemands paraissent « cool », alors que les races naines, elles, sont « ringardes ». Vous ne pouvez pas vous accrocher à ce préjugé, mais vous devez savoir que les autres le font.

Il y a beaucoup à dire sur le choix d'une race de chien de petite taille. Ils sont parfaits pour les citadins. Je peux vous dire par expérience personnelle qu'il est beaucoup plus facile de louer un appartement si vous avez un chien de huit kilos que si vous avez un chien de quatre-vingts kilos. Un chien de petite taille coûte moins cher à nourrir, à soigner et est beaucoup plus facile à transporter en voiture s'il a une crise de convulsion et que vous devez vous précipiter chez le vétérinaire à trois heures du matin. Tout problème que vous pouvez avoir avec un chien est directement proportionnel à sa taille, raison pour laquelle de nombreux chiens nains sont mal éduqués. Si la petite Fifi fait pipi sur le tapis du salon, c'est probablement parce que sa « maman » ne le gronde pas vraiment. Ce genre de chose ne serait tout simplement pas toléré si Fifi était un Saint-Bernard ! La vérité est qu'un chien de petite taille peut apprendre à se comporter aussi bien que n'importe quel chien de grande race. Si vous ne me croyez pas, assistez à un spectacle avec des animaux où vous pourrez voir des chihuahuas, des Yorkshires Terriers et des caniches nains faire des choses incroyables sur scène.

Qu'en est-il des poils ? Aimez-vous peigner et shampouiner ? Sinon, évitez une race qui en a besoin. Un Yorkshire bien soigné est un bel animal, mais sa beauté est le résultat de soins constants. Le toilettage professionnel est possible, mais c'est aussi une dépense supplémentaire, qui peut ou peut ne pas être un problème pour vous.

Le besoin d'activité est une autre chose importante à prendre en considération. Si vous n'êtes pas un sportif, évitez les races sportives comme le Husky sibérien, le Berger australien ou le lévrier. Ce sont des animaux merveilleux, mais ils ne vont pas se contenter de rester devant la télévision toute la journée (je sais que certains diront que leur lévrier ne fait que regarder des feuilletons. Il y a toujours une exception à la règle).

Si vous voulez que le chien soit votre esprit familier (si vous voulez honnêtement développer et entretenir cette relation) votre meilleur choix est un animal avec une personnalité et des besoins similaires aux vôtres. À quoi ressemble le chien devrait avoir votre pleine considération. Peu importe que vous aimiez l'apparence d'un Bullmastiff si cette race n'est pas compatible avec vos besoins. Faites vos recherches et laissez l'apparence entrer dans l'équation seulement après avoir réduit votre recherche à deux ou trois races.

De même, certains païens peuvent être tentés de choisir des chiens en fonction de leur origine culturelle, mais c'est une erreur. Un Lévrier persan n'est pas forcément le meilleur chien pour tous les païens Kémetites, pas plus que le lévrier irlandais, n'est un bon choix pour tous les Celtes. L'origine culturelle est très présente dans le choix d'une race.

Qu'en est-il d'une race croisée ? L'avantage est que le chien sera (ou devrait être) beaucoup moins cher qu'un chien de race. L'inconvénient est que vous ne savez pas ce que vous aurez.

Contrairement au chien hybride, qui est le croisement intentionnel de deux races connues, la plupart des chiens croisés sont de filiation douteuse. Le chien pourrait être qualifié de mélange de colley ou de mélange de Beagle, et le suffixe « mélange » signifie que personne n'a pas la moindre idée de qui est le père.

Il est important de savoir exactement ce que vous recherchez chez un chien si vous envisagez une race mixte, car les traits physiques et de tempérament ne seront pas clairement définis comme ils le sont avec un chien de race. Essayez de passer du temps avec l'animal, seul, de préférence loin de toute distraction. L'animal se sent-il comme un esprit familier ? Est-ce que le chien fait attention à vous ? Si c'est un chiot, prenez-le et maintenez-le sur le dos, comme vous le feriez avec un bébé. Les chiots s'y opposeront presque toujours au début, mais cela devrait se calmer après quelques secondes s'il arrive vous faire confiance.

Je vous recommande fortement de vous procurer votre chien chez un éleveur ou dans un refuge. Le pire endroit où vous pouvez avoir un chien est dans une animalerie. Les meilleures animaleries en sont conscientes et ne vendent plus de chiots. Peu importe ce que le vendeur vous dit, dans les magasins où les chiots sont encore vendus, il est très peu probable que le chiot dans la vitrine vienne d'un éleveur de bonne réputation. Les éleveurs responsables qui s'intéressent à leurs chiens ne permettent tout simplement pas que leurs chiots soient exposés dans des cages que les passants peuvent admirer.

Lorsque vous vous rendez directement chez un éleveur, vous avez l'occasion de rencontrer la mère du chiot (si la mère n'est pas présente sur les lieux, partez immédiatement, quelque chose ne va pas). Le père peut être ou ne pas être présent, mais votre chiot devrait toujours être avec sa mère. L'éleveur devrait être disposé à répondre à toutes vos questions et, idéalement, à vous poser quelques questions. Les bons éleveurs veulent savoir qui prend leurs chiots. Ne soyez pas offensé si l'éleveur vous demande combien de temps vous serez absent, et ainsi de suite. Ces questions sont la preuve que l'éleveur a à cœur l'intérêt du chiot. Cela signifie que votre chiot a été élevé par quelqu'un qui s'en souciait beaucoup.

Si vous allez dans un refuge, vous devez également poser des questions. Un bon refuge vous racontera tout ce que l'on sait de l'histoire du chien et vous laissera passer du temps seul avec l'animal avant de prendre une décision. Après tout, ils ne veulent pas que vous leur rameniez le chien, il est donc dans leur intérêt de vous confier un animal avec lequel vous aimerez vivre.

Adopter un chien en refuge est un geste de compassion, mais vous devez faire encore plus attention à votre choix si vous souhaitez que l'animal devienne votre esprit familier. À l'exception des chiots nouveau-nés, chaque chien en refuge a une histoire et il peut s'écouler des mois, voire des années, avant qu'un chien tourmenté et abusé puisse redevenir proche avec tout être humain. Je n'ai pas l'intention de décourager quiconque d'adopter un chien d'un refuge. Un chien en refuge peut et devrait devenir un excellent compagnon, mais les chances que cela se produise seront plus grandes si vous choisissez l'animal avec soin et en apprenez le plus possible sur lui avant de le ramener à la maison.

Au XVIe siècle, les animaux, peu importe l'espèce, étaient apprivoisés en les nourrissant avec du lait, du poulet ou du pain (Margaret Murray, p. 84). Je me demande à quel point c'est efficace avec les crapauds, qui, d'après mon expérience, s'intéressent très peu au pain, mais c'est certainement le meilleur moyen de créer une relation avec votre chien ! La nourriture est une langue universelle, synonyme de confort. Les éleveurs de chiens professionnels utilisent toujours la nourriture dans leur métier. C'est un moyen de dire à votre chien que vous êtes une source de sécurité et de satisfaction.

Malheureusement, la plupart des gens nourrissent leurs chiens avec le même intérêt que lorsqu'ils font le plein de leur voiture. Le propriétaire typique remplit un bol avec des croquettes sèches et le laisse sur le sol toute la journée. La nourriture n'a aucun sens ainsi.

Commencez à nourrir votre chien dès que vous le ramenez à la maison, mais pas dans un bol. Asseyez-vous devant votre autel avec votre chien à côté de vous. Prenez un peu de nourriture et offrez-la au chien avec vos doigts. Prononcez le nom du chien, félicitez-le lorsqu'il prend la nourriture, puis donnez-lui un autre petit morceau. Si le chien vous mord les doigts, ne le grondez pas, retirez simplement la nourriture. N'autorisez le chien à avoir la nourriture que lorsque qu'il s'en saisit doucement.

Observez tout ce qu'il se passe pendant que vous faites cela. Le chien apprend son nom. Il apprend que s'asseoir tranquillement à côté de vous, près de l'autel est une bonne chose. Il apprend que vous êtes la source des bonnes choses (de la nourriture). Il apprend que les bonnes choses sont plus accessibles lorsqu'il se montre gentil. En somme, il apprend à entretenir avec vous une relation paisible et familière.

Après quelques jours, votre chien devrait être prêt pour son premier rituel. Ayez un petit morceau de nourriture que vous pouvez facilement partager et que vous et votre chien apprécierez. Un morceau de poulet ou de fromage conviendra bien ou alors un petit morceau de pain si vous êtes végétarien.

Dans ce rituel, vous présenterez votre nouveau familier à une divinité. Si vous avez déjà construit un lien étroit avec un dieu ou une déesse vous pouvez vous adresser à celui-ci. Sinon, adressez-vous à une divinité de votre panthéon culturel qui a une affinité avec l'esprit canin. Voici quelques exemples :

| **Culture** | **Divinité** |
|---|---|
| Anglo-saxonne | Woden |
| Britannique | Nodens |
| Égyptienne | Anubis |
| Hellénique | Artémis ou Asclépios |
| Irlandaise | Lugh |
| Nordique | Odin |
| Romaine | Diane |
| Sumérienne | Bau |
| Galloise | Gwyn ap Nudd |

Au cours du rituel vous pouvez utiliser des mots, des symboles, des actions culturellement appropriés à votre orientation spirituelle. En tant que païen saxon, je commencerais par passer le feu autour du périmètre de la zone rituélique tout en demandant à Thunor de bénir et de sanctifier tout ce qui se trouve dans cet espace. Ensuite, j'offrirai de la bière ou de l'hydromel à Woden, en la versant comme une libation.

Un païen hellénique commencerait par se laver les mains, allumer un feu sur l'autel et ferais une prière à la déesse Hestia avant de s'adresser directement à Artémis (ou Asclépios).

Une fois que vous avez créé un espace sacré qui reflète votre chemin spirituel et que votre chien est assis ou couché calmement à vos côtés, dites à la divinité :

*(Nom de la divinité), voici cet esprit familier.*

*Regarde bien cette belle créature que je nomme (nom du familier).*
*Accorde-moi la sagesse de me lier à son esprit*
*Et la compassion de me lier à son âme*
*Que je puisse t'honorer avec*
*Force et compréhension.*

Maintenant, prenez la nourriture que vous avez apportée au rituel et divisez-la en deux morceaux. Dites :

*Fourrure et peau,*
*À l'intérieur nous sommes identiques.*
*Par la lune et par le soleil,*
*Les deux ne font qu'un.*

Donnez un morceau de nourriture à votre chien et mangez l'autre en même temps. Essayez de regarder votre chien dans les yeux pendant que vous mangez tous les deux la même nourriture et que vous absorbez la même essence. Le contact visuel sera efficace s'il est naturel, mais ne forcez pas le chien à croiser votre regard. Pour un chien, le contact visuel forcé est une action agressive.

Vous pouvez passer quelques minutes au calme avec votre familier. Comme cela doit être une expérience positive pour tous les deux, menez le rituel à son terme avant que l'animal ne perde patience. Terminez en ouvrant le cercle ou en remerciant les membres de votre famille, ou alors en faisant une offrande avec tout ce qui correspond à votre chemin spirituel.

Chaque fois que vous offrez de la nourriture à votre animal familier vous établissez, comme vous l'avez fait avec vos divinités personnelles, un cycle de réciprocité. Une fois que votre chien a appris à rester assis, demandez-lui de le faire lorsque vous préparez son repas. Le chien doit rester assis jusqu'à ce que vous ayez placé le bol sur le sol (ou dans son bol). Il n'y a rien de cruel, ni même de particulièrement contraignant d'attendre tranquillement. Si le chien se lève, arrêtez immédiatement de préparer sa nourriture. S'il ne se rassied pas immédiatement (la plupart des chiens s'en rendent compte de façon assez rapidement), dites doucement « assis » comme rappel. Le chien va très probablement quitter la position assise lorsque vous commencez à poser son bol sur le sol. Lorsque cela se produira, redressez-vous avec le bol et attendez que le chien revienne s'asseoir. Après quelques jours, votre chien attendra patiemment jusqu'à ce que vous disiez qu'il peut commencer à manger.

Ce n'est pas un exercice inutile si vous observez bien. Le chien apprendra que s'il s'agite trop ce ne sera pas la meilleure façon d'obtenir ce qu'il voudra. C'est apprendre que vous faire plaisir (en s'asseyant) sera récompensé. Il apprendra à faire attention à vous, ce qui est fondamental pour la relation profonde et familière que vous construirez avec le chien.

Pendant que nous parlons de nourriture, je devrais mentionner l'importance de donner à votre chien une alimentation saine. Les croquettes les moins chères ne sont pas forcément une bonne affaire si elle entraîne des soins vétérinaires coûteux plus tard dans la vie du chien. Et ne vous fiez pas au texte de présentation sur le sac disant à quel point le produit est excellent pour votre chien. L'avant du sac suggère toujours un produit offrant un goût agréable et une excellente nutrition. Vous devez lire les petits caractères pour découvrir ce qui se trouve réellement à l'intérieur, et même dans ce cas, cela peut rester un mystère. Portez une attention particulière aux trois ou quatre premiers ingrédients énumérés, car ce sont les principaux ingrédients de la nourriture.

De nombreux chiens ont ou peuvent développer une allergie aux céréales comme le maïs, le blé et le soja. Si votre chien a des infections chroniques de la peau ou des oreilles, vérifiez si ces céréales se trouvent dans la nourriture que vous achetez.

Je ne donne plus de nourriture commerciale à mes chiens. En préparant moi-même leur nourriture, je sais exactement ce qu'ils mangent. Je n'ai pas besoin d'examiner les étiquettes d'ingrédients ni de m'inquiéter de la qualité de ceux-ci.

Si vous souhaitez fournir des aliments entiers et naturels à votre chien, assurez-vous de vous informer sur ce qui est toxique pour leur espèce.

Les plus courants sont le chocolat, les raisins (y compris les raisins secs), les oignons, l'ail, la pâte non cuite et les œufs crus. Sachez également que votre chien est susceptible d'expérimenter temporairement des gaz ou une diarrhée lorsque vous lui donnez pour la première fois de la vraie nourriture, si l'animal est habitué à un régime alimentaire composé de croquettes ou de nourriture en conserve pour chiens. Cette réaction est entièrement naturelle. Si vous ne mangiez que des menus de fast-food pendant des mois, votre propre corps réagirait au changement pour une salade saine.

Il existe des livres de cuisine spécialement conçus pour les chiens, et il peut être amusant d'essayer différentes recettes. Au fil des ans, j'ai élaboré ma propre recette saine et facile à préparer.

*La cuisine canine d'Alaric*

- 1,5 kg de dinde, de poulet ou de bœuf maigre (selon ce qui est en vente)
- 1 kg de carottes
- 3-5 ignames
- 2 verres d'eau
- 1 verre de riz brun biologique
- 1-2 courgettes ou courges jaunes
- 2 boîtes de petits pois (de préférence sans sel)
- ½ verre d'huile végétale

Faites cuire la viande (la cuisson dépendra de la viande que vous avez achetée). Faites cuire la dinde ou le bœuf haché dans une poêle, et le poulet au four. (Beaucoup de gens recommandent les aliments crus. Je cuisine les viandes avec lesquelles je nourris mes chiens et cela a très bien fonctionné pour moi.)

Pendant que la viande cuit, hachez les carottes et les ignames en morceaux. Leur taille dépend de votre chien. La taille des bouchées d'un grand danois est beaucoup plus grande que celle d'un spitz.

Mettez 2 verres d'eau dans une grande casserole. Ajoutez les carottes et les ignames hachés, plus le riz. Faites cuire à feu moyen pendant 45 minutes en remuant de temps en temps.

Pendant la cuisson des légumes, coupez la viande en morceaux. Évidemment, vous n'avez pas besoin de le faire si vous avez utilisé de la viande hachée.

Coupez les courgettes ou les courges jaunes et ajoutez-les aux légumes après 45 minutes de cuisson. Ajoutez également les 2 boîtes de petits pois. Laissez cuire encore 15 minutes en remuant souvent pour éviter de bruler le plat.

Mélangez les légumes et les viandes cuites. C'est beaucoup plus facile à faire si vous laissez le tout refroidir un peu. Après avoir mélangé, ajoutez l'huile végétale.

La quantité à donner votre chien dépend de sa taille et de son degré d'activité. En règle générale, commencez par donner ½ verre par jour pour chaque kilo de poids corporel allant jusqu'à 25 kilos. Pour les plus gros chiens, donnez 1 verre par jour pour 7 kg de poids corporel. Ensuite, surveillez votre chien (ce que vous devez faire de toute façon). Si le chien perd du poids à un point tel que vous commencez à voir ses côtes, augmentez la quantité de nourriture. Si le chien commence à grossir, diminuez la quantité.

Ceci est un livre sur votre spiritualité, pas sur le soin aux animaux, nous n'avons donc pas la place pour discuter de cambriolage, de problèmes de comportement et d'autres problèmes qui seraient mieux traités ailleurs. Je recommande fortement les cours d'éducation canine, surtout si vous n'avez jamais eu de chien auparavant, mais également si partager votre vie avec un familier canin est une seconde nature pour vous. Les cours d'éducation en groupe sont d'excellentes occasions de passer du temps avec votre nouveau compagnon.

## Les chats

Et si vous n'êtes pas à la hauteur des exigences que demande un chien ? Que faire si vous voulez un familier qui est raisonnablement réactif mais nécessite un minimum de tracas ? Si vous ne vous souciez pas de savoir si le familier viendra quand vous l'appellerez ou s'il vous suivra quand vous vous promènerez dans les bois, le chat sera un animal qui vous conviendra mieux.

Le chat est devenu le familier par excellence de la sorcière, mais pas sans raison. Il existe une mythologie chez le chat qui a donné lieu à toutes sortes de croyances et de superstitions, souvent contradictoires. Aux États-Unis, un chat noir est supposé être un présage de mauvaise fortune, alors qu'en Angleterre, il est porteur de chance (Simpson et Roud, p. 49). La chance et le malheur sont tous deux associés à presque tout chez le chat : sa couleur, son comportement et même le mois de sa naissance.

Historiquement, le chat a souvent été victime des préjugés humains. Les chats ont été brutalement traités au cours de la chasse aux sorcières et, à d'autres moments, ils étaient soupçonnés d'être des voleurs (Hartley, p. 125). Une partie de tout cela est peut-être vrai, mais presque tous les animaux, y compris les humains, voleront dans certaines circonstances.

Il n'y a pas beaucoup de références aux chats féeriques dans le folklore, mais c'est peut-être parce que chaque chat est lié au mystère et à la magie. Au contraire, dans la tradition le chat est un animal susceptible d'être associé à une divinité, telle que la déesse égyptienne Bastet, la Freyja des scandinaves ou la déesse hindoue Shashthi (Andrews, p. 258).

Les chats ont d'abord acquis leur place d'esprits familiers en Égypte, où ils étaient appréciés pour leur capacité à chasser les souris et les rats. Ils étaient très aimés et ceux qui en avaient les moyens faisaient embaumer et momifier leurs chats après leur mort. Plus de 300 000 chats momifiés ont été retrouvés dans un temple dédié à Bastet.

En tant que familier, le chat a un avantage énorme sur le chien, on peut prendre soin de lui plus facilement. Ce n'est pas un animal qui vit en meute. Le chat est un chasseur solitaire et, pour cette raison, il peut très bien vivre son quotidien sans notre présence. Laissez suffisamment de nourriture et le chat pourra généralement rester seul pendant un week-end sans effets néfastes. La plupart des païens que je connais et qui ont des chats ne sont pas gênés de laisser leur chat seul pendant quelques jours.

La plupart, mais pas tous. Laisey Hahn, une païenne du Minnesota, pense que ses chats devraient bénéficier d'une attention plus grande : « Je ne laisserais jamais de nourriture pour chats pendant tout un week-end, tout au plus pour un voyage d'une nuit », dit-elle. « Et je ne laisserais pas de croquettes qui sont très mauvaises pour les chatons, les chats ont besoin d'eau dans leur alimentation. Un régime composé de nourriture sèche peut entraîner de graves problèmes rénaux. »

L'éducation n'est pas un problème pour les chats à la différence des chiens. Le chat a l'instinct d'enterrer ses excréments très odorants dans le sable, aussi l' »éducation » consiste-t-elle généralement à montrer au chat où se trouve la litière. Encore une fois ce n'est pas une généralité. Laisey me dit aussi : « La plupart des gens pensent que les chats ne peuvent pas être éduqués et ils n'essaient donc pas. J'ai acheté un livre sur les chats l'an dernier et j'ai formé Frida à faire des choses simples comme se lever, sauter d'une chaise à l'autre, etc. Bien sûr, cela ne fonctionne que si je la soudoie avec des friandises ! »

Comme avec les chiens, dresser un chat est plus qu'un exercice de contrôle. C'est un moyen de créer des liens avec l'animal et de développer une relation plus profonde et plus familière. La bonne nouvelle pour les propriétaires de chats est que l'éducation est une option plus qu'une nécessité. Un chat éduqué est moins susceptible de manger votre paire de chaussures préférée lorsque vous le laissez seul pour l'après-midi.

Les chats appartiennent à une grande variété de races, mais cela semble moins important que pour un chien. Les différentes races félines présentent moins de différences de taille et de tempérament que chez le chien. Si vous choisissez un chaton pour familier, il est fort probable que l'animal ne soit pas de race simplement parce que la reproduction sélective est moins courante chez les chats. Le propriétaire de la mère du chaton ne saura probablement pas quel chat a engendré la portée. Cela ne rentre en ligne de compte que si vous voulez un animal de race. Contrairement aux chiens, la plupart des races de chats n'ont pas été créés pour effectuer des tâches spécifiques telles que la protection du bétail ou la chasse. À quelques exceptions près, le comportement d'une race de chat est similaire à celui des autres.

Néanmoins, lorsque vous envisagez une race spécifique, renseignez-vous sur sa personnalité et ses besoins. Les Siamois, par exemple, ont tendance à être des chats miaulant fortement avec un besoin d'attention supérieur à la moyenne. Cette race ne sera pas un bon choix si vous êtes absent presque toute la journée ou si vous voulez un familier calme. N'oubliez pas non plus que les races à poil long tels que les Persans ou les Balinais ont besoin d'un toilettage fréquent pour conserver leur fourrure.

En outre, comme pour un chien, il est toujours préférable d'adopter un chat ou d'en acquérir un directement auprès de l'éleveur plutôt que de l'acheter dans une animalerie. Si vous n'êtes pas particulièrement attaché à une race, votre nouveau chat ne vous coûtera rien du tout. Il y a toujours plus de chatons que de foyers pour les adopter.

En règle générale, les récompenses alimentaires ont moins d'effet sur un chat que sur un chien. Si votre chat familier est motivé par des friandises, sachez que vous êtes chanceux. Sinon, ne le forcez pas. Un chat vous demandera moins d'attention et par conséquent le chat sera souvent peu coopératif pour répondre à vos propres demandes. Les gens qui aiment les chats appellent cela « l'indépendance ».

Vous pouvez cependant établir une relation plus familière avec un chat qu'avec de nombreux autres animaux. Si vous et votre chat aimez un aliment similaire (le thon fonctionne souvent), vous pouvez présenter votre nouveau familier soit à votre divinité protectrice, soit à une divinité de votre panthéon culturel qui a une affinité avec l'esprit félin. Voici quelques exemples :

| Culture | Divinité |
|---|---|
| Anglo-saxonne | Fréo |
| Britannique | Britannia |
| Égyptienne | Bastet |
| Hellénique | Artémis |
| Nordique | Freyja |
| Romaine | Diana |

Je ne connais aucune divinité irlandaise, galloise ou sumérienne spécifiquement associée aux chats. Si vous suivez l'une de ces voies spirituelles, adressez-vous à la divinité avec laquelle vous avez la relation la plus proche. Le rituel lui-même est le même que pour un chien.

Vous pouvez désigner votre chat comme familier avec ce rituel même s'il ne réagit pas aux friandises. Au lieu de lui donner de la nourriture, tenez simplement le chat près de vous pendant que vous êtes assis devant l'autel et adressez-vous à la divinité. Tenez-le contre votre poitrine et sentez votre propre aura se confondre avec celle de votre chat alors que vous dites : « Fourrure et peau, à l'intérieur nous sommes les mêmes. » Cette aura était connue des Saxons sous le nom de *hama*. Laissez cette partie de vous s'écouler dans le *hama* du chat.

Il est préférable de partager de la nourriture dans le rituel, mais avec les chats, vous n'avez jamais tout à fait le contrôle.

La plupart des païens intègrent la méditation dans leur pratique spirituelle et un familier félin peut être une aide précieuse. Pour obtenir un bénéfice réel, vous devez d'abord développer cette relation « familière » essentielle avec l'animal. Votre lien avec le chat doit être assez fort pour qu'il accepte de s'asseoir sur vos genoux ou à vos côtés tout au long de la méditation (un chien familier bien éduqué, si vous en avez un, peut également le faire avec un peu d'entraînement).

Si vous allumez des bougies, brûlez de l'encens, faites un cercle magique ou quelque chose de similaire, faites-le assez tôt pour donner à votre chat le temps d'accepter les changements qui se produisent dans son environnement. Du point de vue du chat, il possède tout dans son voisinage immédiat, y compris vous. Un chat voudra souvent inspecter ces modifications avant de vouloir s'installer près de vous et de vous aider.

Lorsque vous commencez à méditer, caressez doucement le chat (ou le chien) avec des mouvements calmes. Soyez conscient de la présence du chat, mais sans vous éloigner de votre méditation. Caresser un animal de compagnie peut aider à réduire la pression artérielle et à réduire le stress. Ces mêmes effets mesurables sont induits par la méditation, il est donc facile de voir comment une activité nourrit l'autre. L'interaction intentionnelle avec votre familier vous aidera à vous plonger dans un état méditatif.

Il va sans dire que vous ne devez jamais forcer votre familier à participer à des méditations ou à un rituel quotidien. Personne n'a jamais pénétré dans un état méditatif en luttant contre un chat. C'est pourquoi il est impératif que vous habituiez votre chat à rester assis à côté de vous en le caressant avant de tenter de méditer avec lui.

La coopération avec un chat a ses limites fixées par sa personnalité. Peu importe à quel point votre félin se comporte bien, il y aura probablement des moments où il décidera à mi-parcours de votre méditation d'arrêter là. Le chat sautera de sa chaise ou de son coussin et partira à la recherche de quelque chose qu'il trouve beaucoup plus intéressant que vous. Ayez conscience de cela mais continuez votre méditation. Si vous avez développé une certaine discipline mentale, cela ne devrait pas être difficile pour vous. Travailler avec un chat en tant que familier, c'est accepter son caractère indépendant.

Deborah Blake[1] *(Rituels au quotidien)*, auteure païenne, déclare : « J'ai découvert que les chats participaient selon leurs propres conditions.

1. BLAKE (Deborah), *A Year and a Day of Everyday Witchcraft: 366 Ways to Witchify Your Life*, Llewellyn Publications, Woodbury, 2012.

La plupart de mes chats ne s'intéressent que très peu à mon travail magique. » Deborah a cinq chats et l'exception à cette règle générale est un chat noir nommé, à juste titre, Magic. « Lorsque mon coven se réunit dans mon salon (mes chats ne sortent pas à l'extérieur), nous avons une table d'autel autour de laquelle nous nous tenons tous », explique Deborah. « Dès que nous commençons, Magic se promène dans la pièce et fait le tour du cercle deosil (dans le sens des aiguilles d'une montre) à chaque fois. Ensuite, il s'assoit sous la table, ou continue de faire le tour du cercle ou se perche sur le canapé et observe le rituel ».

Magic, le chat de Deborah la rejoint également à d'autres moments. « J'ai aussi l'habitude de saluer les dieux chaque matin, de leur demander de l'aide pour la journée et de leur dire merci en fin de journée », m'a-t-elle dit. « Je fais les deux alors que je suis au lit. Magic vient presque toujours se reposer près de ma tête pendant que je fais ça, ronronnant follement. »

En ce qui concerne le travail magique et spirituel, Deborah déclare à propos de son chat : « Je pense que sa présence ajoute quelque chose d'important. » C'est quelque chose que j'ai entendu à maintes reprises lorsque je discutais avec des personnes qui connaissent bien les chats. Bien que le chat soit plus distant, il semble offrir quelque chose (quelque influence) à ceux qui se trouvent à proximité et qui partagent une relation familière avec lui.

Joy Bennett partage sa maison du Midwest avec quatre chats et pense qu'ils peuvent apporter quelque chose d'important aux rituels. « Ils ont une influence apaisante et calmante », déclare Joy. « Je les trouve particulièrement efficaces pour guérir. Quand je suis malade, je retiens Pyewackett (il est le meilleur pour cela) près de moi. » Tous les chats de Joy viennent de sauvetages, des chats sans abris qui avaient besoin d'un environnement aimant. La relation de guérison entre le chat et l'homme se produit dans les deux sens chez les Bennett. Le mari de Joy, Jack, récupère les griffes dès qu'il en trouve. Pourquoi ? Pour une sorte de magie vétérinaire. « La griffe d'un chat n'est pas différente d'un ongle humain », dit Jack. « C'est un lien avec l'animal. Quand un des chats est malade (bien qu'ils fassent des visites chez le vétérinaire), j'utilise les griffes pour travailler la magie de guérison. Je ne sais pas quelle griffe provient de quel chat, mais il s'agit simplement d'un sort de vitalité général. Tous les chats en bénéficient, y compris celui qui a le plus besoin de cette énergie. »

Comme je l'ai dit plus tôt, un chat ne répond généralement pas aux récompenses de nourriture avec le même enthousiasme qu'un chien. Un chien s'intéresse presque toujours aux friandises (bien que certains soient plus sensibles à la nourriture que d'autres), mais un chat a un métabolisme différent. Il est naturel que le chat mange moins souvent et il peut donc parfois refuser non seulement des friandises, mais même son dîner (Pitcairn, p. 47). Néanmoins, une alimentation saine est tout aussi essentielle pour un chat si vous souhaitez développer une relation forte et familière avec l'animal. Votre chat vous répondra mieux. Les besoins alimentaires du chat sont différents de ceux d'un chien. Nous avons tendance à regrouper les animaux en catégories générales de carnivores, herbivores et omnivores, mais la vie est bien plus diverse que celle-là. Bien que les chiens soient effectivement des carnivores, la plupart d'entre eux dégusteront une friandise occasionnelle de fruits ou de légumes, et ma propre recette de Cuisine canine donnée précédemment dans ce chapitre comporte des ignames, des courges, des carottes, des petits pois et du riz. Les chats ont besoin d'un pourcentage plus élevé de protéines et ont des besoins alimentaires nécessitant de la viande ou des sous-produits de viande (Pitcairn, p. 52). Si vous donnez des aliments industriels comme nourriture habituelle, lisez attentivement l'étiquette de l'ingrédient et assurez-vous que les principaux ingrédients (ceux énumérés en premier sur l'étiquette) sont de la viande et des organes. Et comme pour les aliments commerciaux pour chiens, la viande doit être spécifique : poulet, dinde, bœuf ou autre. Le type de viande doit être spécifié. Caisey Hahn fait remarquer que « la vraie viande est toujours meilleure que le mystérieux « sous-produit de viande » et il existe maintenant même des conserves sans céréale qui sont meilleures pour la santé ».

Vous pouvez bien sûr préparer vous-même des aliments pour votre chat familier. Bien que plus difficile à trouver que son équivalent canin, il existe des livres de cuisine spécialement conçus pour les chats. Dans son guide complet sur la santé naturelle des chiens et des chats, le Dr Pitcairn propose diverses recettes de plats. Bien qu'un chat familier ait moins tendance qu'un chien à trop manger, c'est toujours une bonne idée de garder un œil sur son poids (p. 38-39).

## Autres familiers

Une partie de l'intérêt d'avoir comme familier un chien ou un chat est que l'animal peut se déplacer librement dans la maison sans grande surveillance.

Margaret Murray mentionne que les personnes du XVIe siècle gardaient leurs petits familiers dans des pots et des boîtes (p. 84), mais il est de nos jours d'usage de les garder dans des cages spécialement conçues. Les petits mammifères, oiseaux et reptiles doivent être confinés pour leur propre sécurité, tout simplement. Lorsque ces animaux peuvent être surveillés, il est possible de les libérer de leurs quartiers pour une durée limitée, et certains peuvent devenir des familiers pour des personnes suffisamment patientes pour travailler avec elles.

Certains des petits animaux pouvant être utilisés comme familiers sont des rongeurs, un ordre de mammifères avec lequel nous avons toujours eu une relation essentiellement conflictuelle. Les rongeurs apprécient les mêmes aliments que nous et profitent de notre nourriture stockée aussi simplement que nous volons le miel des abeilles et le lait du bétail. Pire encore, les rongeurs sauvages sont capables de transmettre un nombre ahurissant de maladies humaines. Ils ne propagent pas ces maladies intentionnellement, mais cela ne peut réconforter les millions d'hommes, de femmes et d'enfants décédés des suites de la peste noire dans l'Europe du XIIe siècle.

La bonne nouvelle est qu'un rongeur domestiqué né en captivité n'est pas plus susceptible d'être porteur d'une maladie mortelle que votre voisin d'à côté. La question de la nourriture est un autre problème et crée un besoin très réel.

Lorsque les gens considèrent les rongeurs comme des animaux de compagnie, les premières espèces qui leur viennent à l'esprit sont généralement les hamsters et les gerbilles. Je ne vous dissuaderais pas d'essayer de développer une relation familière avec l'une de ces petites créatures si vous ressentez une affinité particulière pour elles. J'ai gardé des hamsters et des gerbilles et les ai aimés tous les deux, mais à mon avis, en règle générale, ils conviennent mal en tant que familiers. Les hamsters et les gerbilles ont tendance à être nerveux, même lorsqu'ils sont apprivoisés. Le hamster est un animal nocturne, ce qui signifie qu'il voudra dormir lorsque vous souhaitez interagir avec lui, sauf si vous travaillez de nuit. Et un hamster endormi et agacé est susceptible de mordre. Si je devais choisir entre un hamster et une gerbille, je choisirais cette dernière, mais dans l'ordre des rongeurs, les deux se situeraient tout en bas de ma liste.

Quel animal serait en haut de ma liste ? Le rat domestique. « EWWWWW !!! »

Si c'est votre réaction initiale, je comprendrais tout à fait. J'ai autrefois partagé ce préjugé banal. Même le mot « rat », lorsqu'il est appliqué à un être humain, relève de la pire sorte de criminel. Les rats ont joué un rôle primordial dans la propagation de la peste noire susmentionnée et ont causé des dommages inimaginables aux denrées alimentaires de l'humanité pendant des siècles. Le rat noir sauvage (*Rattus rattus*) et le rat norvégien ou brun (*Rattus norvegicus*) sont agressifs et potentiellement dangereux, en particulier pour les jeunes enfants et les personnes âgées. Ce sont les espèces qui vivent avec ou à proximité de nous à l'état sauvage. Il n'est pas étonnant que tant de gens aient une forte aversion pour les rats noirs et norvégiens, mais également pour leurs cousins domestiques.

Mes propres préjugés ont disparu à l'époque où j'étais encore au lycée. Pour gagner de l'argent de poche, je travaillais souvent chez les familles voisines lorsqu'elles partaient en vacances. Une famille au bout de la rue m'avait demandé de passer deux ou trois fois par jour chez eux pour m'occuper de leurs animaux. Lorsque l'on m'a indiqué mes fonctions, j'ai su que trois animaux de compagnie me seraient confiés : un chien de race mêlée nommé Moby, une perruche nommée Fletcher... et un gros rat nommé Henry.

Pendant que je parlais à la femme, j'ai jeté un coup d'œil sur la cage de Henry. Henry bâilla. Henry avait des dents énormes. J'ai été très près de dire à la femme que je ne pourrais pas surveiller ses animaux de compagnie, mais sa fille, âgée de 6 ou 7 ans, s'est dirigée vers la cage de Henry et l'a fait sortir. Elle a serré le gros méchant rat contre sa poitrine et lui a caressé le dos. En regardant la petite fille, je me suis rendu compte que je ne pouvais pas quitter ce travail. Pas si je voulais garder un minimum de dignité.

Au cours de la semaine où Moby, Fletcher et Henry ont été confiés à mes soins, mes préjugés envers le rat se sont progressivement transformés en confiance et même en une légère affection. Henry était une créature douce qui n'a jamais tenté de me mordre.

Les rats domestiques sont issus la race du rat brun norvégien, mais ils ont peu de points communs avec leurs ancêtres, à l'exception de leur forme générale. Lorsqu'il est bien traité, le rat domestique a généralement un tempérament doux et peut facilement s'attacher à un ou plusieurs humains. Ils réagissent moins aux sons et lumières que les rats sauvages, et ils sont vraiment « sophistiqués », avec des couleurs et des taches différentes. La race Dumbo a de grandes oreilles rondes. La race mannoise est sans queue. Les rats de l'Himalaya sont blancs, avec des marques semblables à celles des chats siamois.

Quelques années plus tard, j'ai eu mon propre rat, qui est devenu mon familier. C'était un rat à cagoule noir que j'ai nommé Démétrius. Par « cagoule », je veux dire que son pelage était blanc, avec une tache noire sur la tête qui s'étendait jusque dans son dos. Démétrius restait dans une cage quand je devais le laisser seul, mais sinon, généralement, il s'asseyait sur mon épaule, heureux, pendant que je m'occupais de mes affaires. Il est même allé à quelques soirées avec moi, chevauchant mon épaule et savourant des chips de maïs et autres collations similaires que les autres invités lui offraient.

Si je ne pouvais pas avoir de chien, mon deuxième choix serait presque certainement un rat. Peu d'animaux sont aussi réactifs que cette espèce sous-estimée. Ils sont incroyablement intelligents.

En tant que familier, le rat est néanmoins un rongeur. Il n'interagira pas aussi complètement et de manière aussi fiable qu'un chien bien éduqué, bien sûr, mais, une fois apprivoisé, il pourra participer à votre méditation décrite précédemment. J'ai trouvé plus facile de développer une relation familière avec le rat qu'avec la femelle, mais cela pourrait être une particularité personnelle.

Aucune sorcière du Moyen Âge n'a jamais eu de cochon d'Inde comme animal familier car cette espèce n'a pas été introduite en Europe avant le XVI$^{e}$ siècle. Comme le rat, le cobaye est une créature intelligente. Ses pires caractéristiques, à mon avis, sont qu'il est très facilement surpris et qu'il fait beaucoup de bruit, ceci ne constituant un problème que si vous vivez dans un appartement ou préférez un environnement calme. Les cobayes sont beaucoup plus volubiles que les autres rongeurs et communiquent les uns avec les autres (et avec vous) en sifflant, en pépiant, en criant et en ronronnant.

Ils sont plus heureux s'ils sont gardés par paires ou par petits groupes. Les cochons d'Inde domestiqués viennent de différentes races, avec des pelages longs et courts. À moins que vous ne vouliez réellement un familier qui nécessite un brossage constant, je recommande les races à poil court.

Lorsqu'il est correctement sociabilisé, un cochon d'Inde aime être pris dans les bras, il peut donc devenir un familier aussi approprié qu'un chien, un chat ou un rat.

Tout comme il existe des rats de compagnie, il existe également des souris domestiquées, et ces animaux ne partagent pas plus de points communs avec leur ancêtre, la souris commune (*Mus musculus*), que le rat domestique n'en partage avec le rat brun de Norvège. Comparée à un rat domestique, la souris a tendance à être plus nerveuse et, à mon avis, moins intelligente. Les souris ont également une durée de vie relativement courte, elles jouissent rarement d'une durée de vie supérieure à deux ans. L'avantage des souris réside dans leur petite taille, qui peut constituer un facteur décisif pour les personnes disposant d'un espace personnel extrêmement limité. Les mâles ont tendance à avoir une forte odeur et ne coexistent généralement pas bien avec les autres mâles, mais leur personnalité peut être plus divertissante.

Il est compréhensible qu'une créature aussi petite qu'une souris soit naturellement terrifiée d'être manipulée par un énorme être humain. Apprivoiser une souris peut être plus difficile qu'avec d'autres rongeurs. Ce n'est pas impossible, mais même ainsi, un rat se révélera beaucoup plus facile à manier qu'une souris.

Les lapins ne sont pas des rongeurs, ce sont des lagomorphes, mais les gens les regroupent souvent dans la même catégorie et ils peuvent certainement être aussi destructeurs que les rongeurs sauvages. Les lapins qui ont été introduits en Australie et en Nouvelle-Zélande, où ils ont peu de prédateurs naturels autres que les humains, sont devenus des nuisibles. Mais peu de gens ont de l'aversion pour les lapins, que nous sommes si nombreux à préférer aux rats et aux souris. Peut-être est-ce dû en partie à des personnages de fiction tels que Peter Rabbit, le Lapin Blanc d'Alice de Lewis Carroll ou encore le dessin animé *Bugs Bunny*. Dans l'imaginaire populaire, les lapins sont des êtres mignons.

Je ne connais personne qui mêle un lapin à un travail spirituel ou magique, mais je soupçonne que ces animaux pourraient faire de très bons familiers pour les bonnes personnes. Dans les années 1980 et 1990, de plus en plus de familles ont commencé à garder des lapins en intérieur. Le besoin de mastication du lapin doit être pris en compte, et je ne pense pas que ce soit une bonne idée de laisser l'un de ces animaux sans surveillance pendant de longues périodes. Les lapins peuvent également donner de méchants (et potentiellement dangereux) coups de pieds avec leurs pattes postérieures.

Votre choix de familier ne se limite pas aux mammifères. Devin Hunter, animateur de The Modern Witch sur une radio Internet, vit à San Francisco et possède un familier à plumes nommé Sophia. C'est une colombe à collier. En tant que familier, Sophia s'est révélée être une source de force spirituelle pour Devin. Il dit qu'« en période de stress intense, je vais simplement la tenir, méditer, entrer en transe ou chanter et me connecter à ma divinité. *Sophia* est un mot grec qui signifie « sagesse ». On dit que Sophia (Sagesse) est venue sur terre sous la forme d'une colombe. En tant que tel, je me connecte avec son moi supérieur et sa sagesse tout en travaillant avec ma colombe sous des formes méditatives. »

Nous voyons ici un familier aviaire, une colombe, utilisé dans la méditation de la même manière que n'importe quel mammifère apprivoisé et bien élevé. Devin est un sorcier et Sophia l'aide également dans son travail magique. Il me dit : « Je l'ai utilisée pour envoyer des messages à des êtres chers, des messages d'amour, d'espoir, de paix et de liberté. En général, je la tiens dans mes bras et, tout en formant le cercle, je lui parle, puis je la laisse voler un peu en cercle. Je la remets dans sa cage une fois le travail terminé. »

Sophia fournit à Devin des plumes pour ses sorts. Il utilise les plumes plus douces et plus petites qui proviennent de sa poitrine pour des sorts de paix ou d'illumination. Les plumes de ses ailes lui sont également utiles, comme pour le sortilège suivant que j'ai trouvé particulièrement intéressant :

« Je vais utiliser ses plumes d'ailes pour aider ma créativité, en particulier en ce qui concerne les arts écrits », explique Devin (vous pouvez comprendre pourquoi cela a attisé ma curiosité). « En tant qu'écrivain et journaliste païen, cela s'avère souvent utile ! Un bon sort pour contrer le syndrome de la page blanche de l'écrivain consiste à prendre une plume d'aile, à la tremper dans l'encre, puis à écrire « syndrome de la page blanche » au dos d'un morceau de parchemin, puis à placer le parchemin dans votre livre des ombres ou sur votre autel. Ça marche à chaque fois ! »

Devin ne croit pas qu'un animal, qu'il s'agisse d'un oiseau ou d'une autre créature, puisse vraiment être un familier si vous ne le traitez pas comme tel, et il a des idées très précises sur la manière de s'y prendre.

« Vous devez passer du temps pour vous lier à votre familier », dit-il. « Chanter pour lui, chanter des chansons de pouvoir (ou avec lui) et lui donner son propre nom de pouvoir peut vous mener très loin dans la relation. »

Toute espèce d'oiseau peut être apprivoisée en tant qu'esprit familier, bien que ce qu'elle ait à offrir dans ce contexte varie considérablement en fonction du type d'oiseau avec lequel vous travaillez. Il y a un monde entre un ara et un canari, non seulement en taille mais aussi en personnalité. Tous les oiseaux ont besoin d'assiduité dans leurs soins quotidiens. Comme Devin le fait remarquer, si un oiseau est votre familier, il faudra également un temps supplémentaire pour établir la relation.

Nos familiers aviaires seront généralement des oiseaux domestiques en cage. Un oiseau véritablement apprivoisé n'a peut-être pas besoin de rester dans sa cage en permanence (Sophia peut sortir pour se dégourdir les ailes), mais la plupart du temps ils vivent dans de petites maisons que nous gardons dans nos propres maisons beaucoup plus grandes. Au chapitre 7, je parlerai de l'élevage de poules afin de participer plus pleinement à notre cycle alimentaire. Si vous décidez de continuer dans cette voie, vos poules pourraient devenir des familiers, à condition que vous passiez beaucoup de temps à l'extérieur avec elles. Habituellement, un oiseau choisi pour familier est un oiseau qui vit à l'intérieur.

Ce chapitre serait incomplet si je ne mentionnais pas les reptiles et les amphibiens. En plus du chat, l'esprit familier le plus stéréotypé pourrait être le crapaud de la sorcière. Le herptile (un mot qui désigne à la fois les reptiles et les amphibiens) est souvent considéré comme stupide, mais il est peut-être plus exact de dire qu'ils ont une intelligence qui nous est étrangère. En tant que tels, ils peuvent être des familiers fascinants, ouvrant notre esprit à un monde très différent.

Et c'est tout ce que je vais dire à leur sujet.

Pourquoi ? En toute honnêteté, la plupart des gens n'ont aucune raison de garder des herptiles en cage chez eux. Comme je le disais, ils ont une intelligence très étrange. Leur esprit et leur corps sont différents des nôtres. Avec un chien, un chat, un lapin ou, dans une moindre mesure, un oiseau, vous pouvez dire simplement en regardant l'animal s'il est en détresse ou non. Ce n'est pas le cas avec les herptiles. Il n'y a rien d'intuitif pour leurs soins. Beaucoup trop de reptiles et d'amphibiens agonisent et meurent alors qu'ils sont pris en charge par des humains bien intentionnés mais non formés.

Si vous devez avoir un herptile comme familier, je suggère le serpent des blés. Ces créatures inoffensives sont plus faciles à soigner que la plupart des autres créatures à sang froid. Mais quel que soit le reptile ou l'amphibien de votre choix, renseignez-vous au mieux sur ses besoins avant d'acheter l'animal. Et ne faites pas confiance aux « conseils d'experts » d'un employé d'animalerie. Faites de vraies recherches par vous-même. Avant les années 1970, les animaleries des États-Unis vendaient régulièrement des tortues comme animaux de compagnie et de jolis aquariums en plastique pour les héberger, ainsi que des boîtes contenant de la prétendue nourriture pour tortues. Ce que les employés du magasin ont omis de dire à leurs clients, c'est que ces animaux étaient des bébés tortues nouvellement éclos qui (s'ils vivaient) mesureraient peut-être jusqu'à un mètre. Les petits aquariums étaient honteusement inadaptés, mais cela leur importait peu, car les bébés tortues ne savaient pas que les paillettes brunes jonchant leur aquarium étaient censées être de la « nourriture », et presque toutes mouraient misérablement avant que la taille de leur logement ne devienne réellement un problème.

Si possible, discutez avec quelqu'un qui élève les reptiles ou les amphibiens qui vous intéressent. La plupart des herptiles ne se reproduiront pas facilement s'ils sont maintenus dans des conditions médiocres, de sorte que vous pouvez généralement supposer sans risque qu'un éleveur comprend leurs besoins. Et ne pensez pas que vous pourriez arrondir les angles. Si l'éleveur dit que l'herptile a besoin de vivre dans une fourchette de température de 22 à 27 °C, c'est que cette fourchette doit être scrupuleusement maintenue.

Presque toutes les espèces terrestres ou amphibies peuvent être des familiers et chacune a sa propre sagesse à nous offrir, chacune apporte ses propres leçons. Lorsque nous nous connectons avec des familiers (nos animaux de compagnie), nous nous connectons plus profondément au grand réseau de la vie.

# CHAPITRE 5
# FEUILLES ET FRUITS

Dans les traditions agraires tout comme lors du *wassailing*, des rituels comme le rite anglo-saxon d'*erbcerbot* pour assurer la fertilité d'un champ, ou les rituels de fertilité réservés aux femmes de la Thesmophorie grecque, contiennent un thème commun. Il est évident que la question abordée à l'origine par les religions païennes était la même que celle posée par tous les organismes hétérotrophes (qui ne produisent pas leur nourriture grâce à leur propre corps) depuis l'aube de la vie.

Qu'est-ce qu'on mange ?

Aujourd'hui, on répond généralement à cette question en se rendant au supermarché ou dans un restaurant local. Nous, les humains, sommes moins immédiatement à même de connaître la source de notre subsistance, et pour la plupart d'entre nous, c'est une bonne chose. De nos jours les personnes vivant dans n'importe quelle nation développée ne vont pas mourir de faim s'il y a une période de sécheresse ou si un champ de maïs est détruit par des insectes ou un champignon. Pour nos ancêtres païens, cependant, la question de ce qui sera servi pour le dîner était une préoccupation omniprésente. Quel que soit votre patrimoine culturel ou biologique, la plupart de vos ancêtres étaient directement impliqués dans l'acquisition de nourriture, par l'agriculture, la chasse ou la pêche.

Ils étaient directement dépendants de la générosité de la terre d'une manière que nous ne pouvons qu'imaginer aujourd'hui. C'est cette dépendance continue à la terre qui a donné naissance aux premières expressions de la spiritualité païenne.

Tous ceux qui ont une compréhension élémentaire de la religion romaine savent que Mars est un « dieu de la Guerre ». Ce qui est souvent oublié, c'est que Mars était à l'origine un protecteur des champs, un guerrier qui a chassé les proliférations d'insectes et de champignons qui auraient pu ruiner les récoltes. La plus ancienne fête de Vénus, la déesse romaine de l'Amour et de la Beauté, était la Vinalia Rustica, qui célébraient la croissance et la fertilité des légumes. De même, le dieu nordique Thor est connu comme un dieu du Tonnerre et des Tempêtes (son nom anglo-saxon, Thunor, est le vieux mot anglais pour le tonnerre), mais on sait moins qu'il est aussi un dieu de la fertilité. Le dieu grec Dionysos est un dieu du Vin, mais il était également connu comme le dieu qui assure la fertilité et l'abondance de la vendange. L'Epona gallo-romaine, remarquable en tant que déesse des Chevaux, est également une déesse de la Fertilité. Un examen attentif des dieux et déesses païens révèle encore et encore combien d'entre eux ont une association avec l'abondance de la terre.

Le simple fait de cultiver une partie de votre propre nourriture peut aider à intégrer votre spiritualité païenne dans un style de vie holistique. Je ne vous suggère pas d'acheter un tracteur et de labourer un champ et si vous le faites, je vous découragerais de vous lancer dans un projet de cette envergure ! Mes conseils pour les gens qui ont fait peu de jardinage par eux-mêmes est de commencer à très petite échelle. L'erreur la plus courante que font les nouveaux jardiniers est d'aménager de grands jardins qu'ils ne peuvent ensuite pas entretenir. Le même potager qui semblait gérable au début du printemps peut devenir énorme au milieu de l'été. Le résultat est souvent un désordre toujours plus envahissant.

Vous n'avez pas besoin de beaucoup d'espace pour produire des aliments sains et locaux. Même si vous n'avez que le temps et les ressources pour un jardin miniature, vous reprendrez une place dans le cycle éternel de donner et recevoir.

De combien d'espace avez-vous besoin ? Seulement autant que vous possédez et autant que le temps dont vous disposez vous le permet. Considérez ce qui peut être produit dans un petit potager. Dans un climat tempéré, vous pouvez commencer par planter des épinards au début du printemps. Les épinards poussent mieux par temps frais et peuvent être plantés quelques semaines avant le dernier gel printanier. Si vous plantez vos graines d'épinards à 10 centimètres de distance, ce qui est largement suffisant pour les épinards, vous pouvez faire pousser environ quatre-vingts plants d'épinards sur une parcelle de terrain de 2 m².

Récoltez les épinards au début de la saison et votre parcelle carrée sera prête pour une nouvelle récolte. Semons des radis cette fois. Les radis peuvent être récoltés en trois semaines après les semis. Ils peuvent être moins espacés que les épinards, alors semez vos graines de radis à 7 centimètres de distance. Avec cet espacement, vous pourrez cultiver plus de 140 radis !

Récoltez donc vos radis. Il est maintenant probablement trop tard dans l'année pour les cultures par temps frais, comme la laitue ou les épinards, mais votre parcelle est à nouveau prête pour les semences. Cette fois, plantez des haricots. Comme les épinards, les graines de haricot ont besoin de beaucoup d'espace pour pousser mais si vous les plantez à 10 centimètres de distance, vous aurez jusqu'à quatre-vingts plants de haricot sur votre cour carrée. Je ne peux pas vous dire exactement combien de haricots vous récolterez, mais à vu d'œil, je dirais « beaucoup ».

Après avoir récolté vos haricots, il sera assez tard dans l'année pour planter de la laitue (vous pouvez aussi planter de la laitue au printemps et des épinards en automne, le fait est que ni l'un ni l'autre ne germe bien par temps chaud.) Les meilleures variétés pour un jardin sont la laitue romaine ou la frisée. Les deux peuvent être plantées environ deux mois avant les premières gelées d'automne prévues dans votre région. Les graines de laitue doivent être espacées de 15 centimètres, mais même avec cet espacement généreux, vous pouvez planter environ trente-cinq laitues sur votre cour carrée. Récoltez-les juste avant les premières gelées.

Si vous avez suivi, vous pouvez voir qu'un mètre carré de terre peut potentiellement produire 80 plants d'épinards, 140 radis, beaucoup de haricots sur 80 plants et 35 plants de laitue. Et ce en un an.

Pour être honnête, il s'agit d'une utilisation très intensive de cette parcelle de 1 mètre². Et vous n'aimerez probablement pas au moins l'un des quatre légumes plantés dans mon hypothétique petit jardin (je déteste les radis, ce qui est dommage car ils sont l'un des aliments les plus faciles à cultiver.) Vous pouvez voir, cependant, comment produire certains de vos propres aliments et que cela ne nécessite pas une quantité excessive d'espace.

Cela vous semble fastidieux ? Si vous avez acheté ou loué une maison avec ne serait-ce qu'une petite cour, vous faites déjà pousser des choses. Ces choses sont appelées « herbe », des plantes vivaces que nous coupons chaque semaine ou deux tout au long de leur saison de croissance. Nous, les humains, sommes en quelque sorte devenus des esclaves de l'herbe. Nous nourrissons l'herbe et l'arrosons, et éliminons soigneusement (avec notre tonte incessante) les arbres et les arbustes qui, autrement, envahiraient et rivaliseraient avec notre seigneur herbe. Et que nous donne l'herbe en retour ? Bien peu.

Il faudrait beaucoup de travail pour remplacer votre pelouse entière par un jardin productif, et, aux États-Unis, vous ne seriez probablement pas autorisé à le faire de toute façon. Les villes et villages ont désormais généralement des ordonnances qui vous obligent à consacrer la majeure partie de votre cour avant à un champ d'herbe tondu de près (oui, il semble que les seigneurs de l'herbe aient même pris le contrôle de notre gouvernement !). Même sans ces réglementations, vous ne voudriez probablement rien faire de si drastique, et je ne vous encouragerai pas à le faire. Rappelez-vous ce que j'ai dit : il faut commencer petit !

De plus, il n'y a aucun besoin ni aucune raison d'installer un jardin en parcelle carrée ou rectangulaire au milieu de votre cour arrière. Mon propre potager borde mon patio. Cette année, deux variétés de courges d'été poussent à chaque extrémité de la bordure de ce patio. Le maïs est situé à côté des houx, qui sont les seules plantes purement « décoratives » autorisées. Entre le maïs et l'une des variétés de courges se trouvent mes pommes de terre. Trois douzaines de plants de tomates entourent délicieusement l'épouvantail que nous avons planté juste à côté du coin sud-ouest du patio.

Votre jardin peut être attrayant et agréable, mais également productif.

Je déconseille également la plantation en « rangées ». Cela n'est bénéfique que si vous utilisez un tracteur et cultivez de grandes étendues de terre. Pour un jardin potager classique, les rangées laissent de trop gros espaces entre les plantes. Tout espace ouvert dans votre jardin est un espace que les mauvaises herbes peuvent envahir et dominer. De toute évidence, vous aurez besoin de petits chemins vous permettant d'atteindre toutes les plantes.

## Le sortilège de la charrue

Trop souvent, les pensées des gens se tournent vers le jardinage au printemps, lorsque le forsythia et les violettes sont en fleurs et que le premier merle est aperçu. Les jardiniers expérimentés commencent à planifier bien plus tôt que cela, et il en a toujours été ainsi. Les Anglo-Saxons donnent des *sol-cakes* en offrande à la Terre-Mère au début de février, mais les préparatifs pour la saison ont commencé encore plus tôt que cela. Aujourd'hui encore, en Angleterre, le premier lundi suivant l'Épiphanie (6 janvier) est connu sous le nom de « Plough Monday ». Il y avait autrefois des coutumes traditionnelles qui variaient d'une région à l'autre, impliquant des cérémonies dans lesquelles on pratiquait des bénédictions ou des sortilèges sur les charrues. Une charrue y était souvent décorée et défilait dans le village. L'Église a aboli à la fois les bénédictions et les processions au XVIe siècle, mais la tradition de la procession des charrues a ensuite été ravivée dans certaines régions (Simpson et Roud, p. 281).

Bien que le sortilège de la charrue puisse ressembler à une coutume pittoresque, elle peut avoir des avantages très pratiques. Aujourd'hui, peu d'entre nous ont une charrue à même d'être attelée à un cheval de trait ou à une paire de bœufs, mais nous avons des outils de jardinage.

Chaque année, je participe à un sortilège plus contemporain avec mon propre groupe, le « sortilège du motoculteur ». Si votre jardin est trop petit pour utiliser un motoculteur, ne vous inquiétez pas, on peut créer un sortilège sur tout outil de jardinage : houes, pelles, fourches, truelles, etc. La pratique entre en jeu lorsque vous rassemblez ces outils et les regardez vraiment pour la première fois depuis que vous les avez rangés à l'automne précédent. Si la lame de la pelle est pliée, vous aurez le temps de la réparer ou de la remplacer avant d'avoir vraiment besoin d'une pelle. Si la poignée est desserrée, vous pourrez la resserrer immédiatement. Vos outils de jardinage seront nettoyés et prêts à l'emploi en prévision de la saison de croissance.

Ce type de rituel honore également les esprits des motoculteurs et d'autres outils de jardinage que des participants amènent. Certains lecteurs peuvent trouver étrange de penser que les objets aient un esprit, mais les personnes qui travaillent avec le monde des esprits rapportent très souvent des interactions avec ces entités. Le Findhorn Garden a été créé dans les années 1960 par une communauté en Écosse. Les membres de cette communauté ont créé des jardins luxuriants et productifs avec les conseils qu'ils ont reçus d'entités qu'ils appelaient des *devas*. La plupart d'entre eux étaient des esprits de végétaux (un *deva* pour les épinards, un *deva* pour les poires, un *deva* pour les tomates, etc.), mais la communauté Findhorn a également été contactée par un *deva* des machines les informant que les machines et les outils répondent aussi à l'amour et aux soins, comme le font les êtres vivants (Findhorn Community, p. 162).

Les païens contemporains qui pratiquent le plus souvent des sortilèges de la charrue le font vers fin janvier ou au début de février, près de la période connue sous divers noms comme la Chandeleur, Imbolc, Ewemeolc entre autres. Si vous développez le *Hal Sidu* (en faisant évoluer vos propres traditions holistiques), le temps pour bénir vos outils de jardinage devrait être adapté à votre environnement local. Le lundi pour le sortilège de la charrue tombe en janvier parce que l'Angleterre, réchauffée par le Gulf Stream, a un climat relativement doux. Le sol peut y être labouré plus tôt que dans de nombreuses régions tempérées. Votre propre sortilège devrait avoir lieu environ un mois avant de commencer à jardiner.

Quand je vivais dans le Missouri, mon sortilège du motoculteur avait lieu début février parce que je commençais à préparer mon jardin en mars, puis plantais en avril. Ensuite, j'ai déménagé dans l'ouest de la Pennsylvanie. Bien que les étés et les hivers y soient tous les deux plus doux, la Pennsylvanie a une saison de croissance beaucoup plus courte. Après avoir installé mon premier jardin, j'ai observé mes plants de tomates qui souffraient sous trois fortes chutes de neige (étonnamment, certaines plantes ont survécu). Je connaissais les saisons et les cycles de la terre au Missouri, mais je ne connaissais pas les cycles naturels de la Pennsylvanie. Mes traditions spirituelles n'étaient pas alignées avec les forces naturelles qui m'entouraient.

Maintenant, sachant que la Pennsylvanie peut avoir de la neige jusqu'en mai, je fais mon sortilège à l'équinoxe de printemps ou aux environs. Je pourrais encore le faire début février, mais le rituel perdrait trop de son importance. Votre propre rituel devrait également avoir lieu environ un mois avant de commencer à travailler avec la terre. Procéder au sortilège la charrue nous prépare mentalement pour l'année à venir alors même que nous préparons nos outils de jardinage.

Tout ce dont vous aurez besoin pour votre rituel est d'une huile à l'odeur agréable et, naturellement, tous les outils de jardinage que vous avez l'intention de bénir. Cela peut se faire dans le cadre d'un autre rituel si cela fonctionne pour vous. La première chose que vous devez faire, avant le début du rituel, est de nettoyer chaque outil de jardinage. Littéralement. Enlevez toute saleté et, ce faisant, vérifiez si une partie de l'outil s'est cassée ou s'est détachée. Vous voudrez peut-être décorer l'outil avec un peu de ruban. Après cela, de petites truelles et des outils similaires peuvent être placés sur l'autel, tandis que des pelles, des houes et (si vous en utilisez un) un motoculteur pourront y être placés à proximité.

Lorsque vous êtes prêt pour le sortilège, oignez chaque ustensile de jardinage avec votre huile en lui disant :

*Salut à vous et à l'esprit en vous !*

*Puissiez-vous saluer la Terre, Mère de toute vie.*

*Qu'elle soit emplie de croissance et abonde de nourriture.*

Terminez avec une dernière expression d'affirmation. Je dirais *« Ic bidde thé nu »* (prononcée « eech bidda they noo »), ce qui signifie « je vous demande maintenant » en vieil anglais. Votre propre affirmation devrait être une expression appropriée de votre spiritualité. Les Wiccans, par exemple, pourraient dire : « Qu'il en soit ainsi. »

Après avoir béni ou ensorcelé vos outils de jardinage, conservez-les dans un endroit propre et sec jusqu'à ce que vous soyez prêt à préparer votre jardin.

## Prier la terre

Ce mot a un sens qui vient du vieil anglais *biddan*. Si vous plantez un jardin pour aider à intégrer votre spiritualité à vos activités quotidiennes, votre première étape consiste à implorer la terre elle-même et à développer une relation positive avec les êtres spirituels qui résident dans ce voisinage. C'est important, même si vous reprenez le potager de quelqu'un d'autre ou convertissez un ancien jardin de fleurs. La terre n'est pas seulement une chose, elle a sa propre vie.

Vous aurez besoin soit de farine de maïs, soit de farine d'avoine (de la vraie farine d'avoine, pas de la substance transformée). Vous aurez également besoin d'une bêche ou d'une pelle. Décidez du lieu exact et quelle sera sa taille pour commencer votre jardin. S'il s'agit de votre premier jardin, je vous recommande de limiter la taille à 30 mètres carrés. Cela peut être un carré de 3 mètres, un rectangle de 1,5 mètres par 6 mètres, ou toute autre forme que vous pouvez imaginer. Bien sûr, il peut être beaucoup plus petit si vous préférez. Ce qui compte, c'est qu'il ne soit pas trop grand. Votre jardin devrait continuer d'être une source de fierté et de plaisir tout au long de la saison de croissance, et cela ne se produira pas s'il est trop grand pour être facilement entretenu.

Allez à l'extrémité est du jardin. Utilisez votre bêche ou votre pelle pour creuser un petit trou. Il ne doit pas avoir plus de quelques centimètres de profondeur. Face à l'est, saupoudrez une poignée de farine dans ce trou en disant :

*À l'est je me tiens,*
*Pour des faveurs, je prie.*
*Je m'adresse aux esprits qui dansent dans ce lieu,*
*Je m'adresse aux ancêtres qui veillent sur ce lieu,*
*Je m'adresse à la Terre-Mère et au Père-Ciel,*
*Acceptez maintenant cette offrande de céréales,*
*Et que toujours règne la paix entre nous.*

Remplissez le trou de terre pendant que vous exprimez votre affirmation finale, tout comme vous l'avez fait dans le sortilège de la charrue dans la section précédente.

Allez maintenant au côté sud du jardin et creusez un deuxième trou là-bas. Face au sud, saupoudrez une poignée de farine dans le trou et répétez la même prière, en remplaçant « À l'est je me tiens » par « Au sud je me tiens ». Remplissez ce trou de terre en disant votre affirmation, comme vous l'avez fait avec le trou est.

Répétez cette opération à nouveau à l'extrémité ouest du jardin, puis à l'extrémité nord. Si votre jardin a une forme irrégulière, ces quatre trous peuvent ne pas être équidistants les uns des autres, cela n'a pas d'importance.

Allez au centre du jardin, ou à ce qui semble être le centre si votre jardin a une forme irrégulière, et creusez un cinquième trou. Saupoudrez une dernière poignée de farine dans ce trou en disant :

*Sainte Terre-Mère*
*Je demande que vous et les esprits présents*

*Laissiez cette terre grandir et prospérer,*
*Croitre et se renforcer,*
*De hautes tiges et de cultures fines.*
*Que cette terre sacrée soit protégée du mal*
*Et contre tous les maux.*

Remplissez ce dernier trou en prononçant vos mots d'affirmation. Après avoir fait vos offrandes de farine, le rite est terminé.

Les mots et la procédure de ce rite ne sont que des suggestions. Si votre spiritualité exige une approche différente pour vous adresser à la terre, soyez quoi qu'il en soit fidèle à vos dieux et au chemin que vous avez choisi ! J'admets que le rite que j'ai donné a une approche anglo-saxonne. Le libellé des prières est emprunté et arrangé depuis l'*Ærbcerbot* du XI^e^ siècle, ou « Sortilège des cérémonies terrestres » (Griffiths, p. 173-175). Ces prières avaient été fortement christianisées (avec de nombreuses références aux saints, à la prière du Seigneur, aux crucifix, etc.) mais la Terre-Mère a toujours été considérée comme une entité vivante et sensible.

Puisque votre jardin est destiné à renforcer votre connexion avec la terre et à vous adapter aux cycles de la nature, planifiez vos activités de jardinage « sous la lune ». Cela implique deux facteurs différents. Le premier (et, à mon avis, le plus important) d'entre eux est la phase de la lune : il faut tenir compte de la position de la lune et dans quelle phase elle se trouve. Le deuxième facteur est le signe du zodiaque dans lequel elle se situe. Comme le soleil et les planètes, la lune parcourt les douze signes du zodiaque, douze divisions égales du ciel nommées d'après les constellations. Alors qu'il faut au soleil environ un mois pour se déplacer à travers un signe du zodiaque, la lune passe d'un signe au suivant tous les deux ou trois jours.

La détermination de la phase de la lune est très facile, il suffit de regarder dans le ciel la nuit ! Si vous n'avez pas fait attention jusqu'à présent, cela peut vous prendre deux ou trois mois pour apprendre à déterminer où se trouve la lune dans son cycle. Il est ainsi plus simple de faire des travaux de jardinage en fonction des lunaisons :

• Lorsque la lune est en phase croissante (de la nouvelle lune à la pleine lune), plantez des légumes et des fruits qui poussent hors du sol.

• Lorsque la lune est en phase décroissante (de la pleine lune à la nouvelle lune), plantez des légumes racines : pommes de terre, carottes, radis, etc. Idéalement, ils devraient être plantés pendant que la lune est encore dans son troisième quartier.

• Lorsque la lune est dans son quatrième quartier, sarclez le jardin et détruisez les parasites.

Si vous souhaitez inclure le zodiaque à votre jardinage, vous aurez besoin d'un almanach. *The Old Farmer's Almanac* est vendu dans les librairies, les pharmacies et les supermarchés des États-Unis, mais vous pouvez vous procurer un almanach du jardinier partout ailleurs. Cette publication annuelle comprend toujours la position astrologique de la lune tout au long de l'année, ainsi qu'une page ou plus de conseils sur le jardinage et la réalisation d'autres activités selon la lune. Préférez une publication qui donne l'heure exacte où la lune passe d'un signe à l'autre, ainsi que des informations intéressantes sur la lune et les influences astrologiques.

Les règles générales pour la plantation par les signes de la lune sont :

• Plantez des graines ou transplantez de jeunes plants lorsque la lune est dans un signe d'eau (Cancer, Scorpion, Poissons) ou un signe de terre (Taureau, Vierge, Capricorne).

• Désherbez et contrôlez les ravageurs lorsque la lune est dans un signe de feu (Bélier, Lion, Sagittaire) ou dans un signe d'air autre que la Balance (Gémeaux, Verseau).

• Plantez des fleurs lorsque la lune est en Balance.

Le meilleur moment pour semer la plupart des graines de légumes est lorsque la lune est croissante sous les signes du Cancer, du Scorpion ou des Poissons. En vérité, les personnes qui travaillent et jonglent entre leur temps libre entre la famille, le ménage et autres obligations peuvent ne pas être facilement disponibles au « meilleur moment ». Dans ce cas, trouvez le meilleur compromis possible. Lorsque les circonstances vous empêchent de planter pendant que la lune est en signe de terre ou d'eau, assurez-vous de le faire pendant que la lune est en phase croissante (ou dans son troisième quart si vous plantez des pommes de terre ou des carottes). Si vous ne pouvez pas planter pendant la meilleure phase de la lune, plantez quand la lune est dans le bon signe du zodiaque.

Vous pouvez décider de cultiver des herbes plutôt que des légumes. Cela peut être particulièrement adapté si vous avez un espace restreint pour votre jardin. Bien qu'une petite parcelle puisse donner une quantité substantielle de légumes, elle ne produira qu'une infime partie des aliments que vous et votre famille consommerez. Cependant, même ce petit jardin, avec une planification minutieuse, pourrait facilement vous fournir plusieurs variétés d'herbes aromatiques.

Bien sûr, les herbes ont de nombreuses utilisations, et il n'y a aucune raison pour que vous ne puissiez pas planter un jardin d'herbes médicinales ou cosmétiques. Vous pouvez même planter des herbes aromatiques pour faire votre propre encens et votre pot-pourri, dont nous discuterons dans un prochain chapitre. La raison pour laquelle j'insiste sur les herbes ici est à cause de l'adage « vous êtes ce que vous mangez ». En plantant des herbes, des légumes ou des fruits que vous mangerez plus tard, vous participerez plus complètement à ce cycle éternel de prendre et de rendre à la terre, le cycle qui a donné naissance aux rites païens les plus anciens de l'humanité.

Il n'y a pas de frontières définies entre les herbes médicinales, aromatiques ou cosmétiques. Certaines de vos herbes aromatiques auront des utilisations médicinales, et certaines auront des utilisations cosmétiques ou aromatiques, mais certaines peuvent n'avoir d'autre but que de donner bon goût aux plats.

# Le jardin de Frige

Au v^e^ siècle, en Europe, Marie a été proclamée mère de Dieu et, dans les années qui ont suivi, les « jardins de Marie » sont devenus populaires à la fois dans les monastères et dans les propriétés privées. Ces jardins ont été garnis de fleurs et d'herbes. Ils ont fourni un lieu privé pour la prière et la contemplation. Le jardin de Marie était généralement très petit, en particulier dans les villes et cités médiévales surpeuplées. La plupart comportaient une petite statue de la Vierge Marie comme point focal du jardin.

Le jardin de Marie est une tradition chrétienne, mais vous pouvez créer un jardin similaire dédié à une déesse de votre panthéon comme expression de votre propre spiritualité païenne. Cela fonctionne particulièrement bien si vous préférez cultiver des herbes plutôt que des légumes. Puisqu'un jardin de ce type est destiné à la contemplation et à la prière, une variété d'herbes attrayantes et aromatiques créera l'ambiance appropriée.

Pour un païen saxon, ce serait très probablement un jardin de Frige, dédié à l'épouse de Woden. Frige a donné son nom au sixième jour de la semaine, vendredi *(Frigedæg)*. Elle gouverne les mariages, les familles et les arts ménagers. Dans un contexte moderne, Frige est également souveraine sur les entreprises car, d'après les Anglo-Saxons, les « arts ménagers » englobent la fabrication de tissus, la fabrication de savon, la teinture, la médecine, le tissage et à peu près toute autre activité que la chasse, la pêche et la guerre.

Le jardin de Frige peut contenir du romarin, de la sauge, de la camomille, du fenouil, de la balsamite et de la grande camomille. Toutes ces herbes étaient connues des Anglo-Saxons, soit parce qu'elles sont communes en Angleterre, soit parce qu'elles y ont été apportées par les Romains. Ajouter quelques soucis dans le jardin ajoutera une note décorative et découragera les lapins qui pourraient autrement être tentés de grignoter vos herbes. Les statues de Frige ne sont pas facilement disponibles, mais il existe d'autres façons de représenter la déesse.

Certaines personnes croient que l'oie est sacrée pour Frige. Je ne connais aucune mention historique de cela, mais l'oie est un oiseau monogame, une caractéristique convenable pour tout animal qui serait sacré pour une déesse du mariage. Si vous ne trouvez pas de statue d'oie, trouvez une grosse pierre et gravez ou peignez le nom de Frige dessus en utilisant des runes anglo-saxonnes comme ci-dessous :

ᚠᚱᛁᚷᛖ

Un siège ou un petit banc offrira un endroit reposant pour profiter du jardin et communier avec la déesse.

Si vous suivez un chemin spirituel différent, vous pourrez bien sûr dédier votre jardin à une autre déesse. Chaque panthéon païen a plusieurs déesses qui pourraient être honorées dans un jardin comme celui-ci.

Le païen romain peut créer un jardin de Junon en utilisant des herbes romaines telles que le basilic, la cataire, l'aneth, l'origan, la rue et l'absinthe. Le jardin de Junon pourrait comprendre un petit laurier, qui, dans les climats plus frais, devra être rentré en intérieur dès l'automne. Des pots en terre cuite peuvent être utilisés pour créer une atmosphère méditerranéenne.

Les païens helléniques peuvent créer les jardins d'Héra ou d'Aphrodite et les remplir de céleri sauvage, de bourrache, de grande aunée, de thym, de calendula et de marronnier. Des statues de déesses grecques ou romaines peuvent parfois être trouvées dans les magasins de jardinage. Une colonne à base dorée pourra très bien convenir à un jardin dédié à toute déesse grecque.

Un jardin de Brigid conviendrait à un païen irlandais. Ce jardin pourrait être garni d'achillée millefeuille, de verveine, de brunelle et de consoude. Vous pouvez y inclure également du trèfle blanc ou rouge. Évitez les « trèfles porte-bonheur » à grandes feuilles vendus autour de la Saint-Patrick. Malgré leur attrait visuel, ce sont en fait des plantes tropicales originaires d'Amérique du Sud.

Quelle que soit la déesse que vous honorez dans votre jardin, assurez-vous de planter également une sélection d'herbes aromatiques (que vous consommerez plus tard) pour vous assurer d'honorer le cycle recevoir-donner.

## Les jardins de balcon

Mais que faire si vous n'avez pas de jardin ? Comment se connecter au cycle naturel du recevoir-donner quand on vit en appartement ?

La connexion avec la terre va évidemment être plus difficile dans ces circonstances, mais le problème n'est pas insurmontable. Un balcon peut être transformé en un petit jardin d'herbes ou de légumes. Les plantes telles que la consoude ou les pommes de terre, qui ont un système racinaire profond ou étendu, ne fonctionnent pas bien dans les jardins de balcon, mais de nombreux légumes et herbes peuvent prospérer facilement à l'extérieur de votre appartement, même si vous habitez au troisième étage.

La laitue et les radis poussent facilement dans quelques centimètres de terre. Une grande boite de conserve, avec des trous de drainage perforés dans le fond, peut contenir un plant de tomates cerises. Vous pouvez même acheter de grands pots spécialement conçus pour la culture des fraises ! La plupart des herbes aromatiques peuvent être cultivées dans des pots ou des jardinières.

L'entretien d'un jardin de balcon demande plus d'attention, car la Terre-Mère n'est pas là pour vous aider. Les plantes en pot sont plus sensibles aux changements de température et à la sécheresse. Vous devrez vérifier vos plantes au moins tous les deux jours pour vous assurer que leur terre n'est pas trop sèche, les plantes vivaces (plantes qui vivent plus de deux ans) ne survivant généralement pas à l'hiver en pot.

Il n'est pas nécessaire de prier la terre quand vous créez un jardin de balcon. Mais n'oubliez pas que la terre que vous avez transportée jusqu'à votre balcon provenait du corps de la Terre-Mère. Après avoir rempli vos pots ou jardinières de terre, brûlez de l'encens et dites :

*Je demande aux esprits qui dansent dans ce lieu,*
*Je demande aux ancêtres qui veillent sur cet endroit,*
*Je demande à la Terre-Mère et au Père Ciel d'accepter cette offrande d'encens,*
*Et que toujours règne la paix entre nous.*

Si vous n'avez pas de cour ou de balcon, essayez un jardin sur les rebords de fenêtres. Ce sera plus difficile, mais certaines herbes aromatiques pousseront à l'intérieur. La ciboulette et le basilic fonctionnent très bien.

La ciboulette fonctionne mieux comme plante en pot. Même si vous avez dix hectares à votre disposition, pensez à garder un pot de ciboulette sur votre terrasse ou à l'intérieur près d'une fenêtre ensoleillée. Chaque fois que vous servez le dîner avec un plat qui peut être agrémenté de ciboulette fraîche, comme un steak ou des pommes de terre au four, placez votre pot au centre de la table, comme vous le feriez pour un vase de fleurs, et placez une paire de ciseaux de cuisine à côté du pot. Invitez les membres de votre famille et vos invités à couper leur propre ciboulette fraîche !

Que votre jardin soit grand ou petit, que vous souhaitiez cultiver principalement des légumes ou des herbes, ne plantez que ce que vous utiliserez réellement. Une fois, j'ai planté beaucoup de rue dans mon jardin d'herbes parce que cette plante avait l'air magique et intrigante. Elle s'est très bien développée, mais je ne savais pas quoi en faire. Cela ne signifie pas que la rue n'a aucune utilé. J'ai une amie qui est un païenne romaine, et elle en utilise tout le temps. Mais ce n'est pas mon cas. En conséquence, ma rue était très jolie, mais elle occupait un espace de jardin que j'aurais pu utiliser à meilleur escient.

Cela aurait dû s'arrêter là, mais j'apprends lentement. Quelques années plus tard, j'ai planté des radis dans mon potager car j'avais entendu dire qu'ils étaient faciles à cultiver et pouvaient être récoltés en quelques semaines seulement. Et, oui, ils ont très bien poussé. Comme promis, en quelques semaines, j'ai eu une récolte exceptionnelle de radis, une récolte exceptionnelle de quelque chose que je n'aime pas (je retire même les petits morceaux de radis que l'on trouve dans les salades des restaurants). Heureusement, ils n'ont pris de la place dans mon jardin que pendant quelques semaines, mais pendant cette période, j'aurais pu faire pousser quelque chose que j'aime vraiment manger.

Pour réussir à cultiver un jardin, votre première priorité est de planter des ingrédients que vous consommerez avec plaisir. Le but du jardin, après tout, est de vous aider à vous connecter avec la terre en produisant une petite portion de votre propre nourriture.

## Plantation intentionnelle

Jusqu'à présent, nous nous sommes concentrés sur les plantes dont nous nous nourrissons, et pour cause. La plupart des païens décrivent nos nombreuses voies comme une spiritualité « axée sur la terre » et conviennent que le paganisme implique un amour pour la terre. Mais comment pouvons-nous prétendre aimer, ou même comprendre, les rythmes de la terre si nous ne la touchons jamais ? Comment pouvons-nous revendiquer un lien avec la terre lorsque chaque bouchée de notre nourriture est cultivée à l'autre bout du monde ? Grâce au jardinage, nous apprécions ce que le terme « fertilité » signifiait pour nos ancêtres. En nous nourrissant ainsi, nous devenons littéralement une partie de la terre elle-même. Au fur et à mesure que nous travaillons le sol, les cellules de notre peau tombent sur la terre et en font partie intégrante. Nous nourrissons la terre, la nourriture en émerge, et la terre devient une partie de nous lorsque nous ingérons cette nourriture.

Si vous aimez le jardinage, vous pouvez aller plus loin en plantant des herbes et des arbustes qui profiteront à la faune sauvage environnante. Les païens vivent ancrés dans ce monde, pas en dehors de lui. Nos voisins ne sont pas seulement des humains, ce sont aussi des mammifères, des oiseaux, des reptiles, des amphibiens, des arthropodes et d'autres formes de vie présentes dans notre entourage immédiat. Comme toute créature, nous, les humains, devons parfois protéger notre territoire mais, dans l'ensemble, les païens veulent vivre en harmonie avec les enfants de la terre, qu'ils soient à fourrure ou à plumes. Nous pouvons aider nos voisins non humains en leur créant des habitats adaptés. Ces habitats sont destinés à des créatures vivantes et incarnées, mais je crois qu'ils pourraient aussi convenir aux esprits de la nature. En tant que Saxon, j'appelle ces esprits des « elfes », mais d'autres cultures leur ont donné d'autres noms. Les elfes (ou quel que soit le nom que vous leur donnez) nourrissent la nature environnante, et il est donc logique qu'ils apprécient les efforts que nous déployons pour aider à créer un environnement sain et diversifié.

Les abeilles sont élevées en divers endroits par des apiculteurs amateurs et professionnels. Une ruche produit à la fois du miel et de la cire. Les abeilles jouent également un rôle important dans la pollinisation des arbres fruitiers. Le moment le plus difficile de l'année pour les abeilles est le début du printemps, lorsque l'approvisionnement en pollen et en miel de la ruche est épuisé. Les apiculteurs aident leurs petites amies en leur donnant de l'eau sucrée, mais vous pouvez aussi faire votre part. Les saules les attirent et sont d'excellentes sources de pollen et de nectar au début du printemps. Plus tard dans l'année, le trèfle blanc fournit lui aussi du nectar. Le trèfle blanc peut être semé directement dans votre pelouse et profite aux herbes qui y poussent en fixant l'azote dans le sol. Très peu de plantes fournissent suffisamment de nectar pour que les abeilles produisent un excès de miel pour notre usage personnel. Les abeilles collectent le nectar des trèfles blancs et jaunes. Il leur est difficile de récolter le nectar des fleurs de trèfle rouge, mais cette variété est très bénéfique pour les bourdons. Même si vous vivez dans une région qui produit un miel sans trèfle (sarrasin, etc.), votre trèfle blanc sera bénéfique aux ruches locales. Les abeilles sont aussi particulièrement attirées par la sauge, mais elles récolteront également du nectar de la marjolaine, de la sarriette d'hiver, de la mélisse, du thym, de la menthe et d'autres herbes.

Cultiver intentionnellement certaines plantes peut également permettre de nourrir les oiseaux. Vous pouvez leur accrocher une mangeoire (et je le fais) et les remplir d'une nourriture complémentaire à ce que les oiseaux trouvent déjà dans la nature. L'un des meilleurs arbustes pour leur alimentation hivernale est la pyracantha, ou buisson ardent. Ce buisson produit des baies écarlates ou rouge orangé, selon les espèces, qui n'ont apparemment pas très bon goût pour les oiseaux. Le houx sert également le même but. De plus, s'il pousse bien dans votre région, il a un avantage conséquent : vous pouvez couper et ramener ses branches à l'intérieur de la maison pour garnir vos pièces lors de Yule ! D'autres arbustes sont source de nourriture pour les oiseaux en hiver comme l'épine-vinette et le troène.

Lorsque le printemps arrive, de nombreux oiseaux mangent les fleurs de forsythia, de lilas et de chèvrefeuille. Mais à ce stade les oiseaux, plus que de la nourriture, ont besoin d'un logement, en particulier pour la nidification. Les conditions de logement des oiseaux se répartissent en trois catégories : les nids au sol, les nids à cavité et les nids dans les arbres. Nous ne pouvons pas intentionnellement préparer un endroit pour les oiseaux nichant au sol, et les nichoirs conviendront bien aux oiseaux nichant dans des cavités. Mon grand-père a installé différents nids pour les hirondelles noires, les troglodytes et les mésanges.

Les oiseaux nicheurs ont besoin d'arbres et d'arbustes pour construire leur nid, même si aucun arbre ou arbuste ne pourra satisfaire les besoins de toutes les espèces. Certains de ces oiseaux ne construiront des nids qu'aux extrémités des branches. D'autres les érigeront dans le creux en « V » de deux branches. D'autres encore cacheront leurs nids au plus profond des buissons épais. La meilleure façon de fournir des sites de nidification à ces espèces est de leur proposer des arbres et arbustes aussi variés que possible. Certains des meilleurs arbres pour les oiseaux nicheurs sont les pommiers, les aubépines, les érables, les chênes, les pins et les saules. Pour les buissonnants, ce seront les mûriers, les genévriers, les pyracanthas et les framboisiers.

Toutes les créatures sauvages, quelle que soit leur espèce, partagent un besoin commun. Qu'il s'agisse de l'abeille domestique ou de l'écureuil gris, du chardonneret ou de la couleuvre rayée, chacun d'eux doit avoir de l'eau pour survivre. La façon la plus simple d'en offrir à vos voisins ailés est de mettre à leur disposition un bain d'oiseaux. Malgré son nom, le « bain » fournit aussi bien de l'eau pour boire que pour le bain. De plus, les oiseaux ne sont pas les seuls à l'apprécier, car, par temps sec, certains insectes, y compris les abeilles, prennent plaisir à s'y plonger.

Si vous êtes plus ambitieux, un petit étang fournira de l'eau à une plus grande variété d'animaux sauvages. L'étang ne doit pas avoir plus de quelques mètres de diamètre. Il devra être suffisamment profond pour laisser de l'eau sous la glace pendant les jours les plus froids de l'hiver. À une époque, la construction d'un petit étang était une entreprise difficile, mais aujourd'hui, vous pouvez acheter des revêtements pour les mares dans votre magasin de jardinage. Tout ce que vous avez à faire est de creuser un trou, y déposer la toile étanche et de remplir le tout avec de l'eau. Vous pouvez ajouter des rochers autour ou mettre une fontaine ornementale.

Vous pouvez y introduire quelques poissons pour éliminer tout problème avec les moustiques, mais laissez d'abord l'eau se stabiliser pendant quelques jours. L'eau du robinet est traitée au chlore, ce qui tuera vos poissons si vous les installez juste après avoir rempli la mare.

De tels plans d'eau sont souvent appelés « étangs à nénuphars », et c'est une très bonne idée d'en installer un ou plusieurs. Les feuilles flotteront à la surface, aidant à stabiliser la température de l'eau tout en décourageant la croissance excessive d'algues et offrant une certaine protection contre les prédateurs.

C'est la raison pour laquelle votre étang doit être suffisamment profond pour que l'eau ne gèle pas jusqu'au fond. Si vous n'êtes pas sûr de la profondeur de votre étang, renseignez-vous auprès de votre jardinerie. Vous pouvez également laisser les bulbes de lys dans l'étang tout au long de l'année. L'eau du fond peut devenir très froide, mais les poissons et les plantes survivront. De plus, vous pourriez attirer quelques nouveaux voisins sauvages inattendus : des grenouilles ! Mon propre étang est devenu la maison de quelques grenouilles léopards, que je considère comme une bénédiction. Il y a quelque chose de très magique chez les grenouilles, elles vivent dans un endroit liminal entre la terre et l'eau. Dans le folklore, la magie des grenouilles est la magie de la transformation. Cela vient sans aucun doute de leur transformation de têtards en amphibiens, et a inspiré beaucoup de contes.

Tout au long de ce livre, j'ai émis l'hypothèse que la plupart des lecteurs sont des païens vivant dans des environnements urbains ou suburbains avec un espace limité. Vous pouvez être une exception. Si vous avez à votre disposition un coin de nature, envisagez de consacrer une partie de votre terre à un espace sacré pour vos dieux et les esprits de la nature locaux. Nous, les humains, sommes si prompts à exploiter chaque espace disponible, à traverser les territoires naturels avec nos routes et autoroutes, et à détruire ces habitats pour faire place à plus de centres commerciaux. Quel plus grand acte de dévotion peut-il y avoir que de rétrocéder une partie de votre terre à la nature ?

Vous devez le faire avec intentionnalité. Si vous donnez un bout de terrain à vos dieux et aux esprits de la nature, alors ce n'est plus à vous de l'utiliser, mais à eux. Cela peut être une idée difficile à accepter pour certains. Nous avons tendance à vouloir maitriser la terre qui nous environne.

Un tiers de « ma » propriété a été mis de côté pour les elfes. Lorsque j'en ai parlé à un groupe de païens, un homme s'est immédiatement enthousiasmé et a dit : « Nous devrions organiser un rituel là-bas un jour ! », mais si nous le faisions, nous deviendrions trop envahissants.

Là-bas, sur cette terre sacrée que j'ai mise de côté, les chênes et le lierre poussent sans être dérangés. Les petits mammifères se précipitent sans crainte de subir des interférences humaines. Les oiseaux nichent dans les arbres et les arbustes. C'est leur domaine, il ne m'appartient pas. C'est la maison des elfes, des feuillus et des femmes-mousse. C'est dans mon domaine personnel que je cultive du maïs, des courges, des citrouilles et des tomates, les grenouilles m'y saluent le matin et les rouges-gorges à poitrine rouge y cherchent des insectes.

Lorsque nous touchons vraiment la terre, notre spiritualité païenne prend vie.

# CHAPITRE 6
# ÉCORCES ET BRANCHES

Dans le dernier chapitre, nous avons mentionné les arbres comme lieux de nidification pour certains oiseaux, mais les arbres sont bien plus que des habitats pour la vie sauvage. Que ce soit en raison de leur longévité ou de leur taille, les arbres ont souvent un statut supérieur à celui des autres espèces botaniques. « Sauvez cet arbre » est un cri de ralliement des écologistes. Il est peu probable que vous entendiez quelqu'un dire « sauvez ce pissenlit », même si les pissenlits fournissent de la nourriture aux abeilles, repoussent les vers et aident à casser un sol dur. Les pissenlits et la plupart des autres plantes n'exigent tout simplement pas le même degré de respect que nous avons pour les arbres.

Certes, il faut plus de temps pour remplacer un arbre qu'un pissenlit, mais notre préférence découle d'une association spirituelle plus profonde qui se reflète souvent dans les mythes et le folklore païens. Du point de vue saxon, chaque bosquet est le domaine des wuduilfen, les esprits qui nourrissent l'environnement. De plus grandes étendues forestières abritent des êtres spirituels comme les satyres, connus sous le nom de woodwoses. Polluer ou détruire ces lieux sauvages s'apparente à vandaliser la maison d'un voisin. Les arbres eux-mêmes, pour le païen saxon, incarnent des mystères sacrés. Pas moins de cinq de ces arbres (le chêne, le frêne, l'aubépine, l'if et le bouleau) sont décrits dans le *Old English Rune Poem*, un document du X^e^ siècle dépeignant les traditions mystiques associées à 29 symboles runiques connus sous le nom de « Futhorc » (Albertsson, *Wyrdworking*, p. 89-107).

La vénération des arbres par les Saxons s'est transmise d'une génération à l'autre, longtemps après que le christianisme soit devenu la religion dominante en Angleterre. Le plus vénéré des arbres est probablement le chêne. Simpson et Roud disent que le chêne représente « le courage inébranlable, la royauté et l'Angleterre » (p. 264). À l'époque païenne, le chêne était sacré pour Thunor, un dieu du Tonnerre et de la Fertilité. Pour cette raison, il était communément admis (bien que ce ne soit pas vrai) que les chênes ne pouvaient jamais être frappés par la foudre.

La restauration de la monarchie anglaise est célébrée le 29 mai, lors du Royal Oak Day. Le roi Charles II se serait caché dans le creux d'un chêne afin d'échapper à la capture lors de la bataille de Worcester. Depuis son retour à Londres en 1660, tous les 29 mai, on a coutume de porter une feuille de chêne à la boutonnière. Le chêne d'origine qui abritait le roi Charles a maintenant disparu, mais un de ses descendants, appelé « Fils du chêne » *(Son of Oak)*, vit toujours dans le bois de Boscobel.

Le Son of Oak est l'arbre le plus souvent associé à l'évasion de Charles II pendant la guerre civile anglaise, mais d'autres arbres l'auraient également caché des Têtes-Rondes tout le long de l'itinéraire de son exode : un chêne dans le Gloucestershire et un orme dans le Sussex. Charles II semble avoir eu une très bonne relation avec les esprits des bois !

Le « Parlement du chêne » *(Parliament Oak)* dans le Nottinghamshire est appelé ainsi parce que le roi John (ou le roi Edward) y aurait convoqué un parlement.

Le plus grand des chênes célèbres d'Angleterre doit sûrement être le *Major Oak*, dans la forêt de Sherwood. Selon la légende, cet arbre est l'endroit où Robin des Bois aurait réuni ses hommes. Il a vécu pendant plus de mille ans, et son tronc a donc maintenant une circonférence de dix mètres. Les plus grosses branches du *Major Oak* sont soutenues par des poteaux en bois afin qu'elles ne s'effondrent pas sous leur propre poids.

L'aubépine, en Angleterre, est un arbre à la réputation mitigée. Faire rentrer des fleurs d'aubépine dans la maison est censé porter malchance. À l'inverse, la Sainte Épine de Glastonbury était considérée comme un arbre sacré : on croyait qu'il était issu d'une épine prélevée sur la couronne d'épines du Christ. Mais les puritains (qui pensaient que cet arbre avait une influence négative) et un Tête-Ronde (l'un des rebelles puritains qui s'opposaient à la monarchie) finirent par détruire l'arbre. Mais de nombreuses boutures avaient pris et les descendants de l'arbre originel poussent toujours aujourd'hui.

Dans certaines parties de l'Angleterre, l'aubépine aurait des pouvoirs protecteurs. Dans le Herefordshire, les branches d'aubépine étaient traditionnellement brûlées le jour du Nouvel An pour protéger la future récolte des mauvais esprits, ainsi que d'une maladie connue sous le nom de « charbon ».

On pense que le sorbier a des vertus de protection contre la magie noire. Dans le Yorkshire, des rameaux de sorbier étaient suspendus au-dessus des portes et des lits, et remplacés chaque année par de nouveaux rameaux pour recharger ses facultés de protection. Dans le Lancashire, des rameaux de sorbier ont été suspendus au-dessus des lits spécifiquement pour repousser la jument MAR-eh, un esprit malveillant qui attaque les personnes dans leur sommeil.

Dans les cultures germaniques, la croyance veut que plusieurs plans d'existence soient reliés par les racines et les branches d'un vaste Arbre Monde, que les Nordiques nommaient Yggdrasil. Cet Arbre Monde était souvent identifié comme un frêne, mais parfois comme un orme. Ses racines descendent jusqu'au royaume des morts, tandis que ses branches les plus hautes touchent le monde céleste des dieux.

Le Mât de mai est très probablement une représentation de l'Arbre Monde. On dit souvent que le mât est un symbole phallique, mais je pense que c'est une croyance post-freudienne. Le Mât de mai traditionnel européen arborait souvent sur ses « branches » latérales des symboles des métiers présents dans un village et était décoré à son sommet de rubans et d'une branche (Jones et Pennick, p. 113). Rien ne suggère un phallus, mais tout évoque l'image d'un grand arbre. Les symboles commerciaux et les rubans interféreraient avec ceux que nous tressons pour les danses du mât de mai modernes, mais les rubans ne sont apparus que dans les années 1830 (Simpson et Roud, p. 230). Avant cela (et encore dans certaines régions d'Europe) les gens se prenaient par la main (ou restaient seuls) et dansaient autour du Mât de mai ou en solo.

La vénération des arbres n'est pas réservée au nord de l'Europe. Un mythe grec raconte l'histoire de la déesse Athéna et du dieu Poséidon se disputant la possession de l'Attique. Les deux divinités voulaient être souveraines de la région. Pour régler le problème, ils ont relevé un défi et demandé à un roi mortel, Cecrops, de juger lequel était le plus honorable. Poséidon a heurté un rocher avec son trident et une source d'eau salée est apparue (ou un cheval, selon la version. Je pense que le cheval a plus de sens, car à quoi sert une source d'eau salée ?). Athéna a judicieusement créé un olivier. Le roi Cecrops a jugé l'olivier comme la création la plus digne et Athéna a donc régné sur l'Attique.

D'un point de vue hellénique, les forêts et les bois abritent des dryades, ou nymphes des bois. Ils abritent également le satyre, un esprit sauvage semblable à l'homme sauvage anglo-saxon.

La Religio romana, la religion de la Rome païenne, a un dieu nommé Silvain qui préside spécifiquement aux forêts et aux arbres. Ce dieu forestier est le patron non seulement des bois, mais de tous les lieux boisés, y compris les vergers.

L'histoire du dieu Set, qui a assassiné son frère Osiris, est un mythe égyptien. Set enferma Osiris dans un coffre, qu'il jeta dans le Nil. Le coffre flotta sur le fleuve et en mer jusqu'à ce qu'il atteigne finalement la Phénicie. Là, il s'arrêta contre un tamaris, qui poussa rapidement autour du coffre où était Osiris, jusqu'à ce que la déesse Isis (la femme d'Osiris) réclama le cadavre de son mari.

Les païens slaves ont le Liéchi, un esprit à barbe verte des bois qui s'élève aussi haut que les plus grands arbres du cœur des forêts, mais qui à la lisière de la forêt, devient une minuscule créature. Le Liéchi est un esprit espiègle qui induit souvent les mortels en erreur s'ils s'aventurent trop loin dans la forêt, mais il est généralement considéré comme une créature bienveillante.

Les dieux des forêts et les esprits des bois sont communs à de nombreuses voies païennes. Il y a différentes façons pour un païen contemporain d'intégrer ces esprits dans sa pratique spirituelle, et vous le faites probablement déjà ! Aujourd'hui, de nombreux païens installent et décorent des arbres résineux au solstice d'hiver. Vous avez peut-être même entendu dire qu'il s'agissait d'une ancienne tradition païenne qui a ensuite été volée par les chrétiens, mais ce n'est pas vrai. En 575, un évêque portugais se plaignait de la coutume païenne de mettre dans les maisons « des lauriers et des branches » à Noël, mais on n'a installé des arbres dans nos maisons qu'à partir du XVe siècle, et seulement en Allemagne. Il a fallu attendre 400 ans avant que la coutume ne commence à devenir populaire dans d'autres pays.

Cela ne rend pas la tradition de l'arbre de Yule moderne moins valable. Chaque coutume (qu'elle ait cinq ans, cinq cents ans ou cinq mille ans) doit bien commencer quelque part ! L'arbre de Yule est une belle coutume pour les familles païennes, et nous verrons cela plus en détail dans le dernier chapitre de ce livre.

## L'arbre de Litha

Pourquoi ne pas aller plus loin dans la vénération de l'arbre et utiliser un arbre à Litha pour votre célébration du solstice d'été ? Une raison pour laquelle tant de païens aiment la saison de Yule est parce qu'ils l'associent à des moments joyeux.

Les enfants adorent décorer un arbre au cœur de l'été, et c'est tout aussi amusant pour les adultes. Le solstice d'été est opposé à la saison de Yule, il est donc logique de décorer un arbre à Litha parallèlement à l'arbre de Yule.

Cela signifie que vous allez décorer un arbre à l'extérieur plutôt que d'en amener un arbre chez vous. Cela signifie également que vous allez décorer un arbre à feuilles caduques (celui qui laisse tomber ses feuilles à l'automne) plutôt qu'un arbre à feuilles persistantes. Si vous vivez dans un climat chaud où les arbres ne perdent pas leurs feuilles de façon saisonnière, choisissez simplement un arbre qui vous plaît. Il n'y a pas de règle sur la chute des feuilles, mais il est important que l'arbre pousse naturellement à l'extérieur. Lorsque l'arbre de Yule est ramené à l'intérieur, nous célébrons le foyer et la communauté. L'arbre de Litha, en revanche, est une célébration du monde naturel entourant nos maisons.

Choisissez une journée près du solstice d'été pour décorer votre arbre de Litha. Si toute votre famille doit participer, cela se fera probablement pendant un week-end. Choisissez avec soin l'arbre qui recevra cet honneur. Il doit avoir des branches à faible croissance. Vous aurez également besoin de tout ou d'une partie des éléments suivants :

- des pommes de pin séchées
- du beurre d'arachide
- du millet, ou un mélange de « graines pour oiseaux »
- un assortiment de fruits
- une corde
- des ciseaux
- plusieurs couteaux

L'arbre de Litha est une célébration du monde naturel, il vaut donc mieux l'orner de décorations naturelles plutôt qu'en plastique ! Vous pourrez même les fabriquer vous-même, et non seulement elles seront naturelles, mais elles feront aussi office d'offrandes aux wuduilfen ou aux dryades, à Sylvanus ou à Liéchi, ou à tous les dieux ou entités que votre chemin spirituel associe à la forêt. Les jeunes enfants devront être surveillés s'ils utilisent des couteaux et des ciseaux, mais sinon laissez libre cours à l'imagination de chacun ! Chaque décoration doit être fabriquée dans le but d'épauler la faune locale (les oiseaux, les mammifères et les papillons). Certaines municipalités déconseillent de laisser de la nourriture en raison d'une prolifération de rats et autres vermines. Assurez-vous de ne pas enfreindre les règlements locaux.

Coupez une pomme, une orange ou un autre fruit en quartiers et passez une ficelle dans chacun d'eux pour l'accrocher à une branche de l'arbre. Vous avez vos premiers ornements !

À l'aide du côté plat d'un couteau, déposez du beurre dans une pomme de pin. Ensuite, roulez la pomme de pin dans du millet (ou des graines d'oiseaux), en appuyant dessus pour que les graines adhèrent au beurre. Faites passer une corde à travers, et vous avez un ornement complètement différent. Si vous n'avez pas de pommes de pin, coupez une pomme, une poire ou un fruit similaire en quartiers. Étalez sur un côté du beurre, puis pressez-le dans un bol de millet. Ajoutez la corde et vous avez encore un nouvel ornement.

Utilisez votre imagination. Vous pouvez décider de faire des pop-corn et de les enfiler sur une ficelle, vous pouvez aussi prendre des raisins ou des mûres. Une partie du plaisir à décorer l'arbre de Litha consiste à créer de nouveaux ornements.

Une fois que vous avez une bonne variété d'ornements naturels, décorez l'arbre de votre choix. Faites en sorte que ces décorations correspondent à votre chemin spirituel. Après avoir suspendu les fruits et les cônes aux branches de l'arbre, vous pouvez conclure votre action par une courte prière. Elle pourrait ressembler à cela :

*Chers voisins,*
*Esprits de la terre, de l'air et de l'eau,*
*Acceptez ces cadeaux,*
*Puissions-nous vivre à jamais ensemble et en paix.*

Si vous le souhaitez, votre prière pourra être plus longue. Vous pouvez aussi chanter, si cela vous dit, pendant que vous décorez l'arbre. N'oubliez pas que si vos voisins vous entendent chanter pour votre érable depuis votre arrière-cour, vous pourriez leur paraître un peu bizarre. Mais cela vous est peut-être égal.

L'arbre de Litha peut évoluer vers une belle tradition pour vous et votre famille si vous le faites chaque année. Je me souviens être retourné près d'un caryer le lendemain du solstice d'été, alors que nous l'avions précédemment décoré. Un pinson s'envola, surpris par mon arrivée, et des papillons planaient sur les fruits oranges et rouges qui pendaient aux branches. L'arbre était magnifique et il me sembla que les elfes des bois étaient très satisfaits de nos cadeaux.

Après (ou avant) que votre coven ou votre famille ait décoré l'arbre de Litha, il vous sera possible de prolonger la célébration en identifiant les différents arbres qui poussent dans votre quartier. Beaucoup de gens aujourd'hui ne peuvent pas faire la distinction entre un caryer et un frêne, mais c'est principalement parce qu'ils n'ont jamais pris la peine de vraiment regarder les êtres botaniques qui vivent autour d'eux. Procurez-vous un guide d'identification des arbres dans votre librairie ou bibliothèque et impliquez tous vos proches dans cette démarche ! S'il y a des enfants, laissez-les cueillir des feuilles et collez-les dans des herbiers avec le nom de l'arbre d'où provient chaque feuille.

## Le verger urbain

Si vous avez votre propre terrain, vous pouvez planter quelques arbres « décoratifs », mais gardez à l'esprit que tous les arbres sont décoratifs ! Pourquoi ne pas en planter certains qui viendront souligner votre participation au cycle naturel en produisant de délicieux fruits ou noix ? Peu d'arbres sont plus beaux qu'un poirier lorsqu'il fleurit au début du printemps.

Un verger est une zone de terre consacrée à la culture d'arbres qui portent des fruits comestibles. Il n'a pas besoin d'avoir l'apparence d'un verger rural, ni de n'être composé que d'un seul type d'arbre.

L'inconvénient lorsqu'on fait pousser nos propres arbres fruitiers est qu'il faudra quelques années avant de pouvoir déguster leurs fruits, voire même plus. L'avantage est qu'une fois que les arbres commencent à produire, ils ne s'arrêtent jamais ! En regardant vos arbres fruitiers laisser tomber leurs feuilles à l'automne et porter de nouveaux bourgeons au printemps, suivies de belles fleurs, puis de fruits lourds et mûrs, vous éprouverez une satisfaction intérieure à voir se produire devant vous le cycle éternel de la vie. Ensuite, comme avec les légumes que vous cultivez, vous ingèrerez ce fruit dans votre propre corps et ne ferez qu'un avec la terre qui vous entoure.

De nombreux arbres fruitiers sont maintenant vendus en versions standards, naines et même miniatures. Pour le verger urbain, les arbres nains sont souvent le meilleur choix. Vous pourrez avoir plus de fruits, car l'arbre ne grandira pas beaucoup et ne prendra pas trop d'espace sur votre propriété. Si vous avez un terrain particulièrement petit, pensez à un arbre fruitier miniature.

Étant donné que les arbres fruitiers et les arbres à coques nous font profiter de leur générosité au-dessus du sol, vous pourrez planter de nouveaux arbres lorsque la lune sera en phase croissante. Si vous voulez tenir compte de l'astrologie, ces arbres seront plantés lorsque la lune entre dans le signe du Taureau (Riotte, p. 130). Contrairement aux arbres achetés dans une pépinière, ceux commandés en ligne ressembleront, lorsque vous les déballerez, à des bâtons. Ne soyez pas découragé par cette vision et ne pensez pas que vos arbres sont morts. La partie la plus importante de l'arbre (son cœur et son âme) sont ses racines. Après avoir planté votre arbre (ce qui devrait être fait dès que possible après son arrivée), les racines commenceront à recueillir la nourriture et l'eau du sol, et les feuilles pourront alors pousser.

Lorsque vous planterez votre arbre, assurez-vous de bien l'accueillir. Offrez-lui de l'eau. Vous pouvez le faire en versant simplement de l'eau autour de l'arbre nouvellement planté, et n'oubliez pas d'y mettre de l'intentionnalité. Remplissez d'eau un pichet ou une urne propre et arrosez l'arbre. Prenez d'abord un peu d'eau en disant :

*L'eau est la vie.*

*Le Sang de la Terre-Mère,*

*Coule à travers ses artères*

*– Rivières et Ruisseaux –*

*Voyage vers l'océan où toute vie a commencé.*

Maintenant, versez lentement et doucement l'eau restante autour de la base de l'arbre et dites :

*Je t'offre cette bénédiction.*
*Que la vie coule à travers moi,*
*Que la vie te traverse.*

Terminez avec votre phrase d'affirmation, comme décrit dans le chapitre précédent. Vous pouvez remplacer le nom de la Terre-Mère par celui que vous utilisez pour la désigner : Gaïa pour les païens helléniques, Herthe pour les païens saxons, etc. Comme je le souligne tout au long de ce livre, vos rites personnels devraient être pertinents pour vous et fidèles au chemin que vous suivez.

Certains des arbres fruitiers et à coques qui poussent bien dans une grande partie de l'Amérique du Nord sont :

• les pommiers ;

• les cerisiers (vous aurez probablement besoin d'au moins deux arbres de sexe différents pour produire des fruits; on m'a dit que des variétés de cerisiers auto-pollinisant ont été développées, mais je n'en ai aucune expérience personnelle) ;

• des poiriers ;

• des pruniers (vous aurez également besoin de deux sexes différents) ;

• des châtaigniers chinois ;

• des noisetiers ;

• des noyers des Carpates.

Avant de commander des arbres ou de les acheter dans une pépinière locale, découvrez quels fruits et coques poussent bien dans votre région. Il faut planter des arbres de façon appropriée. Tous les arbres ne se plaisent pas dans tous les types de terrain. Cela ne signifie pas que vous ne pouvez pas essayer un arbre qui n'est pas réputé pour apprécier votre région, mais vous devez en être conscient.

## Un arbre pour un autel

Aujourd'hui, de nombreux païens aiment garder des symboles représentant un arbre sur leurs autels. Cela est particulièrement vrai pour certains druides et pour les païens qui suivent un chemin saxon ou nordique pour lequel ce symbole représente l'Arbre Monde. Ce symbole peut être une peinture ou une sculpture en métal par exemple. Mais que pourriez-vous placer sur votre autel qui représente mieux un arbre qu'un… arbre ?

Quand j'étais jeune, mon grand-père m'a présenté la Terre-Mère et ses merveilles. Papa était chrétien, mais il appréciait profondément la nature. Lui et moi passions des heures à pêcher sur un lac dans le centre de l'Arkansas, où il me parlait de la « Terre-Mère » en m'expliquant les habitudes des tortues, des piverts et des jars. Papa avait toujours un tas de magazines de jardinage, et je les parcourais à la maison alors que je m'abritais de la chaleur des après-midis d'été de l'Arkansas. Une chose que j'ai souvent vue dans ces magazines et qui a captivé mon imagination, était les bonsaïs commercialisés (à l'époque) comme des « arbres Ming ». Ce sont les mêmes arbres miniatures qui sont vendus dans les jardineries aujourd'hui : de petits genévriers, avec leurs branches taillées et façonnées en courbes gracieuses et leurs racines confinées dans un pot peu profond. L'idée d'un petit arbre m'a fasciné, et cette fascination n'a pas diminué avec le temps.

Plusieurs années plus tard, une fois adulte, j'ai finalement concrétisé ma fascination et acheté un bonsaï à feuilles persistantes. J'aimerai vous dire que mon bonsaï et moi avons vécu heureux pour toujours, mais ce n'est pas ce qui s'est passé.

Le bonsaï est mort.

Alors je suis sorti acheter un deuxième bonsaï. Et il est mort presque aussi rapidement que le premier. Déterminé, j'en ai acheté un troisième. Il est mort lui aussi.

Après cette expérience, j'ai renoncé à avoir un arbre miniature pendant des années. Évidemment, je pensais qu'il devait y avoir quelque chose de fondamentalement mauvais avec moi, puisque j'avais tué de pauvres petits arbres les uns après les autres. Prendre de la distance avec l'idée d'avoir un « arbre Ming » m'a donné une certaine perspective. J'ai réalisé que je ne me souciais pas vraiment du bonsaï en tant que forme d'art, j'aimais l'idée d'avoir un petit arbre que je pourrais garder dans un pot, sur mon autel.

Finalement, j'ai fait plus de recherches et j'ai découvert que cela ne venait pas de moi. Le problème venait des arbres. Les genévriers ne sont pas des plantes d'intérieur. Je suis sûr qu'il y a des gens qui ont fait prospérer de petits genévriers en pot dans leur salon pendant des décennies, mais pour la plupart d'entre nous, un genévrier ne peut pas être gardé vivant à l'intérieur, pendant très longtemps. Le bonsaï de genévrier gardé par un vrai amateur de bonsaï est généralement conservé à l'extérieur et nécessite une certaine habileté pour l'entretenir.

J'ai trouvé quelques livres sur le bonsaï d'intérieur et j'ai essayé certaines des espèces suggérées. Hélas, mes efforts ont de nouveau abouti à des arboricides accidentels, alors qu'il existe sûrement un arbre qui peut facilement être gardé à l'intérieur en pot (je peux parfois être très têtu) ! Je cherchais un arbre (ou une plante) qui pourrait être conservé dans la maison tout au long de l'année. Une plante d'intérieur. Bien sûr ! Je cherchais une plante d'intérieur !

Une fois que j'ai compris ce que je cherchais vraiment, j'ai pu limiter ma recherche à deux espèces, toutes deux des arbres tropicaux qui supportent bien l'intérieur d'une maison : le ficus *(Ficus benjamina)* et le schefflera, ou « arbre ombrelle » *(Schefflera arboricola)*. Les deux espèces s'adaptent bien, comme un petit arbre d'intérieur, et pourront bien représenter l'Arbre Monde sur votre autel ou dans n'importe quel endroit ensoleillé de votre maison. Ces arbres feront également office de cadeaux intéressants et originaux pour vos amis païens !

Pour créer une représentation miniature de l'Arbre Monde, vous aurez besoin d'un jeune ficus ou schefflera. Vous aurez également besoin d'un bol à bonsaï peu profond. Ces bols sont parfois vendus dans des jardineries ou peuvent être achetés en ligne. Ce bol limitera la profondeur des racines. Les arbres poussant dans un sol peu profond restent naturellement petits.

Coupez les racines au besoin pour les insérer dans le bol. L'arbre aura l'air plus joli si vous le positionnez légèrement sur le côté du bol plutôt qu'au centre. Utilisez du terreau de bonne qualité autour des racines et arrosez soigneusement le pot. Une couche de gravier d'aquarium sur le dessus aidera à maintenir la terre en place lorsque vous arroserez votre petit arbre.

N'hésitez pas à couper toutes les branches qui semblent mal placées. Il n'est pas nécessaire de créer une forme de « bonsaï », sauf si vous souhaitez le faire. Il existe de nombreux livres sur le bonsaï. Sinon, laissez votre petit arbre grandir naturellement.

Si votre arbre est un ficus, il laissera très probablement tomber toutes ses feuilles. Ne paniquez pas. Les nouvelles feuilles qui survivront seront plus petites et plus adaptées à la taille de votre arbre. Après cela, votre ficus pourra laisser tomber ses feuilles périodiquement pour un certain nombre de raisons : si vous déplacez le pot, si l'éclairage change… Généralement, quelques feuilles subsisteront lors de ce processus de mue. Gardez toujours un œil sur votre ficus pour vous assurer qu'il a suffisamment d'eau et qu'il n'est pas contaminé par des nuisibles ou des champignons, mais ne vous figurez pas que la chute des feuilles signifie que votre arbre est prêt à mourir. Le schefflera lui, ne perd pas ses feuilles.

La chose la plus importante à faire à partir de maintenant est de s'assurer que le pot ne s'assèche jamais complètement. Ceci est particulièrement important pendant la première semaine, lorsque votre arbre s'adapte à sa nouvelle « maison ». Un pot peu profond peut sécher très rapidement, alors assurez-vous de vérifier l'humidité du terreau au moins tous les deux jours. L'arbre ne doit pas rester dans de la boue, mais la terre ne doit pas non plus être complètement sèche.

Puisque votre arbre est confiné dans un pot, vous devrez renouveler le terreau tous les deux ou trois ans. Retirez soigneusement l'arbre de son pot. Les racines rempliront probablement tout l'intérieur, laissant très peu de place à la terre. Ne coupez pas plus d'un tiers du système racinaire et rempotez l'arbre avec de la terre de jardin fraîche ou du terreau. Assurez-vous de manipuler votre arbre aussi délicatement que lorsque vous l'avez mis en pot pour la première fois, et assurez-vous de garder le système racinaire humide.

La plante de jade *(Crassula ovata)* est davantage une succulente qu'un arbre, mais si cela vous couvient, elle peut être cultivée comme une belle représentation de l'Arbre Monde. Il y a une vingtaine d'années, j'avais un grand « arbre » de jade en pot qui a suscité les compliments de tous ceux qui l'ont vu. Vous devrez mettre en pot votre plante de jade comme vous le feriez pour un ficus ou un schefflera, puis coupez ce qui dépasse jusqu'à ce que la plante ressemble à un arbre avec un tronc. Gardez toujours « l'arbre » relativement sec et laissez-le autant que possible à l'extérieur pendant l'été.

Quelle que soit l'espèce, votre arbre aura besoin de beaucoup de lumière naturelle pour être heureux et en bonne santé. Laissez-le sur votre autel uniquement lorsque vous en avez besoin pour améliorer un rituel, puis ramenez-le peu de temps après dans un endroit ensoleillé de votre maison. Mes petits arbres passent la plupart de leur temps sur une table basse sous une grande fenêtre afin qu'ils soient sous leur meilleur jour lorsque leur présence est requise sur l'autel.

# CHAPITRE 7
# LES OISEAUX ET LES ABEILLES

La fête chrétienne connue sous le nom de Pâques est célébrée le dimanche suivant la première pleine lune après l'équinoxe vernal. En latin, on l'appelle *Pascha*, les Espagnols l'appellent *Pascua* et les Suédois *Påsk*. Les deux seules langues qui ont préservé le nom de la déesse, qui a déjà été louée et honorée au milieu du printemps, sont l'allemand, qui nomme cette fête *Ostern*, et la langue anglaise, où elle est connue sous le nom de *Easter*.

Très peu d'informations fiables sur la déesse Éastre (ou Éostre) ont survécu. Son nom est lié à notre mot « est », et nous pouvons donc supposer qu'elle est une déesse de l'Aube et, comme sa date de fête est au printemps, elle est également une déesse des Commencements. Sa lune marque le début du mois d'Éostre (Eostremonað), qui fut connu sous son nom romain, *Aprilis* (donnant « avril » aujourd'hui). À l'ère préchrétienne, la fête d'Éostre était l'une des trois grandes fêtes du monde germanique (Jones et Pennick, p. 122).

Les symboles populaires de Pâques tels que les fleurs et les œufs nouvellement éclos sont essentiellement des symboles du printemps. La saison vernale a dû être très importante pour les Anglo-Saxons car les chrétiens anglophones utilisent toujours le mot « carême » (vieil anglais *lencten*, qui signifie « printemps ») en référence aux semaines précédant Pâques. D'autres langues utilisent un mot qui signifie « le temps du jeûne » : *fastenzeit* (allemand), « carême » (français), *cuaresma* (espagnol) et *fastetiden* (norvégien). Mais au Moyen Âge, lorsque les sermons anglais ont commencé à être prononcés dans la langue du peuple, le mot choisi pour le temps du jeûne des chrétiens était *lent*, du vieil anglais *lencten*.

Le printemps.

Il n'y a pas de symbole plus étroitement associé à la saison de Pâques que l'œuf. L'explication officielle est que les œufs représentent une nouvelle vie, mais une raison tout aussi importante, et peut-être plus immédiate, pour laquelle nos ancêtres païens auraient associé les œufs au printemps est leur abondance relative à cette époque de l'année (Simpson et Roud, p. 105). La quantité de lumière à laquelle les poules sont exposées affecte directement la production d'œufs. Dans les « usines » à œufs d'aujourd'hui, les poules sont soumises à un éclairage artificiel presque constant pour assurer une production maximale d'œufs, mais la disponibilité des œufs variait selon les saisons dans les sociétés antérieures. Dans un environnement naturel, les poules commencent à pondre moins d'œufs à l'automne. Au solstice d'hiver, leur production a atteint son point le plus bas. Au fur et à mesure que les jours s'allongent, ces mêmes poules commencent à pondre davantage jusqu'à ce que, au milieu du printemps, chaque poule produise un œuf par jour.

Imaginez ce que cela signifiait pour les premiers peuples païens, en particulier dans les climats nordiques. La nourriture fraîche était un luxe réservé à l'été et à l'automne. À la fin de l'hiver, le village vivait de racines (panais et navets) et de vieux choux. Tout excédent de bétail avait été abattu à la fin de l'automne alors qu'il y avait encore de l'herbe et suffisamment de soleil pour le pâturage, et les techniques de conservation de la viande à l'époque n'étaient pas idéales.

Puis venait la promesse du printemps. D'abord la saison d'agnelage, qui signifiait du lait frais alors que les brebis commençaient à lacter. Et à ce moment-là, les poules produisaient plus qu'un œuf occasionnel. Certains œufs devaient être réservés pour l'éclosion, pour assurer une autre génération de poulets, et seraient placés avec des poules couveuses (qui ne pondent pas pendant qu'elles couvent une couvée d'œufs). Mais s'il restait des œufs après en avoir suffisamment mis de côté, ils étaient synonymes de nourriture fraîche sur la table, des symboles d'une nouvelle vie, en effet ! Pour les premiers peuples païens, les œufs de printemps étaient la vie et une nourriture indispensable après la rudesse de l'hiver.

Bien que la fête d'Éostre ait lieu à la première pleine lune après l'équinoxe de printemps, de nombreuses personnes célèbrent aujourd'hui la « Pâques païenne » à l'équinoxe même. Chaque fois que vous célébrez le printemps, vous pouvez vous connecter avec vos ancêtres et exprimer votre appréciation du miracle qui les a aidés au fil des ans en décorant vos propres œufs. C'est une activité à laquelle toute votre famille, votre communauté ou votre groupe, peut participer, éventuellement le même jour où vous faites des offrandes, un cercle, ou tout ce que votre voie spirituelle vous amène à faire.

S'il y a des enfants dans votre groupe, faites une soirée pyjama. Les adultes peuvent colorer les œufs la nuit, puis les cacher le lendemain matin pour que les enfants les trouvent, tout comme les familles chrétiennes. Mais ne vous limitez pas à la coutume populaire. Voici quelques autres idées pour vos œufs après les avoir colorés.

Avant la Seconde Guerre mondiale, dans de nombreuses régions de l'Angleterre, les enfants roulaient des œufs durs sur un chemin en pente ou à flanc de colline jusqu'à ce qu'ils se brisent. Ils mangeaient alors les œufs fêlés. Vous pouvez présenter cela comme un petit concours amusant pour les enfants. Vous aurez besoin d'une pente où les œufs rouleront facilement. Chaque enfant peut sélectionner un œuf puis le faire rouler à tour de rôle sur la pente. Le gagnant est le dernier enfant avec un œuf intact.

Si vous êtes un païen saxon, colorez vingt-neuf œufs en utilisant un crayon en cire pour marquer chaque œuf d'une rune Futhorc, avant de le peindre. La cire repoussera la peinture, laissant l'image de la rune sur l'œuf. Placez tous les œufs dans un panier ou un grand bol et couvrez-les avec un chiffon. Invitez chaque personne à passer la main sous le tissu et à tirer un œuf. Lisez ensuite le passage correspondant du poème runique décrivant ce symbole. Si la personne le désire, elle peut accepter ce mystère en décortiquant et en consommant l'œuf. Si vous n'êtes pas un païen saxon, vous pouvez faire quelque chose de similaire en utilisant les runes de l'ancien Futhark ou tout autre jeu de symboles divinatoires approprié à votre voie.

Vous pouvez également colorier un œuf pour chacun de vos ancêtres que vous souhaitez honorer. Au début de votre rituel printanier, placez chaque œuf coloré sur votre autel, un par un, en nommant l'ancêtre qu'il représente. Après votre rituel, apportez les œufs dans un endroit privé à l'extérieur et enterrez-les en tant qu'offrandes personnelles à vos ancêtres. Cela n'est évidemment possible que si vous avez votre propre terrain. Ne jamais enterrer des offrandes comme celles-ci dans les parcs ou les jardins publiques.

La façon la plus simple de colorer vos œufs est d'utiliser des colorants chimiques disponibles dans les commerces. Mais pour rester dans l'esprit d'une vie holistique, pourquoi ne pas essayer les colorants naturels ? Ce n'est pas très difficile, et cela peut être plus significatif que de dissoudre des comprimés aux couleurs vives pris dans une boîte décorée avec un lapin de dessin animé.

## Teinture d'œufs naturelle

Vous aurez besoin d'une casserole par couleur, de vinaigre, d'œufs et de tous les fruits ou légumes que vous utiliserez pour les couleurs. Les œufs blancs, bien sûr, sont plus faciles à colorer que les bruns.

Voici quelques plantes courantes parmi lesquelles choisir :

| Ingrédient | Couleur |
|---|---|
| Violettes | Bleu-violet |
| Chou rouge, haché | Bleu |
| Feuilles d'épinard | Vert |
| Écorce d'orange | Jaune |
| Café en grains moulu | Marron |
| Peaux d'oignon jaune | Orange |
| Betteraves | Rose |
| Framboises | Rose ou rouge |

Il y a deux différences notables lorsque vous teignez des œufs naturellement. Tout d'abord, ne faites pas bouillir les œufs en premier : vous allez faire bouillir les œufs en même temps que vous les colorez, donc utilisez des œufs crus. Deuxièmement, vous allez teindre en même temps tous les œufs de la même couleur. Autrement dit, au lieu de tremper un œuf dans une tasse de colorant vert et un œuf dans une tasse de colorant rose, vous colorerez tous vos œufs verts en même temps et tous vos œufs roses en même temps.

Placez les œufs que vous souhaitez colorer d'une couleur particulière dans une casserole, en une seule couche. Couvrez-les d'eau et ajoutez une cuillère à café de vinaigre. Ajoutez votre colorant. Il n'y a pas de quantité définie : si vous ajoutez plus de colorant, cela créera une couleur plus marquée.

Mettez la casserole sur votre cuisinière et portez l'eau à ébullition. Baissez ensuite le feu et laissez mijoter les œufs pendant quinze minutes. Si vous les faites cuire plus longtemps, ils seront trop durs.

Si vous êtes satisfait de la couleur, vous pouvez maintenant retirer les œufs avec une cuillère et les laisser sécher. Si ce n'est pas le cas, retirez la casserole mais laissez reposer les œufs. Si la couleur des œufs n'est toujours pas assez profonde après que l'eau soit à température ambiante, placez la casserole au réfrigérateur et laissez les œufs reposer pendant la nuit.

Vos œufs teints naturellement ne seront pas brillants. Si vous le souhaitez, vous pouvez frotter chaque œuf avec un peu d'huile végétale.

## Poules de basse-cour

Je pense que les traditions saisonnières sont très amusantes et donnent un sens à nos vies. Mais tout comme je ne veux pas que ma spiritualité se termine à la fin d'un rituel, je ne veux pas l'exprimer, la vivre, uniquement pendant les fêtes. Et il n'y a aucune raison pour que l'un d'entre nous le fasse. Une autre façon de vous connecter au rythme naturel de la Terre et de vous impliquer davantage dans le cycle de la vie est d'avoir vos propres poules.

Même si vous vivez en ville, de nombreuses communes permettent aujourd'hui à une famille d'élever plusieurs poules. Il y a généralement des restrictions quant au nombre d'oiseaux que vous pouvez avoir et l'endroit où ils peuvent être situés, alors vérifiez votre règlementation locale. Ils interdisent presque toujours d'avoir des coqs à cause du bruit qu'ils font. Manifestement, certaines personnes trouvent le chant pastoral d'un coq plus dérangeant que des sirènes hurlantes ou des voisins bruyants.

Hormis pour le coq, la plupart des règlementations sont tout à fait raisonnables et reflètent un respect fondamental que chacun devrait avoir pour ses voisins. Mais il y a des exceptions. Une ville du Midwest a actuellement un règlement obligeant les résidents à obtenir la permission écrite de chaque voisin à moins de trente mètres de leur propriété s'ils veulent avoir quelques poules. D'autres règlements dans cette même ville concernent toutes les infractions possibles : bruit excessif, assainissement, etc., et l'on peut donc se demander pourquoi la permission des voisins est nécessaire. Des autorisations écrites similaires ne sont pas nécessaires pour conserver un ara ou un rottweiler. C'est à cause de restrictions comme celles-ci que vous devez vous renseigner sur les règles locales concernant les volailles.

Sinon, avoir une basse-cour est ridiculement facile. Un poulailler pour deux ou trois poules n'a pas besoin d'être plus grand qu'une niche de bonne taille. Les poules auront également besoin d'espace pour courir et se dégourdir les pattes, et cette zone doit être bien clôturée. Construire ou acheter le poulailler et le gérer sera la tâche la plus difficile à réaliser.

Et non, vous n'avez pas besoin de coq. Les poules pondent des œufs, qu'il y ait ou non des coqs qui se pavanent. En fait, vous ne voulez pas de coq à moins d'avoir une douzaine de poules ou plus pour le distraire. Presque tous les coqs sont des amoureux transis et ont la délicatesse nuptiale d'un bulldozer. Un coq fatiguera rapidement trois ou quatre poules, au détriment de leur santé.

Vous vous demandez peut-être combien de temps il faut pour s'occuper de quelques poules. J'ai une perruche dans une cage dans mon salon et trois poules Rhode Island Red dans un poulailler de mon arrière-cour. Prendre soin de mes poules ne prend pas plus de temps que de prendre soin de la perruche. Les deux ont besoin de nourriture et d'eau fraîche chaque jour. Les deux ont besoin que leurs enclos soient nettoyés une fois par semaine, un processus qui me prend environ dix minutes pour le poulailler ou la cage à oiseaux. Il existe cependant une différence significative.

Les poules me nourrissent.

Plus que cela même, elles m'aident à me connecter avec la Terre. Elles font vraiment partie de mon expérience spirituelle en tant que païen. J'expérimente ce que mes ancêtres ont vécu lorsque les longues journées printanières apportaient une abondance d'œufs frais. Je nourris mes trois poules pondeuses avec un mélange acheté dans le commerce, mais elles complètent leur alimentation avec de l'herbe et des insectes de ma cour, et donc quand je mange leurs œufs, je deviens littéralement une partie du monde qui m'entoure.

Si vous décidez d'avoir quelques poules, le poulailler sera votre principal défi. Il existe des sites web donnant des descriptions détaillées de la construction d'un poulailler, et si vous maniez un peu le marteau et la scie, cela vous fera économiser une somme considérable. Je n'ai malheureusement pas ces compétences et j'ai donc acheté mon poulailler. Il sera toujours nécessaire d'assembler le tout si vous choisissez cette option, mais cela n'a rien de bien difficile. L'inconvénient est que le coût de cette structure est comparable à celui d'un chiot de pure race.

Quant à la taille de la structure, la règle standard est de 60 $cm^2$ par poule. La règle du bon sens (que je préfère) préconise « suffisamment d'espace pour que chaque poule soit à l'aise ». Vous devriez pouvoir fermer le poulailler en toute sécurité la nuit. Idéalement, le poulailler devrait avoir au moins une petite fenêtre pour la ventilation et la lumière, et doit être recouvert d'un écran protecteur. Les poules auront besoin d'un perchoir robuste de cinq centimètres d'épaisseur, placé à au moins soixante centimètres au-dessus du sol. Elles dormiront dans le dortoir.

Vous n'avez pas impérativement besoin de nichoirs dans votre poulailler, mais sans eux, les poules pondront leurs œufs n'importe où. La chasse aux œufs si amusante le matin de Pâques perd rapidement de son charme lorsque vous devez le faire tous les jours. Un nichoir doit être de trente à trente-cinq centimètres de largeur et de profondeur, et doit avoir des murs de tous les côtés sauf le devant. En supposant que vous ne gardiez pas plus de deux ou trois poules, deux nichoirs suffiront. Si vous achetez un poulailler préconstruit, il comprendra presque toujours un perchoir et des nichoirs.

La règlementation locale peut exiger que l'enclos (la zone clôturée où vos poules peuvent courir) soit situé à une certaine distance de la propriété de vos voisins. Dans tous les cas, vous voudrez garder vos poules séparées de votre jardin, au moins lorsque vous aurez semé. Les poules gratteront, creuseront et déchiquèteront les jeunes plantes tendres. Une fois ces plantes établies, les poules seront bénéfiques en grignotant des insectes qui, sinon, grignoteraient vos plantes.

Le poulailler doit être un environnement sécurisé. La clôture doit être solide, et certains aiment y ajouter un toit ou une moustiquaire. Pourquoi ? Parce que presque tout le monde aime le bon goût du poulet. Chiens, ratons laveurs, opossums, faucons, renards… s'ils sont carnivores, ils aimeront probablement le poulet. La construction (ou l'achat) du poulailler est la partie la plus difficile de l'élevage de poules, alors donnez à vos oiseaux l'abri le plus sûr possible.

Pour la même raison, faire de la magie protectrice sur le poulailler avant ou juste après y avoir introduit vos volailles est une bonne idée. La façon exacte de procéder dépendra bien sûr de votre chemin spirituel. Un païen saxon pourrait porter le feu (en utilisant une lanterne à huile ou une bougie protégée des courants d'air) autour de l'enclos, en disant :

*Thunor, Gardien à barbe rouge,*
*Que rien ne soit pris ou perdu.*
*Garde bien les créatures qui y habitent ;*
*Qu'elles ne soient pas blessées.*
*Chéris-les, et ne les laisses pas être enlevées.*

Thunor est un dieu de la Protection, et le sort est tiré d'un ancien rituel anglais qui servait à protéger le bétail. Puisque la personne demande l'aide de Thunor, elle pourrait verser par la suite une libation d'hydromel ou de bière.

Les étoiles que nous connaissons sous le nom de Pléiades étaient appelées « poules de Freyja » par les Vikings, de sorte que les païens qui suivent un chemin nordique comme l'Ásatrú ou le Forn Sed pourraient invoquer la protection de Freyja par une nuit claire et étoilée. Les païens romains pourraient demander à Mars de veiller sur leurs poules, tout comme les anciens Romains appelaient Mars à protéger les champs de céréales.

Prévoyez d'avoir au moins deux ou trois poules. Ce sont des créatures sociables. Une poule solitaire se sentirait seule, sauf si vous prévoyez de passer chaque minute en sa compagnie. Deux poules ou plus se tiendront compagnie et vous amuseront avec leurs jeux. Et deux ou trois poules pondront probablement suffisamment d'œufs pour vous et votre famille, à moins que vos poules soient de très mauvaises pondeuses ou que vous ayez une très grande famille.

Dans le chapitre 4, nous avons discuté des animaux de compagnie comme des esprits familiers. Vos poules ne rempliront probablement pas ce rôle. Elles sont très sociables, mais pas très intelligentes. Si elles sont toutes de la même race, il peut être difficile pour vous de les distinguer les unes des autres.

Certaines personnes développent des relations très étroites avec leurs poules, cependant, si vous ne faites pas partie de ce genre de personnes, vous apprécierez toujours beaucoup plus vos volailles si vous les considérez comme des animaux de compagnie que comme des « animaux de ferme ». Vous ne produirez pas des œufs plus efficacement que les producteurs professionnels, et vous n'économisez pas d'argent en produisant vos propres œufs. Cependant, vos œufs seront plus savoureux et vos animaux de compagnie vous apporteront d'autres avantages, tangibles et intangibles.

Vous découvrirez peut-être que le poulet est votre totem personnel. Les poulets, et les poules en particulier, sont associés à la fois à la fertilité et au sacrifice (Andrews, pp. 126-27). Les coqs ont été considérés comme des créatures solaires en raison de leur habitude de chanter au lever du soleil, mais vous constaterez aussi une corrélation solaire avec vos poules en observant comment les heures affectent leur ponte.

Je vous suggère de n'utiliser aucun éclairage artificiel supplémentaire pour stimuler la production d'œufs. Comme je l'ai dit, vous n'allez pas produire des œufs aussi efficacement que les professionnels. Si tout ce que vous voulez, ce sont des œufs, descendez au supermarché et prenez-en une douzaine. D'un autre côté, si vous voulez vous connecter à la nature, laissez vos poules vivre le cycle naturel des saisons : l'allongement des jours au printemps et la diminution de la lumière à l'automne. Personnellement, je pense que c'est mieux pour les poules. Cela ne me dérange pas que mes poules passent quelques jours en janvier sans produire d'œufs. Elles méritent une pause après m'avoir nourri toute l'année !

Vous avez donc mis en place un poulailler. Maintenant, la partie de plaisir commence ! Voulez-vous avoir des poussins ou de jeunes pondeuses ? Les poussins sont l'une des choses les plus mignonnes au monde, et ils sont généralement plus faciles à obtenir que les poulettes (poules de moins d'un an). Les magasins d'alimentation vendent très souvent des poussins au printemps. Vous ne voulez pas de coqs, alors achetez uniquement des poussins qui ont été sexés (examinés pour déterminer si ce sont des mâles ou des femelles). Même alors, l'une de vos femelles pourrait devenir un jeune coq ! Le sexage des poussins n'est pas une science exacte. Les exceptions sont quelques hybrides comme le Red Sex Link et le Black Sex Link qui ont des poussins mâles et femelles de différentes couleurs, et qui peuvent donc être votre meilleur choix si vous voulez commencer avec des poussins.

Les poussins sont délicats. Vous aurez besoin d'équipement supplémentaire, et ils auront besoin de soins pour leurs faire traverser l'enfance. Vous aurez besoin d'une couveuse, qui est une petite cage ou un enclos où les poussins peuvent être gardés à l'abri des courants d'air. Vous aurez également besoin d'une lampe chauffante sur la cage et d'un thermomètre. Placez le thermomètre sur le sol de la couveuse et augmentez ou abaissez la lampe chauffante jusqu'à ce que la température soit de 32 à 35 degrés pour les poussins nouvellement éclos. Chaque semaine, pendant les quatre ou cinq semaines suivantes, vous devrez diminuer la température de cinq degrés jusqu'à ce que la température de la couveuse soit à température ambiante.

Vos poussins auront besoin d'un accès constant à l'eau, qui doit être placée le plus loin possible de la lampe chauffante. Ils ne boiront pas si l'eau devient trop chaude et un jeune poussin se déshydrate très rapidement. Ils auront également besoin d'une alimentation spécifique pour poussins. Si vous n'élevez que quelques poussins, un aliment non médicamenteux devrait convenir, car les maladies qui surviennent dans les grands élevages sont moins susceptibles d'affecter votre petite famille (Kilarski, p. 81).

À mon avis, élever ses propres poussins représente beaucoup de travail pour le peu que vous en retirerez. Peut-être qu'on devrait tous essayer au moins une fois dans sa vie, mais il est beaucoup plus facile de commencer avec peu de poules. Le problème ici est de trouver quelqu'un qui vous en vendra quelques-unes. Les agriculteurs n'auront pas forcément envie de vous vendre des poules de cinq mois qui commencent tout juste à pondre. À moins que vous ne connaissiez quelqu'un, cherchez sur Internet des agriculteurs locaux avec des poules dont ils sont prêts à se séparer. Trouvez quelqu'un de confiance afin de payer le juste prix.

Les agriculteurs sont souvent heureux de se débarrasser des poules plus âgées qui produisent moins d'œufs. Une poule pond mieux pendant les deux premières années, puis son rythme commence à ralentir. La bonne nouvelle est qu'une poule pond tout au long de sa vie, donc une poule plus âgée peut vous convenir si vous ne vous souciez pas du nombre d'œufs qu'elle vous donne.

Les avantages de commencer avec des poulettes ou des poules sont (1) elles sont beaucoup plus résistantes que les poussins, (2) vous n'avez pas besoin d'investir dans une couveuse ni une lampe chauffante, (3) elles commenceront à pondre des œufs tout de suite, et (4) vous pouvez être absolument sûr qu'il s'agit de femelles.

Après avoir choisi entre des poussins ou des poules, vous devrez décider de la ou des races qui vous intéressent. Votre sélection sera limitée par ce qui est disponible près de chez vous, donc c'est une bonne idée d'avoir plus d'une race à l'esprit. S'il y a plusieurs races que vous aimez et que toutes sont disponibles près de chez vous, il n'y a aucune raison pour que vous ne puissiez pas en avoir plusieurs. Les poules ne s'en soucient pas vraiment car pour elles, rien ne ressemble plus à une poule qu'une poule.

Si vous vivez dans un climat chaud ou doux, rien ne vaut la Leghorn pour la production d'œufs. Ce sont de petites poules, elles consomment donc moins de nourriture par œuf que les autres races. Ces œufs blancs que vous achetez au supermarché viennent presque toujours de Leghorns. Parce qu'elles sont petites, elles sont plus susceptibles de voler au-dessus d'une clôture que les races plus lourdes, donc mieux vaut utiliser un enclos couvert. Les Leghorns sont plus sensibles que d'autres aux climats froids.

Pour les œufs bruns, certaines des meilleures races de poules sont les Rhode-Island et les Plymouths : les Rocks, les Rocks barrées et les Rocks perdrix. Les Plymouths se différencient par la couleur de leur plumage. Toutes ces races sont très bonnes et sont assez familières avec les humains. J'ai dans ma cours trois Rhodes-Islands que j'ai nommées Henny, Penny et Jenny. Elles sont toujours ravies de me voir, et ce printemps, elles m'ont chacune donné un œuf presque tous les jours.

J'ai mentionné les poules Sex Link, qui existent en rouge et en noir. La Black Sex Link pond un œuf légèrement plus foncé.

Si vous pouvez en trouver une, une poule Araucana est une bonne pondeuse. Ce qui est intéressant avec cette race, c'est qu'elle produit des « œufs de Pâques » bleu-vert.

Il existe d'innombrables races parmi lesquelles choisir, mais celles que j'ai mentionnées sont parmi les meilleures pour une petite basse-cour. En plus des poules de taille standard, il existe des poulets bantam, plus petits et plus légers. En raison de leur taille et de leur poids, un abri couvert est très important et sera plus adapté en climat doux et pluvieux.

Une fois que vous avez vos poules (que vous les ayez élevées poussins ou achetées adultes), il sera facile d'en prendre soin. Comme tout animal, elles ont besoin d'eau fraîche et propre chaque jour. Nourrir et abreuver vos poules n'est pas plus astreignant que de nourrir et d'abreuver quelques canaris ou pinsons. Pour la nourriture, je recommande des granulés à haute teneur en protéines. J'ajoute un peu de maïs concassé, mais ce n'est pas forcément nécessaire. L'important est que vos poules aient accès à de l'herbe fraîche et à des insectes pour compléter les aliments que vous leur donnez. Lorsque vos poules mangent de l'herbe et des insectes, puis pondent des œufs et que vous mangez ces œufs, vous absorbez l'essence de la terre qui vous entoure. Vous ne faites qu'un avec le monde. Et en prime, l'herbe et les insectes sont gratuits.

Outre l'alimentation et l'eau que vous devrez donner à vos poules, la seule autre tâche que vous aurez à faire sera de nettoyer le poulailler.

Cela doit être fait une fois par semaine et prendra autant de temps que le nettoyage d'une cage à oiseaux. Une paire de gants en caoutchouc vous rendra la tâche plus agréable. Avant de relâcher vos volatiles dans le poulailler, vous pourrez mettre une litière absorbante dans les nichoirs et sur le sol du poulailler. Il peut s'agir de paille ou de copeaux de bois déchiquetés. Chaque semaine, vous devrez retirer cette litière (jonchée d'excréments de poules) et la remplacer par une propre.

Si vous avez un jardin d'herbes ou de légumes, le nettoyage du poulailler ne vous dérangera pas du tout. La Terre-Mère aime le fumier, et vous l'aimerez aussi. Bon, c'est vrai, peut-être que vous ne l'aimerez pas, mais vous l'apprécierez. La litière sale que vous retirerez du poulailler est la matière première qui peut transformer votre jardin en un paradis de plantations.

Tout d'abord, la litière sale doit être compostée. Les fientes de poules ont une teneur élevée en azote et brûleront vos plantes si elles sont appliquées directement sur le sol. Le compostage n'est qu'une façon polie de dire « faire pourrir ». Un tas de compost peut être aussi basique qu'un monticule de matière organique. Mon grand-père avait l'habitude de composter ses tontes de gazon de cette façon, mais il avait beaucoup d'espace pour y déposer des tas de tontes de gazon et n'était pas pressé. La pourriture a lieu au centre du tas, donc le compostage va beaucoup plus vite si vous pouvez le retourner de temps en temps avec une fourche.

Personnellement, j'utilise un bac à compost. Ils sont très pratiques et sont chers à l'achat. Si l'argent est un problème, il sera beaucoup plus économique de construire une poubelle carrée d'un mètre par un mètre en bois usagé. Le bac n'a pas besoin de fond, quatre murets pour contenir le compost suffisent. Chaque semaine environ, vous devrez retourner le compost avec une fourche.

Mettez toute la litière sale dans le bac à compost. La paille ou le bois déchiqueté pourriront avec les excréments. Ajoutez également les mauvaises herbes que vous retirez de votre jardin et les restes de légumes de la cuisine. Tout cela se décomposera et se mélangera pour devenir l'ingrédient magique qui fera fleurir votre jardin. Étalez le compost sur votre jardin en automne, en le labourant ou en passant le râteau sur le sol. Une deuxième couche pourra être ajoutée au printemps avant de commencer la plantation.

À partir de l'âge de cinq mois environ, vos poules commenceront à pondre. Si elles ont accès à l'herbe et aux insectes, vous remarquerez probablement que leurs œufs ont un bien meilleur goût que ceux achetés en magasin.

On m'a demandé à quel âge une poule cesse de pondre. Mais elles n'arrêtent jamais ! Après quelques années, une poule plus âgée pondra sensiblement moins d'œufs, mais elle continuera à en produire tout au long de sa vie.

## La divination avec des œufs

Vous pouvez pratiquer l'une des plus anciennes formes de divination avec vos propres œufs. C'est une pratique connue sous divers noms, comme l'oomantie, l'ovomancie ou encore l'oloscopie : la « divination avec des œufs ». Lorsque vous récupérez un œuf, vous savez exactement quand et où il a été pondu. Lorsque vous tenez l'œuf pondu par l'une de vos propres poules, vous tenez dans vos mains ce moment figé dans le temps et l'espace correspondant au moment de la ponte.

Les anciens avaient différentes techniques pour pratiquer la divination avec les œufs, mais la méthode la plus couramment utilisée aujourd'hui implique l'interprétation de la forme que prend le blanc de l'œuf lorsqu'il est versé dans l'eau. Pour ce faire, réchauffez un chaudron contenant de l'eau fraîche. Si vous n'avez pas de chaudron, n'importe quelle casserole contemporaine suffira. C'est ce qu'est un chaudron, après tout : une casserole médiévale.

Sélectionnez un œuf pondu le jour même et invoquez un dieu ou une déesse de votre voie spirituelle. Personnellement, je prie Woden, qui est un maître de la divination et de la magie parmi les divinités saxonnes. Après votre prière, ouvrez l'œuf avec précaution et séparez le blanc du jaune.

Retirez le chaudron du feu ou de la cuisinière. L'eau doit être chaude, mais pas bouillante. Versez lentement le blanc d'œuf dans l'eau. Le blanc sera clair lorsque vous le verserez, mais deviendra rapidement blanc (c'est pourquoi il est appelé le « blanc ») et adoptera des formes en cuisant dans l'eau chaude. Comme les nuages un jour d'été, certaines formes vous rappelleront des objets ou des créatures. Prenez en compte uniquement les formes qui paraissent ressembler à quelque chose de connu.

La divination des œufs est semblable à la crystallomancie (la divination par une boule de cristal) dans la mesure où elle est extrêmement subjective. Une forme peut signifier une chose pour vous et quelque chose de complètement différent pour quelqu'un d'autre, et cette signification peut varier à différents moments de votre vie. La forme d'un serpent, par exemple, pourrait signifier un danger (si vous avez peur des serpents), un renouvellement (car un serpent renouvelle sa peau), ou une bonne santé (en particulier pour les païens helléniques, pour qui le serpent est un symbole de guérison). Un marteau peut également représenter une construction ou une destruction, car cet outil peut être utilisé pour construire ou pour détruire. Lorsque vous remarquez une forme importante, réfléchissez à ce que cette forme signifie pour vous à ce moment précis.

Ce que vous faites avec le jaune restant est laissé à votre discrétion. Si le présage est bon, vous pourrez peut-être le faire cuire et le manger. Bien entendu, vous ne voudrez peut-être pas faire ça si le présage était mauvais.

## Le nectar des dieux

Il est facile de s'occuper de deux ou trois poules, et cela ne prend que quelques minutes de votre temps quotidien. Si vous voulez vous absenter, même pour un week-end, vous devrez prendre des dispositions pour que quelqu'un puisse nourrir, abreuver vos poules et ramasser leurs œufs. Si c'est plus que ce que vous êtes prêt à faire, il y a un autre animal encore plus facile à avoir qui peut vous connecter aux cycles de la terre. Aucun animal d'aucune sorte n'exige moins d'attention que l'abeille !

Comme pour les poules, de nombreuses municipalités permettent aux résidents de posséder une ruche. On trouve même des apiculteurs amateurs dans les grandes villes.

Vous pensez peut-être : « Mais ce sont des insectes effrayants ! » Oui, et ce sont des insectes qui peuvent vous piquer. Pour cette raison, il est conseillé de prendre un cours d'apiculture avant de s'impliquer activement dans ce passe-temps. Le comportement des insectes n'a rien d'intuitif (de notre point de vue humain). Vous savez ce que cela signifie quand un chien grogne, mais pouvez-vous dire ce qu'une abeille est susceptible de faire ? Lorsqu'une poule est malade, vous remarquerez généralement que quelque chose ne va pas, cependant, sans un enseignement basique, vous pourrez regarder toute une ruche d'abeilles mourantes et penser qu'elles vont bien.

Pourquoi avoir des abeilles ? Il y a plusieurs excellentes raisons :

• Le miel (commençons par ce qui est évident). Si vous préparez de l'hydromel (un vin de miel fermenté), il n'y a rien de plus agréable que d'utiliser votre propre miel. Les pots de votre miel font également d'excellents cadeaux à Yule pour les membres de votre coven, les collègues et les amis.

• La cire d'abeille. La cire de votre ruche peut être prélevée quand vous récupérez votre miel. Celle-ci peut être transformée en bougies rituéliques (un sujet dont nous discuterons au chapitre 9).

• Pour se connecter avec les cycles de la terre. L'apiculture est encore une autre façon d'affiner votre conscience du monde qui vous entoure. Bien que les abeilles nécessitent très peu d'attention, vous devrez peut-être leur fournir de l'eau pendant une sécheresse. Vous attendrez avec impatience les journées chaudes et ensoleillées où il est plus facile de s'approcher de la ruche. Chaque changement dans l'environnement prendra une signification plus profonde pour vous.

• La pollinisation. Les arbres fruitiers et de nombreuses autres plantes à fleurs ont besoin d'abeilles pour aider à transporter leur pollen de fleur en fleur.

• Le plaisir. Avoir une ruche d'abeilles, c'est un peu comme posséder une ville miniature ! Plus vous en apprendrez sur vos abeilles, plus vous les apprécierez. Chaque abeille de votre « ville » aura ses propres fonctions. Certaines seront responsables de la construction des alvéoles, tandis que d'autres fabriqueront de la cire. Certaines aèreront la ruche en été, d'autres s'occuperont des jeunes et d'autres encore monteront la garde à l'entrée de la ruche. Bien que les abeilles aient besoin de très peu d'attention, vous pouvez vous retrouver à « veiller sur la ruche » juste pour le plaisir de voir ce que font vos abeilles.

En ayant une ruche d'abeilles, vous pouvez avoir un matriarcat complexe et prospère dans votre jardin. Votre mini-métropole peut avoir une population dépassant cinquante mille abeilles, mais en fin de compte une seule d'entre elles, la reine, est vraiment importante dans le grand schéma de la vie. Pour votre ruche, la reine est vraiment la Grande Mère. Toutes les autres abeilles sont littéralement ses enfants. La majorité d'entre elles sont des ouvrières qui élèvent des frères et sœurs plus jeunes pour le bien de la ruche et qui stockent du miel pour elles-mêmes et pour vous (pour être parfaitement honnête, elles ne font rien pour vous. Les abeilles domestiques stockent beaucoup plus de miel qu'elles n'en ont réellement besoin, mais la seule raison pour laquelle vous n'enfreignez pas la loi lorsque vous volez ce miel supplémentaire, c'est parce que c'est nous, les humains, qui faisons la loi).

Peu d'abeilles sont des mâles, et ils ne font pas grand-chose. Ce n'est pas parce qu'ils sont paresseux, c'est qu'ils ne sont tout simplement pas équipés pour faire quoi que ce soit. Les abeilles mâles ne peuvent même pas piquer. En automne, leurs sœurs les chassent de la ruche, après quoi ils meurent rapidement. Il y a probablement une sorte de morale dans tout ceci.

L'apiculture est l'une des plus anciennes industries de l'humanité, datant de 2000 avant notre ère, ou même avant. Les premiers apiculteurs ont approché les abeilles comme des êtres sensibles, et cette façon de faire s'est poursuivie à l'époque chrétienne. Dans un manuscrit anglo-saxon du XIe siècle, un sort pour capturer un essaim d'abeilles demande à l'apiculteur de dire :

*Sitte ge, sigewif, sigað to eorðan !*
*Næfre ge wilde à wuda fleogan.*

Dans ce sort, l'apiculteur aborde les abeilles comme des « femmes de guerre » *(sigewif)* et leur ordonne de s'installer. L'apiculteur n'appelle pas une divinité ou une autre entité surnaturelle pour contrôler les abeilles. Au lieu de cela, il s'adresse directement à elles en disant : « Installez-vous, femmes de guerre, ancrez-vous ! Vous ne devriez jamais, sauvages que vous êtes, vers les bois vous envoler » (Griffiths, pp. 195–96).

La tradition populaire appelait l'apiculteur à partager avec ses abeilles les nouvelles de tous les événements familiaux importants : naissances, décès, mariages. Ne pas le faire revenait à invoquer la malchance. La ruche, qui est elle-même une communauté complexe, était considérée comme faisant partie intégrante de la famille.

En tant qu'animal totem, l'abeille symbolise la fertilité et la productivité (Andrews, p. 337). Les abeilles sont sacrées pour Artémis et Déméter, pour Apollon et pour le dieu égyptien Rê. Les abeilles peuvent avoir une signification totémique importante pour les païens qui suivent une tradition liée à la Déesse Mère. Le dard de l'abeille est parfois considéré comme un symbole phallique, ce qui est ironique car seules les femelles (ouvrières et reines) sont dotées de cet accessoire.

L'un des meilleurs moyens de prendre un cours d'apiculture est de contacter l'une des nombreuses associations d'apiculteurs. Si l'association ne propose pas de cours, elle peut très probablement vous orienter vers une structure qui le fait. Elles peuvent également proposer d'autres activités (ateliers, conférences) auxquelles vous pourriez participer.

L'installation initiale sera votre plus gros investissement en temps et en argent. De toute évidence, vous aurez besoin d'une ruche. Je recommande la ruche traditionnelle à cadre mobile Langstroth. La ruche Langstroth est couramment utilisée depuis 1861 et a été introduite dans toutes les régions du monde (Ambrose, p. 13). La majorité des apiculteurs que vous rencontrez ne connaissent que la ruche Langstroth, et les fournitures pour réparer et entretenir cette structure sont facilement disponibles auprès des fournisseurs de matériel apicole.

Vous devrez probablement commander votre ruche et lorsqu'elle arrivera, vous devrez l'assembler. Les pièces en bois seront prédécoupées et devront seulement être clouées ensembles. Ce n'est pas particulièrement difficile.

La ruche Langstroth se compose de composants en forme de boîte appelés « hausses ». Votre kit comprendra probablement deux grandes hausses, également connues sous le nom de corps de ruche, qui finiront par abriter la reine, les ouvrières et les mâles de votre colonie (dans certaines régions, un seul corps de ruche est considéré comme suffisant). Les hausses les moins profondes servent à stocker les excès de miel. Ceux-ci seront ajoutés à votre ruche au besoin. En plus des hausses, la ruche devrait avoir un fond, une grille à reine, un couvre-cadres intérieur et un toit. Les kits comprennent souvent un petit support en bois.

Dans votre cours d'apiculture, vous découvrirez d'autres équipements nécessaires : un lève-cadres, l'outil principal de la ruche (une sorte de pied de biche miniature), l'enfumoir, des vêtements de protection, la brosse à abeilles, une mangeoire et du matériel d'extraction. Vous en achèterez la majeure partie, mais essayez de trouver quelqu'un qui vous permettra de louer un extracteur et un couteau à déboucher. Vous n'en aurez besoin qu'une fois par an, il n'est donc pas nécessaire de les acheter. Inversement, un apiculteur professionnel aura du matériel d'extraction inutile pendant la majeure partie de l'année et pourra gagner un peu d'argent en le louant à un apiculteur amateur. Si vous trouvez un apiculteur qui vous loue le matériel d'extraction dont vous avez besoin, assurez-vous de le rendre en parfait état !

Votre cours d'apiculture aura probablement au moins une session pratique où vous pourrez travailler directement avec des abeilles et surmonter les préjugés des « insectes effrayants » dont souffrent tant de gens. Il est primordial pour vous de le faire avant l'arrivée d'un colis de dix mille abeilles à votre bureau de poste. Votre instructeur, apiculteur expérimenté, vous montrera comment aborder la ruche, utiliser un fumoir et manipuler les cadres sans paniquer.

Vous commanderez vos abeilles auprès d'un fournisseur. Si la diversité des races vous déroute, commandez simplement des abeilles italiennes. C'est une race très populaire et les abeilles sont relativement dociles. J'aime aussi les abeilles Buckfast, mais je pense que chaque apiculteur a son espèce préférée. Normalement, vous recevrez les abeilles sous forme de « paquet » et vous aurez besoin d'une reine de la même variété. En fait, comme je l'ai dit plus tôt, la reine est vraiment la seule abeille qui compte. Si Sa Majesté Royale est une Buckfast, peu importe que vous ayez commandé un paquet d'abeilles italiennes, dans quelques mois, vous aurez une ruche entièrement peuplée de Buckfast.

Vos abeilles arriveront au printemps lorsque les températures seront suffisamment chaudes pour les expédier en toute sécurité. En attendant que les petites dames fassent leurs débuts, vous pouvez faire de la magie protectrice sur la ruche elle-même. Assurez-vous d'aborder cela d'une manière qui exercera une influence apaisante sur les abeilles qui résideront dans la ruche.

Vous demanderez peut-être la protection d'un dieu ou d'une déesse de votre tradition qui symbolise bien les abeilles ou le miel. En tant que païen saxon, je m'adresse à Ing Fréa. Le païen hellénique prierait soit Artémis, soit Déméter. Un païen kémétique (égyptien) pourrait faire appel à Rê.

Que vous utilisiez la magie ou la prière (ou les deux), ne brûlez pas d'encens à l'intérieur ou à proximité de la ruche. Le parfum que vous trouvez agréable pourrait être une source d'irritation aiguë pour les abeilles qui habiteront la ruche.

Lorsque vos abeilles arriveront enfin, vous devrez probablement les récupérer au bureau de poste. Elles seront dans une boîte avec des moustiquaires sur les côtés pour assurer la ventilation. La reine est généralement dans une petite cage spéciale. À ce moment-là, vous aurez déjà préparé votre ruche à l'extérieur et terminé vos cours d'apiculture. Vous devez savoir comment installer les abeilles dans leur nouvelle maison.

Permettez-moi de partager un secret avec vous. Vos abeilles n'ont pas suivi le même cours d'apiculture que vous, et elles n'ont pas pris la peine de lire des livres sur ce sujet. Elles feront donc ce qu'elles veulent, sans se soucier de ce que les humains écrivent ou enseignent à leur encontre. Ne soyez donc pas surpris lorsque vos abeilles n'auront pas le comportement auquel vous vous attendiez.

J'ai appris cela lorsque j'ai installé ma première ruche dans les années 1990. J'ai mis la reine dans sa cage entre deux cadres dans la ruche, comme on me l'avait demandé. Ensuite, j'ai mélangé de l'eau et du miel, et j'ai pulvérisé la boîte à abeilles avec ce mélange afin qu'elles se dirigent calmement dans la ruche. Jusque-là, tout s'était déroulé conformément au plan. Ensuite, j'ai soigneusement ouvert la boîte mais rien n'a fonctionné comme prévu. Aucune abeille n'a calmement et docilement rejoint la ruche. Au lieu de cela, j'ai eu un essaim de milliers d'abeilles volant autour de moi dans un nuage sombre et bourdonnant. Je pense qu'une vingtaine ont réussi à se rendre dans la ruche. Leurs 9 980 sœurs ont plutôt décidé de voler dans le jardin. Mais j'avais la reine en sécurité dans la ruche et, comme je l'ai dit, c'est la seule abeille qui compte vraiment. À la tombée de la nuit, toutes (ou du moins la plupart) étaient entrées dans la ruche et commençaient à s'organiser.

Votre première expérience sera très probablement similaire. Après la période de panique initiale (à la fois pour vous et vos abeilles) pendant l'installation, elles se calmeront, et finalement vous aussi. Rappelez-vous toujours que votre reine est dans la ruche. Si elle se porte bien, la ruche va probablement bien. Et une fois que les petites dames se sont installées, elles se débrouillent à peu près toutes seules. Vous devrez les soigner de quelques maladies qui affectent les abeilles (votre instructeur apicole vous en parlera), les nourrir au début du printemps et vérifier de temps en temps que Sa Majesté Royale est bien en train de pondre. Il faudra s'occuper un peu de la ruche au printemps, puis récolter le miel à l'automne, mais entre ces deux périodes, il n'y a vraiment pas grand-chose à faire. Les abeilles se nourriront toutes seules la majeure partie de l'année et prendront soin de leurs propres besoins.

Que pourriez-vous demander de plus ?

Même si vous ne voulez pas prendre soin de vos propres volailles ou abeilles, vous pouvez toujours vous connecter aux créatures qui vivent autour de vous d'autres façons, notamment en plantant pour fournir de la nourriture et des habitats aux oiseaux. La pyracanthe, le houx, l'épine-vinette, le troène et le symphorine pourpre sont tous de bons choix. Plantez un saule ou un gainier rouge pour fournir au début du printemps de la nourriture pour les abeilles ou semez votre pelouse de trèfle blanc.

Au cours des dernières années, les abeilles domestiques d'Amérique du Nord ont vu leur population diminuer dramatiquement, elles ont ainsi besoin de toute l'aide que vous pourriez leur apporter. Il est très probable que toutes les abeilles qui visitent votre jardin soient en fait des abeilles domestiques appartenant à un apiculteur qui vit à quelques kilomètres, vous aiderez donc également un voisin humain.

Mais que les abeilles, que vous fournissez en pollen et en nectar, soient domestiques ou sauvages, les esprits de la nature seront sans aucun doute ravis et la terre tout autour de vous s'épanouira plus facilement.

# CHAPITRE 8
# CUISINER

Un bon nombre de païens, y compris les Wiccans, les païens celtiques, les païens saxons et les druides ADF, célèbrent une fête païenne importante fin juillet ou début août (dans l'hémisphère Nord) pour honorer les premières récoltes. Le nom gaélique pour cette fête est Lugnasad, et il honore la mémoire de Tailtiu, la mère adoptive du dieu irlandais Lugh. Lugnasad est le nom préféré des païens qui suivent la voie celtique, même si un païen gallois peut préférer le nom gallois Calan Awst (le rassemblement d'août). Le nom saxon pour cette fête est Lammas, du vieil anglais *hláfmæsse*, qui signifie « fête du pain ». Ce nom est préféré par les païens qui suivent des chemins d'inspiration germanique tels que le Fyrn Sidu ou le Seax-Wicca.

Le mot « Lammas » nous raconte quelque chose sur cette fête. C'était une célébration non pas tant des céréales récoltées, mais plutôt du pain qui peut être fabriqué à partir de ces céréales. Les fruits et légumes peuvent être cueillis et consommés immédiatement, mais le fait est qu'une grande partie de notre nourriture doit être cuisinée. Le beurre, le fromage, le pain, le vin et la confiture ne poussent pas sur les arbres. Même les aliments qui n'ont pas besoin d'être préparés, ceux qui sont prêts à être consommés directement depuis le potager, doivent souvent être conservés d'une manière ou d'une autre. Les cultures maraîchères ne livrent pas leurs produits dans les proportions parfaites pour les repas et les légumes mûrissent d'un seul coup sur une période de temps relativement courte. Au moment où j'écris ceci, ma cuisine est remplie de courgettes et de courges jaunes qui devront être conservées pour éviter qu'elles ne pourrissent.

En conservant votre nourriture, vous pourrez vous connecter avec vos ancêtres paléopaïens et développer une sensibilité plus profonde pour le miracle de la nourriture que la terre nous offre. Pour les païens, des activités comme celle-ci deviennent encore plus significatives lorsqu'elles sont sacralisées et intégrées à nos calendriers rituéliques.

Traditionnellement, dans le nord de l'Europe, le pain était cuit avec un mélange de céréales et avec de la farine de blé pour fournir du gluten à la pâte. Le blé est généralement prêt à être récolté autour du solstice d'été, même si le moment exact dépend des conditions météorologiques. Mais le blé mûr n'est pas prêt à être consommé. Une fois récolté, le blé doit sécher. Le blé sera ensuite battu pour séparer les grains, puis vanné pour retirer la balle et finalement broyé entre des pierres pour produire une farine utilisable.

Dans les sociétés préindustrielles, tout cela prenait du temps. Lorsque les grains de blé étaient enfin devenus de la farine de blé, les gens pouvaient célébrer Lammas, ou Calan Awst, ou quel que soit le nom des fêtes estivales de votre tradition.

Je ne suggère pas que vous reproduisiez tout ce processus, de la plantation du blé à la cuisson du pain, même si on peut faire beaucoup de choses en étant inspiré. Je connais deux païens du Missouri, un frère et une sœur, qui l'ont fait. Le frère (avec le soutien de sa charmante épouse) plante le blé et le récolte, et la sœur moud une partie du blé récolté et cuit les pains. À travers chaque cycle annuel de semences et de récoltes, ce frère et sa sœur, ainsi que leurs familles, expérimentent sur le terrain les mystères divins de la mort et de la renaissance de la Terre-Mère. Ensemble, ils suivent intentionnellement un *Hal Sidu*, une tradition holistique.

## Un pain de Lammas facile à faire

Aujourd'hui, pour la plupart des gens, passer de la graine au pain serait une sacrée aventure. Pour beaucoup, la simple transformation de la farine en pain est un défi. Mais dans notre monde moderne, vous pouvez toujours célébrer un « festival du pain » même si vous ne savez pas en faire. Dans le rayon surgelés de la plupart des supermarchés, vous pouvez trouver de la pâte à pain surgelée, précuite ou non. La taille est adaptée aux fours modernes, vous n'aurez qu'à faire cuire aux températures prescrites et vous aurez un beau pain frais vingt à trente minutes plus tard. Mais je vais vous proposer une technique un peu différente.

Lorsque Lammas approche (vers la fin du mois de juillet pour l'hémisphère Nord ou la fin du mois de janvier au sud de l'équateur), achetez suffisamment de pâte à pain surgelée pour l'ensemble de votre coven ou de vos proches, en gardant à l'esprit qu'il suffit de peu de pâte pour avoir une quantité surprenante de pain. Mettez la pâte dans votre réfrigérateur la nuit avant que votre groupe ne se réunisse pour cette fête.

Le lendemain, la pâte sera décongelée. Et c'est maintenant que la partie amusante commence. Vous pouvez couper le « pain » en deux ou en trois, ou en torsader deux ensembles pour créer un pain de très grande taille. Vous n'allez pas cuire vos pains de Lammas dans des moules à pain standards, donc les tailles et les formes sont presque illimitées. Essayez de couper un pain en trois bandes de taille égale et de les tresser ensemble. Formez un pain pour qu'il ressemble à une personne ou à un animal (astuce : lorsque vous moulez des formes humaines et animales, faites-les minces. Le pain s'épaissit considérablement à mesure que la pâte se lève). Vos pains peuvent prendre la forme d'un soleil, d'un croissant de lune ou de spirales et de tout ce qui vous inspire.

De plus, vos pains de Lammas n'ont pas besoin d'être du pain de blé ordinaire. Avant de façonner un pain, vous pouvez hacher des noix ou de la cannelle avec des raisins secs. Là encore, vous n'êtes limité que par votre imagination.

Au lieu d'utiliser des moules à pain, faites cuire vos créations sur des plaques à biscuits. Vaporisez ou enduisez la plaque à biscuits avec de l'huile avant de mettre la pâte dessus. Je trouve en outre qu'il est plus facile de préparer et de façonner la pâte avant de la placer sur la plaque à biscuits.

Maintenant, vous devez attendre que la pâte se lève. Puisqu'elle a déjà décongelé, cela ne devrait pas prendre plus de deux ou trois heures. Préchauffez votre four à la température indiquée sur l'emballage, puis mettez les plaques à biscuits au four. Ajustez l'heure en fonction de la taille de votre pain. Vérifiez la cuisson fréquemment après les quinze premières minutes. Lorsque l'extérieur d'un pain est brun et croustillant, c'est qu'il est prêt.

Vous pouvez faire cuire vous-même ces pains de Lammas, mais c'est une activité que tout le monde dans votre famille appréciera. Même les enfants peuvent participer au plaisir de faire des petits pains de Lammas. Organisez un concours du plus joli pain par exemple. Les résultats de votre travail peuvent faire partie du festin de Lammas ou être donnés en offrandes à vos dieux, ou les deux.

## De la farine au pain : un pain rapide et simple

Si vous voulez acquérir de l'expérience dans la confection d'un pain « de A à Z », mais que vous êtes débutant, orientez-vous vers la réalisation d'un pain rapide. Il s'agit d'un pain qui se lève en cuisant, sans utiliser de levure. Comparé au pain à la levure, le pain rapide est très facile à faire.

Vous aurez besoin de farine auto-levante, de sucre et d'une canette de bière de 30 centilitres. Assurez-vous d'avoir de la farine auto-levante. Quant à la bière, n'importe laquelle fera l'affaire, mais une bière pleine d'arômes donnera un pain plus savoureux.

Préchauffez votre four à 180 °C. Pendant que le four chauffe, tamisez 3 tasses de farine auto-levante avec 26 grammes de sucre. Ouvrez la canette de bière et versez-la dans le mélange en remuant (vous pouvez aussi utiliser une bière en bouteille). Mettez le mélange dans un plat à pain ou sur une plaque à biscuits et faites cuire au four pendant 35 minutes.

C'est tout ce qu'il y a à faire. Les pains rapides sont si faciles à faire que vous vous demandez peut-être pourquoi quelqu'un aurait recours à la pâte congelée pour ses pains de Lammas. Il y a deux raisons. Tout le monde n'aime pas le pain rapide. Il est considérablement plus lourd à digérer que le pain à la levure. La deuxième raison est qu'il ne peut pas être façonné aussi facilement que la pâte congelée (après sa décongélation).

Vous pourrez essayer tout type de pains, cela vous fera de la pratique.

Il parait évident de faire du pain à Lammas mais, selon votre chemin spirituel, il peut y avoir d'autres saisons où cela peut être tout aussi significatif, voire même plus. Je fais également cuire au moins un pain à la saison opposée, pendant le festival de fin de l'hiver connu sous le nom d'« Imbolc », « Candlemas » ou « Ewemeolc ». Les premiers Saxons proposaient des *sol-cakes* c'est-à-dire des « gâteaux de boue ». Bien sûr, les gâteaux eux-mêmes n'étaient pas faits de boue, ils étaient enterrés dans la terre boueuse comme offrandes. Je fais habituellement un pain avec de la farine d'avoine pour mon offrande de *sol-cake* (*sol* est un mot en vieil anglais qui signifie « boue » ou « sable humide ». Comme les premiers scribes anglais étaient chrétiens, le mot latin *sol*, qui signifie « soleil », apparaît souvent dans les manuscrits anglo-saxons. Dans le contexte des *sol-cakes*, cependant, il est bien plus probable que les premiers anglais auraient utilisé leur mot natif *sunne* s'ils avaient considéré ces offrandes comme des « gâteaux de soleil »).

## Sol-cakes

Nous ne savons pas comment les premiers Saxons païens ont fait leurs *sol-cakes*, et la recette suivante est évidemment assez moderne. Après tout, les premiers Anglais n'avaient ni avoine à cuisson rapide ni cassonade ! Elle est aussi plus compliquée que la précédente recette de pain, mais le mélange de farine d'avoine et de farine de blé peut se rapprocher plus étroitement des pains aux céréales de l'Europe préchrétienne.

Vous aurez besoin des ingrédients suivants :

236 mL de lait

180 g d'avoine à cuisson rapide (non cuite)

2 œufs battus

1 plaquette de beurre fondu

110 g de cassonade

290 g de farine

10 g de levure chimique

3 g de sel

Préchauffez votre four à 180 °C et graissez un moule à pain. Mélangez le lait et 145 grammes d'avoine dans un grand bol en remuant soigneusement. Ajoutez les œufs battus, le beurre fondu et la cassonade. Dans un autre bol, mélangez la farine, la levure chimique et le sel. Videz le tout dans le premier bol et mélangez bien.

Versez la pâte obtenue dans le moule à pain. Saupoudrez les 35 grammes d'avoine restants sur le dessus. Cuire au four 1 heure.

Ce gâteau peut être utilisé comme offrande par des personnes qui suivent presque tous les chemins païens. Les Wiccans peuvent l'utiliser comme un délicieux gâteau de sabbat.

## Trier les aliments

Si vous avez produit une partie de votre propre nourriture, même dans un potager de taille moyenne, vous avez déjà pris conscience d'un défi auquel nos ancêtres paléopaïens étaient continuellement confrontés : la Terre-Mère ne livre pas sa générosité en portions égales chaque jour. Au début de ce chapitre, j'ai mentionné le tas de courgettes et de courges jaunes dans ma cuisine. En un après-midi, j'en ai haché et congelé 20 litres, puis je suis sorti pour planter presque autant de nouvelles courges. Des paniers entiers de maïs sont venus s'ajouter, mais il y a une limite à la quantité de maïs que je peux ingérer en un seul repas. Maintenant, nous attendons les tomates.

Comme ce serait plus simple si une tête de laitue, deux tomates, une courgette et deux épis de maïs (et rien de plus) étaient prêts à être cueillis chaque jour ! Hélas, si nous voulons avoir une connexion intime avec la terre, nous devons accepter l'idée selon laquelle nous ne sommes qu'une petite partie du grand schéma de la vie. La Terre-Mère n'est pas notre servante. Sa générosité nous est livrée en son temps, et c'est à nous de préserver ce que nous ne pouvons pas consommer. Sinon, nous ne pourrons que regarder, impuissants, les excès de nourriture pourrir.

Même si vous n'avez pas le temps ou le désir de cultiver vos propres légumes, la conservation des aliments est un outil utile pour entretenir votre connexion avec la terre. Les agriculteurs proposent des produits cultivés localement tout au long de l'été sur les marchés de producteurs et les stands en bordure de route. Lorsque vous mangez des aliments cultivés localement, vous devenez littéralement une partie de votre environnement en absorbant la générosité de la terre dans votre corps. À un niveau moins ésotérique, vous soutenez également votre économie locale ! Le seul problème est le même auquel sont confrontés les païens qui cultivent de la nourriture dans leur propre jardin : tout aliment donné devient mûr et disponible en même temps, à la même période de l'année.

Lorsque vous faites vos courses dans un marché de producteurs, ne présumez pas que les produits sont cultivés localement. Posez des questions et soyez précis dans la formulation. « Frais » est un terme vague. « Local » aussi. Où exactement les produits ont-ils été cultivés ? Quand ont-ils été cueillis ? Renseignez-vous afin de savoir quand des cultures spécifiques sont en saison dans votre région. Les gens qui vendent des produits sur les marchés de producteurs sont comme tous les autres marchands : certains sont très éthiques, d'autres moins. Dans une certaine mesure, vous devrez faire confiance au vendeur, mais il est bon de vous renseigner sur les légumes que vous avez l'intention d'acheter.

Il n'y a pas non plus de prérequis éthiques pour l'exploitation d'un stand en bordure de route, mais vous pouvez généralement supposer que les légumes vendus sont vraiment cultivés localement. Néanmoins, demandez au vendeur où et quand le produit a été récolté. La plupart des agriculteurs apprécieront votre intérêt et vous en apprendrez plus sur la provenance de vos aliments.

Le moyen le plus simple pour le païen du XXI^e^ siècle de conserver les aliments est peut-être simplement de les congeler. Ce n'est certes pas une tradition ancienne, mais cela l'aurait certainement été si nos ancêtres avaient possédé la technologie pour construire des congélateurs électriques. Le stockage cryogénique des aliments est le meilleur moyen de conserver les nutriments qui pourraient autrement être perdus.

Les enzymes des légumes surgelés peuvent provoquer la décoloration des légumes, de la texture et de la saveur. Ceci est évité en blanchissant les légumes avant de les congeler. Le blanchiment est un processus facile qui consiste à faire bouillir ou cuire à la vapeur les légumes pendant quelques minutes. Que vous choisissiez de le faire ou non dépendra de la manière et du moment dont vous prévoyez d'utiliser le légume. Je ne blanchis jamais ma courge d'été parce que je l'utilise dans des plats où la couleur et la saveur disparaissent de toute façon. Cependant, si l'apparence et la texture du légume sont importantes, ou si le légume sera conservé congelé pendant plus de deux mois, le blanchiment est recommandé.

Avant de blanchir et de congeler, et même, avant de commencer tout processus de conservation de vos aliments, vous voudrez peut-être demander l'aide et les conseils d'une divinité protectrice. Pour moi, le dieu Thunor est le choix le plus logique. Je crois que la prière doit venir du cœur et non pas être récitée comme une incantation magique, mais mes mots vont généralement être quelque chose comme ceci :

*Thunor, le plus fort des dieux,*

*Protège cette nourriture et garde-la en sécurité.*

*Que ni lutin ni púca ne salissent ces dons de la terre.*

*Tout comme ce tribut qui ne se gâtera pas,*

*Je vous honorerai toujours avec une foi indéfectible.*

Blanchir chaque variété de légumes séparément. Coupez les légumes en morceaux de taille égale ne dépassant pas 2 ou 5 centimètres de diamètre. Utilisez environ 4 litres d'eau pour chaque 500 grammes de légumes. Amenez l'eau à ébullition avant d'y plonger vos légumes. La façon la plus simple de blanchir vos légumes est de les placer dans un saladier en métal puis de les plonger dans l'eau bouillante. Commencez à compter le temps de blanchiment dès que l'eau recommence à bouillir.

La durée de blanchissement varie en fonction du légume :

• Haricots verts : 3 minutes. Vous pouvez blanchir les haricots entiers ou les couper en morceaux, selon votre préférence.

• Brocoli : 3 minutes. Couper en morceaux de 4 centimètres.

• Carottes : 2 minutes. Elles peuvent être coupées en dés, en tranches ou en bâtonnets, selon vos préférences.

• Blé : 4 minutes. Blanchir les épis entiers puis les égrainer par la suite. Si vous voulez le conserver intact sous forme d'épi, blanchissez-les pendant environ neuf minutes. Ajoutez ou soustrayez deux minutes de cela si les épis sont particulièrement grands ou petits.

• Gombo : 4 minutes.

• Poivron : 2 minutes. Le couper en lamelles.

• Courge d'été : 3 minutes.

Vous aurez également besoin d'une deuxième casserole d'eau froide (60 °C ou moins) pour y plonger les légumes juste après les avoir retirés de l'eau bouillante. Ceci sert à arrêter immédiatement le processus de cuisson. Mettez une poignée de glaçons dans cette casserole d'eau pour vous assurer qu'elle sera assez froide. Le temps de refroidissement est le même que le temps de blanchiment d'un légume.

Après refroidissement, laissez bien égoutter les légumes avant de les sceller dans des sacs de congélation en plastique.

Tous les légumes ne se prêtent pas à la congélation. Cela comprend tout ce qui ne se cuit pas avant d'être consommé. La laitue en est un bon exemple. Même sans blanchir, la laitue congelée sera flétrie et ramollie lorsqu'elle dégèlera.

Le meilleur moment pour conserver les légumes, que ce soit par congélation ou mise en conserve, est lorsque la lune décroît (passant d'une pleine lune à la lune noire).

## Mettre en conserve

Bien que plus compliquée que la congélation, la mise en conserve présente ses propres avantages pour conserver les aliments. Les aliments en conserve peuvent être stockés pendant littéralement des années, et vous pourrez ainsi conserver les fruits de votre travail même après une longue panne de courant.

Il existe deux procédés de mise en conserve : la conserve sous pression et la conserve au bain-marie. La conserve sous pression est difficile et nécessite un équipement spécial. Vous pouvez essayer, mais la conserve au bain-marie est plus facile pour les débutants. L'inconvénient de la conserve au bain-marie est qu'elle ne convient qu'aux légumes à forte teneur en acide. L'un de ces végétaux le plus populaires à une grande teneur en acide : j'ai nommé la tomate !

Pour mettre les tomates en conserve, vous aurez besoin des éléments suivants :

• Une casserole à bain-marie. Il s'agit essentiellement d'un grand bac avec un support en métal pour contenir des bocaux.

• Un grand contenant en métal, pour faire bouillir et cuire vos tomates.

• Des bocaux de conserve. Vous les trouverez dans la plupart des supermarchés. Il en existe en format de 1 litre et de 50 centilitres, mais mieux vaut choisir de grands bocaux.

• Des couvercles spéciaux. Ce sont des couvercles plats avec un rebord en caoutchoux. Ils ne peuvent être utilisés qu'une seule fois mais ils sont très peu chers.

• Des anneaux. Comme les bocaux, les bandes métalliques qui maintiennent les couvercles en place peuvent être utilisées à plusieurs reprises.

• Un attrape-bocal. Cela ressemble à de larges pinces. Elles sont utilisées pour soulever les pots de l'eau bouillante.

• Une louche.

• Un entonnoir (facultatif).

• Beaucoup de tomates.

La première chose que vous devrez faire est d'éplucher vos tomates. Remplissez à moitié la casserole d'eau et portez-la à ébullition. Ajoutez autant de tomates que possible et faites-les bouillir pendant 3 minutes. Égouttez les tomates bouillies, puis mettez-les dans l'eau froide. Vous pouvez utiliser un autre pot pour cela, mais personnellement, je remplis juste un évier de cuisine propre avec de l'eau et j'ajoute quelques glaçons. Coupez ensuite les tomates en quartiers et remettez les morceaux dans la casserole, mais cette fois sans eau. Gardez les peaux pour votre compost !

Vous pouvez stériliser vos bocaux en utilisant votre lave-vaisselle, qui a un cycle de stérilisation. Mais vous pouvez également remplir la casserole d'eau, porter l'eau à ébullition et stériliser vos pots dedans. Ils doivent rester dans l'eau bouillante pendant une dizaine de minutes.

Après avoir épluché les tomates, prenez un moment pour prier pour l'aide et les conseils d'une divinité protectrice, comme décrit précédemment pour la congélation des légumes.

Portez à ébullition le pot de morceaux de tomates en remuant fréquemment. Les tomates doivent mijoter pendant 10 minutes. Il est très important de remuer les tomates, sinon elles colleront et brûleront.

Vos tomates sont maintenant prêtes à être conservées ! À l'aide d'une louche, remplissez soigneusement chaque bocal. Vous allez comprendre pourquoi je recommande d'utiliser uniquement des bocaux à large ouverture. Tout prudent que vous soyez, vous aurez des tomates qui se renverseront (un entonnoir n'est pas forcément nécessaire, mais cela facilitera beaucoup la tâche). Essuyez le haut et les côtés de chaque bocal avec une serviette propre. Après cela, mettez 5 grammes de sel dans chaque pot d'un litre, et un peu plus de 2 grammes dans ceux de 50 centilitres. Mettez le couvercle sur le bocal et vissez-le sans serrer avec un anneau.

Mettez autant de bocaux que possible dans la casserole et recouvrez-les complètement d'eau. Portez cela à ébullition. Laissez bouillir pendant une dizaine de minutes.

À l'aide de la pince pour bocal, soulevez très soigneusement chaque bocal hors de la casserole et placez-le sur une table ou un comptoir. Laissez les bocaux refroidir à température ambiante. Pendant le processus de refroidissement, vous entendrez des bruits de claquement alors que les bocaux se scellent. Lorsque vous posez les couvercles sur les bocaux, vous remarquerez que chaque couvercle a une légère bosse (appelée dôme) au centre. Après que le couvercle ait « sauté », cette bosse disparaîtra et le couvercle redeviendra plat et lisse.

Ce claquement ne veut pas forcément dire que vos bocaux sont correctement scellés. Une fois refroidis, touchez les couvercles pour vous assurer qu'ils sont bien plats et scellés. Si un couvercle a toujours sa bosse, le bocal ne sera pas scellé. Cela ne signifie pas qu'il y a quelque chose qui s'est mal passé avec les tomates, mais vous devrez garder ce bocal au réfrigérateur et le consommer rapidement. Vissez maintenant l'anneau de serrage fermement sur chaque bocal scellé.

Les tomates en conserve sont idéales pour faire de la sauce bolognaise ou du chili. Et c'est encore mieux si les tomates proviennent de votre propre jardin.

## Faire de la confiture

Si vous cultivez des fruits rouges (fraises, myrtilles, etc.), il est facile de faire votre propre confiture maison. Si vous ne cultivez pas de fruits rouges, vous pourrez peut-être en trouver chez les agriculteurs locaux. Vous aurez besoin de :

• Une casserole à bain-marie

• Un grand bocal

• Une grande cuillère en métal

• Des bocaux, couvercles et anneaux. Pour la confiture, je recommande des pots plus petits.

• Un attrape-bocal

• Une louche

• Des fruits rouges

• Du sucre

• Du jus de citron

Comme pour la conserve, le meilleur moment pour faire de la confiture est lorsque la lune décroît.

En premier lieu, il vous faut écraser les fruits. Vous pouvez utiliser un fouet ou un mixeur, mais certaines personnes pensent que cela en diminue la saveur. Broyer les fruits avec un pilon fonctionne très bien. Ensuite, stérilisez vos pots (voir la section précédente sur la mise en conserve).

Mélangez 200 grammes de fruits écrasés avec 200 grammes de sucre et 15 millilitres de jus de citron. Mettez le tout dans le grand pot. Le pot semblera surdimensionné, mais la confiture va bouillir pendant la cuisson. Si vous utilisez quelque chose d'extrêmement grand, comme une casserole de bonne taille, vous pouvez doubler la quantité de fruits, de sucre et de jus de citron.

Portez lentement à ébullition à feu moyen et remuez fréquemment. Après l'ébullition, réduisez le feu pour maintenir une ébullition douce. En d'autres termes, des bulles devraient apparaître, mais sans que cela n'explose ! Remuez de temps en temps pour vous assurer que cela ne brûle pas. Passez la cuillère dans la confiture et soulevez-la, en laissant couler la confiture. Remarquez comment elle coule de la cuillère.

Il est important de vous familiariser avec la façon dont la confiture s'écoule, car vous allez la surveiller pendant la cuisson pour voir comment elle s'épaissit. Passez de temps en temps la cuillère dans la confiture et laissez-la s'écouler. Lorsque la confiture est prête, elle commencera à s'épaissir.

Retirez la confiture du feu et utilisez votre cuillère pour écumer la mousse. La mousse peut être jetée.

Versez la confiture chaude dans chaque pot, puis mettez les couvercles et vissez-les avec les anneaux. Lorsque vous avez suffisamment de pots, mettez assez d'eau dans votre casserole pour couvrir complètement les pots (mais ne les mettez pas encore) et portez à ébullition. Lorsque l'eau boue, mettez les pots de confiture sur la grille métallique et abaissez-les dans la casserole. Laissez les bocaux bouillir pendant 15 minutes complètes.

Enfin, utilisez le pince-bocal pour soulever chaque bocal de la casserole. Laissez-les refroidir à température ambiante. Comme pour les tomates en conserve, soyez attentifs aux claquements lorsque les pots se scellent et assurez-vous que chaque pot est complètement et correctement scellé.

## Faire de l'hydromel

Pendant que nous parlons de l'art alimentaire, je dois mentionner la fabrication de l'hydromel. L'hydromel est une boisson au miel fermenté qui était autrefois une boisson populaire dans toute l'Europe, en particulier dans les pays nordiques. Les Saxons, Ásatrúar et autres païens qui suivent les traditions du Nord (y compris de nombreux païens celtiques) offrent l'hydromel comme libation dans leurs rites. Dans mon livre *Travels Through Middle Earth: The Path of a Saxon Pagan*, j'ai consacré un chapitre entier au processus de fabrication de l'hydromel.

Votre viticulteur propose probablement d'autres excellents livres sur l'hydromel et peut offrir des conseils personnalisés.

Faire de l'hydromel peut être une expérience amusante et enrichissante pour tout le monde, mais pour le païen qui a une ruche, c'est presque un impératif ! Une seule ruche peut facilement produire de vingt à cinquante kilos de miel en un an. Dans une bonne année, l'apiculteur peut tirer 70 kilos ou plus de miel de la ruche. Cela va adoucir beaucoup de biscuits. Après avoir mangé autant de miel que possible, en avoir utilisé dans des pâtisseries, sucré suffisamment de thé pour remplir une piscine olympique et avoir donné des pots de miel comme présents à Yule, la plupart des apiculteurs païens auront encore beaucoup de miel pour la fabrication d'hydromel.

Que vous utilisiez votre propre miel ou que vous l'achetiez auprès d'un fournisseur, commencez à brasser lorsque la lune décroit. Si vous respectez les signes astrologiques (du zodiaque), le meilleur moment est lorsque la lune est dans l'un des signes d'eau : Cancer, Scorpion ou Poissons.

## Du beurre pour Imbolc

De nombreux païens célèbrent cette fête le 1er février. Pour les païens saxons, cette fête s'appelle Ewemeolc, les païens irlandais l'appellent Imbolc, et d'autres encore la connaissent sous le nom de « Chandeleur ». Quel que soit le nom, la célébration a lieu le ou près du 2 février (ou pour ceux qui vivent dans l'hémisphère sud, le 2 août) et c'est l'un des huit festivals saisonniers de la Roue de l'année suivie par la plupart des païens aujourd'hui.

Ces fêtes ont différentes significations en fonction des personnes. Dans le calendrier irlandais, le deuxième jour de février est la fête de sainte Brigid, l'une des saintes patronnes chrétiennes d'Irlande. Beaucoup de païens qui suivent les traditions irlandaises et celtiques pensent que sainte Brigid est la même que la déesse nordique connue sous le nom de Brigid, Bride, Brighid, Brigantia et Brigindona. L'hypothèse est que puisque sainte Brigid est vénérée par les chrétiens gaéliques au début de février, alors la déesse Brigid doit avoir été vénérée au cours de cette même saison. Que cela soit vrai ou non ne diminue pas le sens d'Imbolc pour les païens qui font des offrandes à cette déesse.

Le nom de la Chandeleur est également d'origine chrétienne et n'a aucun lien avec la fête de Sainte-Brigid. La Chandeleur célèbre la présentation de l'enfant Jésus au Temple de Jérusalem. Selon la Bible, Joseph et Marie ont emmené leur fils au temple quarante jours après sa naissance, conformément à la loi de Moïse (Luc 2 : 22–40). En raison de son nom, la Chandeleur est parfois confondue avec la Sainte-Lucie, qui est traditionnellement associée à une procession dirigée par une jeune fille portant une couronne de bougies. Mais la Sainte-Lucie a lieu en décembre, pas en début de février. Néanmoins, pour de nombreux païens d'aujourd'hui, la Chandeleur est une célébration des bougies, représentant la « lumière qui revient » à mesure que les jours rallongent.

Ewemeolc et Imbolc signifient « lait de brebis », en référence à la lactation des moutons femelles qui commence un peu avant la saison d'agnelage. *Ewemeolc* est un mot saxon, tandis qu'Imbolc est d'origine gaélique (selon votre source, Imbolc sera également traduit par « dans le ventre », toujours en référence à la gestation des brebis). Pour nos ancêtres préchrétiens en Europe du Nord, le lait de brebis a été le premier aliment frais disponible après de longues semaines de subsistance par les légumes, les racines et les viandes conservées durant l'hiver par salaison. De plus, la lactation annonce la naissance de nouveaux agneaux, si importants pour l'économie. Les moutons étaient le fondement même de la prospérité des premiers Anglais (Hartley, p. 129). Les moutons fournissaient non seulement de la laine et de la viande, mais aussi des peaux de cuir, des cornes de bélier pour des gobelets, de la lanoline sécrétée autour du pis de la brebis, et de la graisse qui était utilisée comme lubrifiant et pour faire des bougies. Et, bien sûr, les brebis fournissaient du lait et ses dérivés, comme le fromage et le beurre.

J'ai entendu certains païens dire que la lactation des moutons n'avait aucun sens ni aucune signification pour eux, car nous pouvons maintenant acheter du lait frais et une infinité d'autres aliments lactés dans nos supermarchés tout au long de l'année. Mais la même chose peut être dite pour le « retour de la lumière » à une époque où un doigt sur un interrupteur peut remplir une pièce de lumière artificielle au milieu de la nuit. L'allongement des jours est important, mais le thème de la lactation l'est tout autant pour la célébration saisonnière d'Imbolc. La lactation des brebis a aidé nos ancêtres à survivre assez longtemps pour engendrer une autre génération d'hommes et de femmes, puis une autre, jusqu'à ce que vous et moi soyons enfin venus au monde. Et, je pense, que ceci est bien suffisant pour célébrer Imbolc.

Imbolc (ou Ewemeolc ou la Chandeleur) est une période propice aux présages, en particulier par rapport à la météo. La tradition américaine du Groundhog Day (celle qui consiste à observer la marmotte jusqu'à ce qu'elle voie son ombre, ce qui est censé prédire s'il reste encore six semaines d'hiver ou pas) provient d'anciennes coutumes européennes qui observaient d'autres animaux tels que les blaireaux ou les serpents. Les célébrations impliquaient souvent des aliments spécifiques : du beurre, du lait et un pain plat en forme de scone appelé « bannique ».

Ces mêmes aliments peuvent être incorporés dans votre propre célébration. Nous, les païens saxons, honorons habituellement nos dieux et nos ancêtres avec des offrandes d'hydromel, mais à cette époque de l'année, mon *inhíred* fait une offrande de lait entier. C'est la coutume saxonne que de partager ce qui est offert, tout comme vous pourriez partager un repas avec des amis proches, et nous buvons donc chacun en remerciant le miracle qui a permis à nos ancêtres de survivre. Le reste du lait est ensuite partagé avec nos dieux en libation.

Je dis que nous utilisons du lait entier dans nos rituels, mais il n'est pas aussi « entier » que lorsqu'il vient de la vache, car la majeure partie de la matière grasse a déjà été éliminée. Le lait entier a une teneur en matières grasses de seulement 3,2 % (contre 2 % de lait, qui, bien sûr, a une teneur en matières grasses de 2 %). La matière grasse restante est transformée en crème qui peut avoir une teneur en matières grasses de 20 % ou mieux. La crème fraîche épaisse contient elle 36 % de matière grasse.

La matière grasse, comme vous l'avez probablement deviné, est le principal constituant du beurre. Le beurre peut être fabriqué à partir de lait de brebis ou de chèvre, mais presque tout type de beurre qui est consommé aux États-Unis est fabriqué à partir de la matière grasse produite par les bovins.

Faire son propre beurre maison est un excellent projet pour avoir des activités avec vos enfants pendant la saison d'Imbolc. La merveilleuse transformation, presque mystique, de la crème liquide en un beurre semi-solide fascine la plupart des enfants et peut être utilisée comme base pour des conversations familiales abordant les événements transformateurs qui affectent chacun de nous : la mort d'un être cher, la fin d'une amitié, même le sujet délicat de la puberté (toutes ces transformations peuvent être plus faciles à aborder alors que la crème se change en beurre). Le changement du lait en beurre peut être une métaphore pour de nombreuses transformations que nous vivons tout au long de la vie.

De plus, le beurre est simplement amusant à faire et étonnamment facile. Même si vous n'avez pas d'enfants dans votre entourage, faire du beurre à Imbolc réveillera l'enfant en vous. Faire du beurre est une expérience enrichissante pour tous les âges.

Pour faire votre beurre d'Imbolc, vous aurez besoin de crème fraîche épaisse, d'un pot avec un couvercle, d'un bol et d'une spatule ou d'une grande cuillère. J'utilise un pot de mayonnaise vide et propre.

Versez la crème épaisse dans le pot. Vous pouvez ajouter une pincée ou deux de sel, mais ce n'est pas vraiment nécessaire (je n'ajoute jamais de sel). Mettez le couvercle sur le pot et assurez-vous qu'il est bien vissé. Faire du beurre est facile, mais cela peut vite devenir ennuyeux si vous le faites seul, alors mettez vous un bon dvd ou la télé en fond sonore.

Maintenant, secouez le pot d'un mouvement régulier de haut en bas. Secouez le pot de plus en plus fort. Un mouvement régulier et rythmé sera moins fatigant pour vous que de le secouer frénétiquement comme une lionne essayant de tuer sa proie.

Vous pourriez penser que ce que je vous propose est une méthode de fabrication moderne si on la compare à la baratte en bois utilisée au Moyen-Âge, cependant, ce que je décris ici est en fait l'ancienne technique de fabrication du beurre. Les premières barattes à beurre ont été conçues il y a 1 500 ans et pourtant on fabriquait du beurre depuis vingt-cinq siècles déjà ! La fabrication du beurre se faisait en plaçant du lait de brebis ou de chèvre dans un sac en peau, puis en le secouant. Je suppose que pour être complètement authentique, vous pouvez essayer d'en faire aussi avec un sac en peau, mais je recommande le bocal.

En plus de garder un mouvement régulier, secouez le pot d'une seule main, car sinon vous êtes sûr d'épuiser cette main rapidement et vous aurez besoin de votre autre main pour reprendre le mouvement. Continuez à secouer. J'ai dit que c'était facile, pas que c'était rapide.

Après un certain temps, des morceaux solides commenceront à se former dans la crème. C'est bon signe, mais continuez encore à secouer le bocal. Ne vous arrêtez pas pour examiner les morceaux crémeux.

Alors que vous pensez que rien ne se passera jamais (et peut-être même peu de temps après que cette pensée vous ait traversé l'esprit), la crème se transformera soudainement et presque miraculeusement en un solide morceau de beurre flottant dans le liquide restant.

Versez le liquide et mettez le morceau de beurre dans le bol. À l'aide de votre spatule ou d'une grande cuillère, amenez le morceau sur le côté du bol et éliminez tout liquide qui s'y trouve encore. Après avoir versé le liquide, votre beurre frais est prêt à être mangé. Vous pouvez le déguster lors d'Imbolc et vous pouvez en offrir une partie à vos dieux et ancêtres.

# CHAPITRE 9
# ARTISANAT PAÏEN

Dans le dernier chapitre, nous avons cherché à explorer la spiritualité païenne à travers l'art alimentaire. Les activités abordées dans ce chapitre ne sont, au mieux, qu'indirectement liées à l'alimentation. La plupart de ces activités sont saisonnières et s'intègrent très bien dans la Roue de l'année païenne contemporaine.

## La fabrication de bougies

Les bougies sont devenues une partie intégrante des rituels païens contemporains. Nous, les païens, utilisons régulièrement des bougies pour éclairer nos autels. Les Wiccans placent des bougies aux quatre points cardinaux autour du périmètre de leurs zones rituéliques. Les druides ADF allumeront une bougie comme une représentation symbolique du royaume céleste. Les sorciers païens, quelles que soient leurs traditions, *drýmenn*, *mágoi* ou *streghe*, utilisent très souvent des bougies pour travailler leur magie.

Vous pouvez acheter des bougies pour exprimer le but que vous souhaitez atteindre, mais les outils rituéliques et magiques sont beaucoup plus puissants lorsque nous mettons un peu de notre propre énergie dans leur création. La fabrication de bougies est quelque chose que vous pouvez faire seul. Les enfants plus âgés aiment souvent faire des bougies rituéliques (toujours sous la surveillance d'un adulte). Cette activité est une bonne tradition à apporter dans votre vie et il n'y a pas de meilleur moment pour faire des bougies qu'à la Chandeleur.

La fabrication de bougies à un côté pratique à la Chandeleur, car c'est généralement la période la plus froide de l'année pour ceux d'entre nous qui vivent sous des climats tempérés (si vous utilisez un calendrier catholique et vivez dans l'hémisphère sud, la Chandeleur sera la période la plus chaude de l'année, mais ce livre est destiné aux païens qui inverseront vraisemblablement leurs vacances lorsqu'ils vivront ou visiteront le sud de l'équateur). La fabrication de bougies implique d'avoir une cuisinière et de la cire, et vous pouvez créer pendant des heures si vous avez les matériaux et l'enthousiasme pour ce faire. Vous pouvez créer des bougies en plein été, mais il est plus logique de faire fondre la cire lorsque la chaleur qu'elle génère aidera à réchauffer votre maison, et cela réduira d'autant votre facture de chauffage, sans compter son peu d'impact négatif sur l'environnement.

Si vous pratiquez la magie des bougies, quel que soit votre chemin spirituel, il y a une très bonne raison de fabriquer vos propres bougies. Je rencontre souvent des sorts m'enjoignant à continuer à méditer ou à chanter, ou du moins à rester assis devant une bougie jusqu'à ce qu'elle ait complètement brûlé. Cela peut être pour le moins irréalisable lorsque vous utilisez une bougie de grand format, et il faut dire qu'il peut être difficile de trouver des bougies chauffe-plats, dans une couleur autre que le blanc, à moins que vous ne créiez la vôtre.

Lorsque vous fabriquez vos propres bougies, vous avez également un contrôle total sur leur contenu. Vous contrôlez la couleur. Vous contrôlez l'odeur, le cas échéant. Faites une bougie pour vous-même ou quelqu'un d'autre en coupant un peu des cheveux de cette personne (ou les vôtres) en petits morceaux et en les mélangeant avec de la cire. Faites une bougie protectrice en saupoudrant une pincée de limaille de fer dans la cire fondue (en magie, le fer est un métal protecteur, ce qui explique pourquoi les fers à cheval sont considérés comme « porte-bonheurs »).

Il existe d'innombrables livres et sites internet avec des instructions pour fabriquer toutes sortes de bougies, le processus de base est assez simple. Vous aurez besoin de l'équipement et des fournitures suivants pour fabriquer des bougies. En fonction de votre expertise et de vos envies personnelles, vous voudrez peut-être en faire plus, mais je vous donne ici une liste basique pour faire des bougies simples :

• Une source de chaleur. Idéalement une cuisinière, mais une plaque chauffante suffira.

• Une large casserole pour faire bouillir l'eau.

• Un petit récipient qui s'intégrera facilement dans la casserole. Vous y ferez fondre de la cire, vous ne pourrez donc plus l'utiliser pour autre chose.

• De la paraffine. Vous pouvez acheter les petits bocaux vendus dans les épiceries pour la mise en conserve, mais ce n'est pas ce qu'il y a de mieux pour faire des bougies, et le coût au kilo de la cire est relativement élevé. Cherchez dans les magasins de loisirs ou en ligne pour de la cire de paraffine vendue en plaques (si vous avez des ruches, les plaques de cire retirées de vos cadres peuvent être fondues pour faire de belles bougies en cire d'abeille).

• Des mèches. Celles-ci sont parfois dotées d'un mince « socle » de zinc ou d'étain qui soutient la mèche pour qu'elle reste droite pendant que vous coulez les bougies. Ce socle métallique brûle au fur et à mesure que la bougie brûle. Ce type de mèche peut être un peu plus facile à utiliser pour le novice, mais elle n'est en aucun cas la seul existante.

• Un récipient ou un moule dans lequel verser la cire. Les bougies coulées sont de loin les bougies les plus faciles à fabriquer lorsque vous débutez. De petits pots de crème ordinaires peuvent être utilisés pour faire de jolies bougies coulées.

La première chose à faire est de placer votre mèche dans le moule ou le récipient. Il est important qu'elle soit centrée. Attachez cette mèche à une petite tige (il m'est même arrivé de me servir d'un crayon). Coupez-la à la bonne taille, puis placez-la dans le contenant ou le moule en posant la tige sur le dessus. Les boutiques qui vendent des fournitures pour la fabrication de bougies ont souvent de l'argile ou des supports spéciaux pour maintenir le bas de la mèche en place.

Mettez quelques centimètres d'eau dans une grande casserole. Mettez-là à bouillir sur le feu. Pendant ce temps, cassez des morceaux de cire de votre plaque de paraffine et placez-les dans le récipient. Lorsque l'eau sur la cuisinière (ou la plaque chauffante) commence à bouillir, placez ce récipient dans la grande casserole. Attention à prendre vos précautions, car la cire de paraffine peut s'enflammer si elle devient trop chaude. Faites toujours fondre votre cire au bain-marie. Le récipient garantit que votre cire ne chauffera pas au-dessus de 100 °C, qui est le point d'ébullition de l'eau.

Lorsque la cire de paraffine fond, elle devient un liquide de couleur cristalline. À ce moment là, vous pouvez ajouter de la couleur ou des arômes si vous le souhaitez. C'est aussi l'occasion pour ajouter vos ingrédients magiques, tels que les cheveux ou la limaille de fer susmentionnés. N'utilisez qu'une quantité minimale de ces substances, car elles peuvent affecter la façon dont la bougie brûle, et pas toujours dans le bon sens. Certaines substances peuvent même être toxiques lorsqu'elles sont brûlées. Faites preuve de bon sens et sachez ce que vous faites brûlez dans vos bougies !

Les boutiques de fournitures pour la fabrication de bougies vendent des couleurs et des parfums déjà incorporés dans de petits morceaux de cire qui peuvent être ajoutés à votre paraffine fondue. Comme alternative, vous pouvez également ajouter de la couleur en grattant des pastels dans la paraffine. L'avantage est la plus large gamme de couleurs que vous pouvez trouver dans une grande boîte de crayons de pastels. L'inconvénient est la clarté de la couleur, qui est souvent pâle par rapport aux couleurs riches et profondes obtenues avec des morceaux entiers.

Si vous ne souhaitez pas utiliser de blocs parfumés, vous pouvez utiliser des huiles essentielles dans vos bougies. Une huile essentielle est extraite directement d'une herbe ou parfois d'une glande animale (comme l'huile de civette par exemple). En revanche, une huile de parfum est un produit synthétique. Contrairement aux vraies huiles essentielles, les huiles parfumées n'ont pas toujours le même parfum lorsqu'elles sont brûlées, je ne les recommande donc pas pour la fabrication de bougies. Parfumer avec des huiles essentielles est plus délicat que d'utiliser un crayon de pastel pour ajouter de la couleur. Le problème est que les huiles s'évaporent et se dispersent rapidement lorsqu'elles sont chauffées. Si vous voulez essayer cette technique, ajoutez de l'huile à votre cire fondue juste avant de la verser dans le récipient ou le moule. Faire tremper la mèche dans la même huile essentielle avant de la placer dans le moule aidera également à préserver le parfum de votre bougie.

Lorsque la cire est fondue et que vous avez ajouté la couleur ou le parfum que vous avez choisi, vous êtes prêt à couler votre bougie. Soyez très prudent en faisant cela. La cire est chaude ! Il est peu probable que vous vous fassiez des blessures permanentes si vous vous renversez de la cire dessus, mais je vous garantis que ce ne sera pas une expérience agréable. C'est aussi une bonne idée d'étaler des journaux ou un tissu sur toute votre surface de travail. Peu importe à quel point vous êtes prudent, vous verserez certainement de la cire hors des bougeoirs.

Versez la cire fondue dans votre récipient ou votre moule en réservant une partie pour une deuxième coulée. Ne remplissez pas trop le récipient. Après avoir versé la cire, vérifiez que la mèche est toujours centrée. Si ce n'est pas le cas, déplacez la mèche jusqu'à ce qu'elle soit à nouveau centrée, en faisant attention à ne pas renverser de cire chaude sur vous.

Maintenant, laissez la cire refroidir lentement. En refroidissant, la cire se contracte, laissant une fissure au centre de la bougie. Dans une grande bougie, cette fissure peut être assez profonde. C'est pourquoi vous avez gardé une partie de votre cire pour une deuxième coulée. Une fois la bougie complètement refroidie, réchauffez votre cire de réserve et versez-la dans la fissure. Vous pourriez même avoir besoin d'une troisième coulée. C'est moins important pour les bougies moulées, car cette fissure se trouvera au dos de celles-ci, là où vous ne pouvez pas la voir.

Après la deuxième (ou troisième) coulée, laissez la bougie refroidir complètement pendant plusieurs heures, voire toute la nuit. Si vous avez utilisé un moule, assurez-vous d'attendre que la cire soit complètement solide avant d'essayer de retirer la bougie. Il est peu agréable de voir une bougie se casser lorsque vous la retirez d'un moule, car la partie intérieure était encore chaude et molle.

Enfin, voici la dernière étape. Que vous ayez utilisé un moule ou un récipient, il vous reste à couper la mèche à environ un demi-centimètre de longueur. Vous avez maintenant une bougie pouvant être utilisée dans un rituel ou un sort.

Rien ne vous empêche de fabriquer une seule bougie, mais vous constaterez qu'il est beaucoup plus efficace de faire un plus grand nombre de bougies en même temps. En fait, vous pouvez décider de faire toutes vos bougies rituéliques et magiques annuelles lors de la Chandeleur !

Le contrôle total que vous avez sur votre choix de couleur, de taille, de parfum, de forme et d'autres facteurs pourrait vous paraître déroutant lorsque vous essayez de fabriquer des bougies pour la première fois. Considérez d'abord le but des bougies. Seront-elles utilisées pour le culte, ou voulez-vous des bougies principalement pour jeter des sorts ? Les bougies utilisées pour le culte peuvent être utilisées à plusieurs reprises. Une utilisation répétée peut même donner à vos bougies rituéliques une signification plus profonde. Si vous fabriquez des bougies rituéliques pour votre autel ou, si vous êtes Wiccan, des bougies directionnelles à placer aux points cardinaux de votre cercle, des bougies plus grandes dureront des mois et éventuellement toute l'année.

De telles bougies peuvent même être « éternelles ». Après une année complète d'utilisation, la plupart des bougies (ou quart de bougie) d'autel auront fondu. Divisez la cire restante en morceaux, en prenant soin d'éliminer toute mèche, puis faites fondre ces morceaux tout en ajoutant de la cire fraîche pour compenser le volume perdu. Vous pouvez ensuite couler une bougie renouvelée qui contient l'essence de la bougie de l'année précédente. Si la bougie a été teinte ou parfumée, vous pourrez bien sûr ajouter plus de couleur ou de parfum à la cire fondue.

Si vous utilisez de la cire d'abeille (et sachez qu'une bougie en cire d'abeille qui brûle est un délice sensoriel), il sera plus difficile d'ajouter de la couleur ou du parfum, car la cire a déjà sa propre couleur et son propre arôme. La cire d'abeille est idéale pour les bougies rituéliques qui n'ont besoin d'aucun changement de couleur ou de parfum. Comme les bougies rituéliques à la paraffine, une grande bougie en cire d'abeille peut durer presque toute l'année.

D'un autre côté, si les bougies sont destinées aux sortilèges, des bougies de plus petite taille auront plus de sens. La plupart des sorcières, païennes ou non, ne veulent pas utiliser de bougies qui portent une quelconque réminiscence de sorts antérieurs. Pour cette raison, une bougie utilisée pour la magie est généralement à usage unique. Il est inutile de couler une bougie haute et large si vous allez la jeter après une seule utilisation, et cela a encore moins de sens si le sort vous oblige à être présent jusqu'à ce que la bougie s'éteigne complètement.

Que vous fabriquiez des bougies pour le culte ou pour les sortilèges, considérez votre chemin spirituel lors du choix des couleurs et des parfums. Pour moi et les autres païens saxons, le rouge est une couleur de pouvoir. Dans la pratique de la magie, l'éthique stipule que deux choses qui se ressemblent partagent des propriétés similaires. Le rouge est la couleur du sang, et le sang représente la vie et la vitalité, donc par analogie, la couleur rouge représentera la vie et la vitalité. Pour cette raison, les objets rouges sont souvent utilisés dans la magie saxonne et toute magie germanique. Comme vous pouvez vous y attendre, je garde toujours une réserve de petites bougies rouges à portée de main pour les sortilèges. Cependant, si vous suivez un chemin hellénique, kémétique ou celtique, votre propre tradition pourra privilégier d'autres couleurs.

Certains sorts nécessitent des bougies de couleurs particulières. Vous ne pouvez jamais anticiper tous vos besoins, mais si vous savez que vous avez un sort préféré nécessitant trois bougies jaunes, alors il est logique de couler quelques petites bougies jaunes pour une utilisation future.

Voici quelques couleurs qui ont tendance à être associées à des intentions spécifiques et que vous pourrez utiliser lors de la conception de vos propres sorts :

• Le rouge, comme je l'ai dit, est une couleur de vie et de vitalité, car c'est la couleur du sang. En magie, cela peut être considéré comme la couleur de la vie physique (animale) et de tout ce qui y est associé, comme la force et la santé. C'est la couleur de la magie sexuelle, bien que certaines personnes prétendent que les bougies rouge-orangées ou roses sont plus efficaces. Le rose est essentiellement une simple nuance plus claire de rouge.

• Le jaune est souvent associé à la connaissance, à la clarté mentale et à la communication. Les bougies jaunes peuvent être utilisées dans des sorts destinés à aider une personne à étudier et à conserver ses connaissances. Le jaune est aussi une couleur d'amitié, peut-être parce qu'une bonne communication est essentielle entre amis.

• Les bougies dorées sont bonnes pour les sorts de prospérité car (bien sûr) elles sont de la couleur de l'or.

• Les bougies argentées sont également bonnes pour la prospérité, pour la même raison que les bougies dorées.

• Le vert, étant la couleur de la chlorophylle, est la couleur de la vie végétale. Les bougies vertes sont utiles pour les périodes horticoles. Aux États-Unis, une bougie verte est tout aussi susceptible d'être utilisée dans un sort de prospérité, car le vert est la couleur des billets américains.

• Le bleu est une couleur des émotions et du subconscient. Les bougies bleues peuvent être utilisées dans des sorts orientés vers la spiritualité, l'équilibre émotionnel ou le développement de compétences psychiques.

• Le blanc représente la pureté et la propreté. En raison de ces qualités, les bougies blanches sont souvent utilisées dans les sorts de guérison ou de protection.

Ces associations de couleurs sont des généralités. Comme toujours, réfléchissez à votre chemin spirituel. Les païens kémétiques, par exemple, doivent être conscients que les anciens Égyptiens associaient la couleur blanche à la mort. De même, dans certaines cultures, la couleur verte est associée à la maladie et au malheur. Tout comme nous ne communiquons pas tous verbalement dans la même langue, nous ne partageons pas tous le même langage magique !

Pour les bougies rituéliques utilisées dans le cadre du culte, le choix de la couleur sera généralement entièrement subjectif puisque vous n'utilisez pas les bougies pour évoquer des énergies spécifiques. Pour les bougies d'autel, à moins que votre chemin spirituel n'en décide autrement, il est préférable de laisser votre cœur vous guider. Nous avons trois bougies rituelles sur notre autel domestique : une pour honorer nos dieux et déesses, une pour honorer nos ancêtres et une pour honorer les elfes (esprits de la nature). Les couleurs de ces bougies changent d'une année à l'autre, le seul critère étant ce qui résonne pour mes *híredmenn* et moi-même à un moment donné. Cela peut également fonctionner pour vous, ou vous pouvez préférer des couleurs spécifiques pour vos bougies d'autel. Les Wiccans utilisent très souvent des couleurs particulières pour représenter les éléments autour du périmètre de la zone rituélique : le vert pour la terre, le bleu pour l'eau, le jaune pour l'air et le rouge pour le feu.

## John Barleycorn

Il se tient dans notre jardin, légèrement penché en arrière, le regard levé vers le ciel, les bras joyeusement tendus. On dirait qu'il pourrait se mettre à chanter à tout moment. Sa chemise est délavée et il y a un trou dans son pantalon. Je me rends compte qu'il se tient près de moi alors que je ramasse un panier de courges et d'épis dorés. Il est resté dans cette même position depuis le 1er mai et continuera d'y exercer sa vigilance pendant le reste de l'été et de l'automne.

Je parle de l'effigie de John Barleycorn, l'épouvantail que mon *inhíred* crée chaque année comme une représentation de la vie du champ que nous cultivons. Je fais cela depuis vingt ans maintenant. Je créais des épouvantails avant l'existence de l'Earendel Inhíred, avant de déménager vers l'est en Pennsylvanie. La tradition du John Barleycorn fait partie de ma vie depuis longtemps.

Aujourd'hui, pour moi et mon groupe, cette tradition s'est précisée au fil des années de pratique. Lorsque nous nous réunissons le 1er mai, nous créons un épouvantail dans le cadre de notre rituel accueillant le début de l'été. L'un de nous recoud la tête de John Barleycorn, tandis que quelqu'un réassemble l'armature en bois qui constitue son corps. Tout le monde aide et tout le monde critique nos progrès collectifs alors que nous remplissons les fesses, les cuisses et les biceps de John avec de la paille. Une fois l'épouvantail construit, chaque personne se présente avec un petit morceau de tissu sur lequel elle a brodé une ou plusieurs runes. Les runes transmettent ce que cette personne espère apporter dans sa propre vie au cours de l'été à venir. Autrement dit, les runes représentent ce que cette personne espère « récolter ». Ces tissus runiques sont ensuite soigneusement cousus sur les vêtements de John Barleycorn. Après cela, on rapatrie l'épouvantail dans un jardin où il se tiendra jusqu'à ce que la lune d'octobre soit pleine.

L'année dernière, John Barleycorn était dans le jardin à l'arrière de la maison de deux de mes *híredmenn*. Cette année, j'ai la chance de l'avoir chez moi.

Les épouvantails existent depuis longtemps et sont associés à la spiritualité païenne. Il y a environ deux cent cinquante ans, les agriculteurs grecs sculptaient des épouvantails en bois à l'image du dieu Priape, fils de Dionysos et d'Aphrodite. L'épouvantail que mon groupe construit représente John Barleycorn, qui n'est pas réellement un dieu, mais une personnification de la récolte. Il est également le sujet d'une vieille chanson folklorique anglaise.

Un épouvantail d'été est peu coûteux à construire. Voici ce dont vous aurez besoin :

- Un poteau en bois de 2 mètres de long
- Un deuxième poteau plus court, d'environ 1 mètre de longueur
- Des griffes
- Une vieille chemise et un pantalon long
- Un chapeau (les magasins discount vendent souvent des chapeaux en osier bon marché au printemps)
- Une vieille taie d'oreiller, un drap ou un autre chiffon
- Une aiguille et du fil solide
- Des ciseaux
- Un ballot de paille

La partie la plus délicate est de faire la tête. Coupez deux morceaux de tissu en forme de tête dans la taie d'oreiller ou le drap. Faites-les un peu plus grand que votre tête et laissez un long « cou » en bas. Le cou peut être très long, car toute longueur excessive sera cachée dans la poitrine.

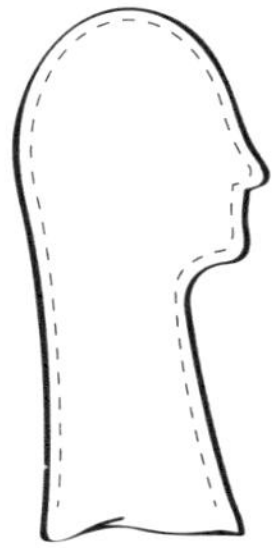

Cousez les deux chiffons ensemble, en laissant le bas du cou ouvert pour y mettre de la paille. Après cela, retournez la « tête ». Cela masquera la couture. À ce stade, cela ressemblera moins à une tête qu'à un sac tout mou. Si vous le souhaitez, vous pouvez peindre ou broder des yeux ou d'autres traits du visage sur la tête.

Ensuite, assemblez l'armature du corps. À l'aide de quelques clous, attachez vos poteaux ensemble dans une disposition en forme de croix. Le piquet le plus court formera les « bras » de votre épouvantail, tandis que le plus long soutiendra le cou, le corps et l'une des jambes. La longueur supplémentaire sera destinée à vous permettre d'enterrer le fond dans le sol. Vous voulez que John Barleycorn tienne debout, bien sûr !

Passez le pantalon sur la croix, en tirant le bas du poteau le plus long à travers une jambe du pantalon. Après cela, mettez la chemise sur les bras de la croix. Maintenant, en utilisant votre fil, faites un point à l'arrière du pantalon et de la chemise, là où ils se rejoignent. Le dos de la chemise doit être à l'intérieur du pantalon pendant que vous faites cela. Ce point est juste là pour aider à maintenir les vêtements en place.

Placez la « tête » au-dessus du poteau le plus long. Rentrez le cou à l'intérieur de la chemise, puis faites un point de couture à l'arrière de la chemise et du cou. Laissez le devant de la chemise ouvert pour l'instant.

Vous êtes maintenant prêt à rembourrer votre épouvantail. Un ballot de paille est bien suffisante pour ce dont vous aurez besoin, mais c'est ainsi qu'elle est vendue. Utilisez la paille restante pour pailler votre jardin.

Commencez par remplir les extrémités : les jambes, les bras et la tête. Plusieurs personnes peuvent le faire en même temps, avec une personne remplissant la tête tandis que l'autre met de la paille dans les jambes du pantalon, et encore une autre dans les bras de la chemise. Vous pourrez attacher les chevilles du pantalon et les poignets de la chemise avec de la ficelle pour aider à maintenir la paille à l'intérieur des vêtements.

Lorsque les extrémités sont remplies de paille et bien formées, remplissez la cavité thoracique. Boutonnez la chemise, ne laissant que les deux ou trois boutons du haut ouverts. Fermez-les après avoir rembourré la poitrine.

Enfin, donnez à John Barleycorn son chapeau. Vous pourrez le fixer à la tête avec quelques points de plus. Le chapeau peut disparaître aux premiers vents violents s'il n'est pas cousu à la tête.

Si vous n'avez pas encore d'*inhíred* ou de coven et si vous ne faites pas partie d'un groupe, alors construire un épouvantail de deux mètres de haut pourrait être un peu trop ambitieux. Un épouvantail plus petit pourra être fabriqué en utilisant des vêtements pour enfants ou même des vêtements de poupée.

Votre jardin se résume-t-il à quelques pots d'herbes aromatiques et de laitue frisée sur le balcon de votre appartement ? Alors achetez un ensemble chemise et pantalon pour poupée et faites un micro-épouvantail. Au lieu d'acheter un ballot de paille, rembourrez votre petit bonhomme avec quelques poignées d'herbe séchée.

J'ai mentionné plus haut que mes *híredmenn* apposait des runes sur l'épouvantail à chaque printemps. C'est notre propre coutume. Toutes les coutumes ou pratiques impliquant votre épouvantail devraient avoir une signification pour vous et devraient être pertinentes pour votre tradition spirituelle. Nous avons également laissé John Barleycorn se tenir dans différents jardins afin que tout le monde ait une chance de l'avoir pour un été, mais votre groupe pourrait ne pas vouloir le faire. Vous pouvez avoir un site spécial considéré comme saint et sacré pour tous les membres, et préférer y installer l'épouvantail chaque année.

À la fin de l'année, nous avons également une coutume pour disposer de l'épouvantail. Nous utilisons un calendrier lunaire, donc notre rite de fin d'été a lieu lors de la pleine lune de Winterfylleth, ce qui est presque toujours en octobre. Les païens celtiques pourraient vouloir faire cela à Samhain.

Notre épouvantail est « né » au début de l'été, il « meurt » donc au début de l'hiver. Nous installons un petit bûcher dans un foyer et John Barleycorn est placé en position debout dessus. Après un rituel dans lequel nous honorons et louons nos ancêtres, nous mettons le feu au bûcher et offrons John Barleycorn à nos dieux.

Dans de nombreuses zones urbaines, brûler un homme de paille dans votre jardin est susceptible d'attirer la police chez vous. Assurez-vous que vous n'enfreignez aucune loi.

## Les roues des solstices

Célébrez Litha en faisant une roue solaire ! C'est un symbole de bonne fortune en Europe du Nord, qui est lié au fylfot et à la croix de Brigid. Le svastika est aussi une variante de ce symbole, mais il est tombé en disgrâce après avoir été dévoyé par les nazis et utilisé comme emblème de leur régime.

La roue solaire est une croix à bras égaux à l'intérieur d'un cercle :

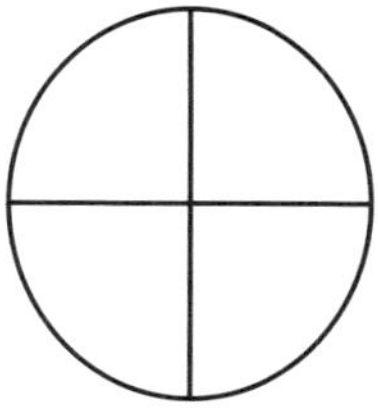

Tout comme l'épouvantail peut être créé et décoré de différentes manières, il en va de même pour cette image solaire. Demandez à votre groupe ou à vos proches de construire une grande roue solaire et de la brûler en offrande sur un feu à Litha (comme pour l'épouvantail, assurez-vous qu'il est légal de le faire dans votre quartier). Ou bien demandez à tout le monde de créer des roues solaires personnelles pour orner les autels du domicile. Ou encore organisez un concours pour voir qui peut fabriquer la roue solaire la plus belle. Ou alors, vous-même, fabriquez des roues solaires à offrir à vos amis et à votre famille en cadeau à Litha.

Je pourrais continuer comme ça longtemps, mais vous avez saisi l'idée générale.

Si vous êtes doué pour l'artisanat, vous pouvez cueillir des vignes et construire votre roue solaire à partir de zéro. Mais nous n'avons pas tous ce degré de talent, donc je vais plutôt vous dire comment créer facilement une roue solaire.

Commencez avec une couronne d'osier qui peut être achetée dans n'importe quel magasin bien achalandé. Ce sera le cercle de votre roue solaire. C'est la partie facile. Maintenant, vous devez sortir et trouver des vignes sauvages.

Ou peut-être pas. Pendant que vous êtes au magasin pour acheter votre couronne en osier, regardez autour de vous pour voir s'ils ont quelque chose qui peut être utilisé pour la croix. Vous pouvez de nouveau utiliser de la vigne vierge, ou encore tordre plusieurs tiges de roseaux ensemble. Le matériau utilisé pour la croix de votre roue solaire doit être assez flexible mais suffisamment rigide pour conserver sa forme.

Si votre magasin n'a rien de convenable, les vignes fonctionnent très bien. J'utilise généralement de la vigne vierge car (1) elle est gratuite et (2) elle pousse comme du chiendent dans l'ouest de la Pennsylvanie. D'un autre côté, acheter des roseaux ou des branchages dans un magasin peut être plus facile que de chercher des vignes si vous vivez dans une région désertique ou en centre-ville.

Quel que soit le matériau de la croix centrale, utilisez un ruban de tissu étroit pour attacher les pièces verticales et horizontales ensemble. Ensuite, tissez les quatre extrémités de la croix dans la couronne à des points équidistants et maintenez-les en place avec plus de ruban.

Si vous le souhaitez, vous pouvez décorer votre roue solaire avec encore plus de rubans, de plumes et de fleurs séchées colorées.

## Fabriquer de l'encens

La plupart des païens utilisent de l'encens dans leurs rites, et ceux qui pratiquent la magie peuvent également utiliser d'autres formes d'arômes. Le mot encens vient du latin *incendere*, qui signifie « brûler », car l'encens est un mélange de substances aromatiques destinées à dégager un parfum au fur et à mesure qu'il brûle. Ces arômes sont des herbes et autres matières végétales, souvent mélangées à une petite quantité d'huile essentielle.

L'encens commercial vendu sous forme de cônes ou de bâtonnets est mélangé avec un liant pour conserver sa forme, et généralement avec une autre substance pour s'assurer qu'il brûle facilement. Le nom d'un encens commercial peut décrire son arome dominant (encens lavande, encens patchouli, etc.), mais il sera souvent commercialisé avec un nom exotique, comme « Jungle Love » ou « April Rain ». L'encens indien populaire connu sous le nom de « Nag Champa » est une combinaison de frangipanier et de bois de santal.

Le seul avantage des cônes et bâtons commerciaux est leur praticité. Allumez simplement l'encens et c'est tout, vous n'avez rien d'autre à faire. De fait, lorsque nous faisons peu d'efforts, la récompense est tout aussi maigre. Faire votre propre encens est gratifiant et vous permettra de mieux contrôler les parfums que vous brûlerez.

À mon avis, la meilleure façon de faire votre encens est de le préparer sous forme de poudre. L'encens en poudre n'est rien de plus que de l'encens en cône ou en bâtonnet sans les ingrédients de liaison et de combustion en plus. Peu importe celui que vous choisirez, il sera entièrement composé d'arômes, finement broyés et mélangés. Vous n'avez rien à faire de spécial, car l'encens se consume sur un charbon de bois vendu en petits paquets dans presque tous les magasins New Age. Ces charbons de bois peuvent également être achetés dans les magasins de fournitures religieuses chrétiennes.

Vous savez maintenant que les arômes que vous choisissez de consumer dans les rituels devraient être adaptés à votre chemin spirituel. Les païens saxons, par exemple, pourraient brûler de l'armoise car cette herbe est sacrée pour Woden. Les païens romains, helléniques ou kémétiques pourraient choisir de brûler de la résine d'encens, qui était populaire dans toute la région méditerranéenne au début de l'Europe pendant des milliers d'années.

Le romarin est un aromate approprié pour presque toutes les traditions spirituelles européennes. Originaire de la région méditerranéenne, le romarin a été introduit dans toute l'Europe par les Romains.

Lorsque vous faites de l'encens, broyez toujours vos aromates en poudre fine. Sous forme de poudre, ils peuvent être mélangés plus facilement avec d'autres aromates et brûleront plus uniformément. Si vous utilisez une résine telle que la résine d'encens, c'est une bonne idée de l'acheter sous forme de poudre. Les résines sont de la sève d'arbre durcie et sont extrêmement difficiles à broyer. Mettez-la d'abord au congélateur pendant une demi-heure et broyez-la avec un mortier et un pilon, jamais avec un broyeur mécanique.

Utilisée seule, une résine n'a pas besoin d'être broyée. Les grains de résine fondent et libèrent leur odeur lorsqu'ils chauffent sur le charbon de bois.

Mais une grande partie du plaisir de faire de l'encens est de créer vos propres mélanges uniques. Après avoir mélangé les herbes ou les fleurs en poudre que vous souhaitez dans votre encens, vous pouvez ajouter quelques gouttes d'une huile essentielle. C'est facultatif. Si vous en ajoutez, assurez-vous qu'il s'agit d'une véritable huile essentielle et non d'une huile de parfum synthétique. Cette dernière ne sent pas toujours la même chose lorsqu'elle brûle. L'huile essentielle doit être utilisée avec parcimonie, ne la laissez pas dominer le parfum des autres aromates.

Attention : certains végétaux sont toxiques lorsqu'ils sont brûlés. Vous ne risquez rien en utilisant des aromates qui se trouvent dans n'importe quelle armoire à épices de cuisine (romarin, cannelle, basilic) ou qui sont couramment utilisés pour l'encens (bois de santal, résine d'encens). Si vous n'êtes pas sûr d'une feuille ou d'une fleur, recherchez-la dans un livre sur les plantes comme *Le Livre des herbes* de Lesley Bremness ou l'excellent livre de l'herboristerie de Paul Beyerl.

Il existe de nombreux livres disponibles avec des recettes d'encens que vous aimeriez essayer. À mon avis, le meilleur livre jamais écrit pour les débutants est *L'Encyclopédie des plantes magiques* de Scott Cunningham. Même si vous ne voulez faire que de l'encens pour les rituels votifs et que vous n'avez absolument aucun intérêt pour la magie, le livre est une ressource précieuse. J'aime particulièrement son encens de méditation simple.

Après des décennies de travail avec des herbes et des encens, j'ai rassemblé et développé pas mal de recettes. La plupart sont des mélanges magiques, mais les recettes que je donne ici peuvent également être utilisées pour des rituels païens.

## Encens pour le succès

4 portions de cannelle

2 portions de bois de santal en poudre

2 portions d'encens en poudre

1 portion de racine d'iris en poudre

Vous pouvez l'utiliser lorsque vous travaillez n'importe quel sort pour apporter le succès ou la prospérité dans votre vie. En raison de sa nature, c'est également un encens approprié pour faire une offrande à vos dieux.

## Encens de Frith (de paix)

2 portions de fleurs de lavande

2 portions de fleurs violettes

1 portion de racine d'iris en poudre

1 portion de zeste de citron finement râpé

1 portion de gousses de cardamome broyées

Cet encens magique est à utiliser lorsque vous jetez des sorts de paix ou pour dissiper le chaos.

## Encens de guérison

4 portions de bois de santal en poudre

4 portions de pétales d'œillets

2 portions de feuilles de laurier

2 portions de pétales de rose

1 portion de salpêtre

Le but de cet encens est explicite, mais abstenez-vous de le brûler directement en présence d'une personne malade, surtout si cette dernière a des problèmes respiratoires.

## Encens de désenvoûtement

2 portions de fleurs de lavande

2 portions de pétales de rose

2 portions de verveine

1 portion de feuilles de laurier

Brûlez cet encens pour supprimer tout sort qui aurait été lancé contre vous. Honnêtement, je ne pense pas que cela se produise très souvent, d'après mon expérience, la plupart des sorcières qui perdent leur temps à « maudire » les autres ne sont pas assez compétentes pour qu'on s'en préoccupe. Néanmoins, c'est une bonne préparation à avoir sous la main si vous croyez que quelque chose du genre a pu se produire. En raison de l'intention de cet encens, il peut être une offrande votive appropriée aux dieux ou aux esprits associés à la protection.

## Encens d'attraction

8 portions de résine d'encens en poudre

4 portions de bois de santal en poudre

4 portions de cannelle

2 portions de myrrhe en poudre

2 portions de racine d'iris en poudre

1 portion de salpêtre

Utilisez-le dans des sorts d'amour destinés à attirer des partenaires potentiels (plutôt qu'une personne en particulier). Ce mélange provient d'un livre des ombres dont j'ai hérité d'une sorcière qui est décédée il y a de nombreuses années. Je trouve que cet encens fonctionne également bien comme offrande votive pour les dieux ou les esprits associés à l'amour et à la sensualité.

Après avoir broyé et mélangé les éléments de la recette choisie, l'encens est prêt à brûler. Pour ce faire, prenez un petit bol en métal ou en céramique et remplissez-le partiellement de sel ou de sable pour isoler le fond. Les Anglo-Saxons appelaient un bol comme celui-ci un *recelsfæt*, ou « récipient à encens ».

À moins que votre pièce rituélique ne soit de la taille d'une cathédrale, vous n'aurez pas besoin d'utiliser un charbon de bois entier. Brisez-le en deux, voire en quart, et n'utilisez qu'une partie de celui-ci. Allumez-le et placez-le dans le bol.

Maintenant, saupoudrez votre encens en vrac sur le charbon. Tout encens que vous souhaitez garder pour une utilisation ultérieure doit être conservé dans un récipient hermétique dans un endroit frais et sombre.

## Les cônes d'encens

Si vous voulez essayer de transformer votre mélange en cônes d'encens, vous aurez également besoin de gomme arabique et de salpêtre (nitrate de potassium). Faire des cônes d'encens peut être compliqué. Personnellement, je préfère mélanger et utiliser de l'encens en poudre, mais voici ce que vous devez faire pour fabriquer vos cônes.

Mélangez 5 mL de gomme arabique dans 24 cL d'eau. Cela devrait former une pâte épaisse. S'il est trop sec, ajoutez un peu plus d'eau. Ensuite, couvrez-le avec un chiffon chaud et humide, et mettez-le de côté.

Tamisez votre encens en poudre, en utilisant uniquement la poudre la plus fine. Si nécessaire, broyez-le un peu plus.

Pesez l'encens tamisé. Une bonne balance de cuisine devrait être suffisamment précise pour cela.

Ajoutez 10 % (du poids) de salpêtre à votre encens tamisé.

Bien mélanger le salpêtre.

Maintenant, commencez à ajouter petit à petit le mélange de gomme arabique à votre encens, en mélangeant lentement, jusqu'à ce que votre pâte d'encens atteigne la consistance de la pâte à modeler. Pressez-en dans votre main pour voir si elle garde sa forme.

Moulez la pâte à la main dans la même taille et la même forme que les cônes d'encens vendus dans le commerce. Si les cônes sont trop épais, ils ne brûleront pas correctement.

Placez les cônes façonnés sur du papier cuisson et laissez-les sécher pendant une semaine dans une pièce chaude et sèche.

## Pot-pourri

Vous n'avez pas besoin de brûler vos aromates pour en profiter. Les boutiques de cadeaux vendent souvent des mélanges aromatiques sous forme de pot-pourri, ce qui est encore plus facile à faire. Un pot-pourri de brindilles de cèdre hachées, des morceaux de romarin, de l'écorce d'orange, des bâtons de cannelle, du piment de la Jamaïque et un peu d'huile de vanille peuvent ajouter une dimension parfumée à votre autel de Yule. Vous pouvez aussi préparer un pot-pourri de liseron doux, de violette et de pétales de roses séchées pour le 1er mai. Pour l'un ou l'autre choix, l'ajout d'un peu de sel aidera à préserver le mélange. La poudre de racine d'iris est également un bon moyen pour fixer l'ensemble.

Faire un pot-pourri est très semblable à la fabrication d'encens, mais en plus facile. Comme les aromates ne seront pas brûlés, il n'y a aucune raison de les broyer. Des fleurs séchées, des herbes, des épices et même des fruits peuvent être utilisés, et ce, dans n'importe quel bol ou soucoupe pour contenir l'ensemble.

Mettez le pot-pourri dans un petit sac en tissu. On les utilise souvent pour parfumer les placards et les tiroirs, mais ils sont également utiles pour tout sorcier païen. Les sachets peuvent contenir des herbes protectrices, des herbes curatives, des herbes d'amour ou des mélanges à base de plantes pour presque tous les usages. Mettez un sachet d'herbes de protection sous le siège de votre voiture pour vous protéger sur la route. Placez un sachet de fleurs de lavande et de feuilles de menthe à l'intérieur de votre taie d'oreiller pour favoriser des rêves paisibles.

Si vous êtes un commerçant, gardez un sachet rempli de menthe, de thym et de camomille dans votre caisse pour vous aider à profiter de la douce odeur du succès.

## Les poupées de maïs

Après avoir célébré Lammas (ou Lugnasad ou Calan Awst), lorsque vous récoltez la générosité que vous offre votre jardin, vous pouvez honorer les esprits de la terre en fabriquant une poupée de maïs. En principe, les poupées de maïs sont comme l'épouvantail John Barleycorn, mais elles sont plus petites et entièrement faites de matériel végétal plutôt que d'être remplies de paille. La poupée de maïs peut être considérée comme une idole représentant la vie de la terre.

Les *corn-doll*, en anglais, n'étaient pas toujours des poupées. Elles étaient souvent fabriquées sous des formes non humanoïdes, comme des cloches (Essex et Cambridgeshire), des lanternes (Norfolk), des nœuds en forme de bretzel (Stafford), des fers à cheval (Suffolk) ou des spirales (Yorkshire). En Scandinavie, elles avaient souvent la forme d'étoiles ou de couronnes.

De plus, elles n'ont jamais été fabriquées à partir des tiges de ce que nous, les Américains, appelons le maïs, car il s'agit d'une céréale du Nouveau Monde qui était inconnue en Europe jusqu'au XVI^e^ siècle. Bien qu'aux États-Unis, le mot *corn* soit devenu synonyme de « maïs », il désigne en fait tout type de céréale. En Angleterre, le mot pour maïs désigne toutes les céréales : blé, orge, seigle et avoine.

Néanmoins, les feuilles de maïs sont idéales pour faire des poupées. Les instructions que je donne ici sont pour fabriquer une poupée humaine à l'aide de feuilles de maïs. Vous aurez besoin de ficelle, de ciseaux et, bien sûr, de maïs.

Ce sera une activité beaucoup plus significative si vous avez-vous-même cultivé le maïs, mais si vous n'en avez pas, vous pouvez vous procurer quelques épis au marché. D'ailleurs, vous pouvez même acheter des feuilles séchées vendues dans les magasins d'artisanat, mais vous devrez les tremper dans l'eau pour les rendre souples. L'autre inconvénient des feuilles séchées est qu'elles ne sont probablement pas cultivées dans votre région et n'ont donc aucun lien avec les esprits locaux.

Vous aurez besoin d'au moins six feuilles pour fabriquer une poupée. Liez-en quatre ou cinq ensemble, et attachez fermement une extrémité avec un morceau de ficelle.

Maintenant, retournez votre paquet à l'envers et tirez doucement les longues extrémités des feuilles vers le bas en les passant par-dessus les extrémités plus courtes déjà attachées. Tirez tous les côtés vers le bas : avant, arrière, gauche et droite. Faites attention à ne pas casser les cosses en faisant cela. Lorsque vous avez tiré les longues extrémités vers le bas, attachez-les avec une ficelle pour former une « tête » et un « cou ». Le reste des feuilles pendra et ressemblera à un « corps ».

Maintenant, prenez une ou deux autres feuilles et roulez-les aussi étroitement que possible dans le sens de la longueur. Attachez les extrémités avec de la ficelle (vous devrez peut-être également attacher le milieu). Cette pièce formera les « bras » de votre poupée.

Faites passer le bras à travers les longues feuilles, juste en-dessous du cou de la poupée, de sorte qu'il dépasse de chaque côté, comme une paire de bras. Attachez une autre ficelle autour du corps, sous les bras, pour créer une « taille ».

Vous pouvez vous arrêter ici si vous le souhaitez, ou embellir davantage la poupée. Si vous souhaitez une jupe plus ample, attachez quatre ou cinq feuilles supplémentaires autour de la taille de la poupée.

La poupée de maïs peut s'asseoir fièrement sur votre autel. Gardez-la quelque part dans votre maison tout au long de l'hiver, puis remettez-la en terre au printemps, soit en l'enterrant dans votre jardin, soit en la brûlant et en dispersant les cendres sur la terre.

Les poupée de maïs sont fabriquées à partir de plantes qui occupent une place importante dans votre vie. Si vous ne cultivez pas de maïs, voyez s'il y a une autre plante dans votre jardin qui pourraît être transformée en poupée. Une de mes amies du Missouri gagne une partie de ses revenus en cultivant des herbes et en vendant des produits à base de plantes. Elle fabrique de belles poupées en armoise, une espèce d'Artémisia. De nombreuses plantes peuvent être façonnées, attachées et tissées en poupées.

## Miroir magique au mur

Si vous aimez la divination, faites votre propre miroir noir. Un miroir de ce type est utilisé comme n'importe quelle autre surface réfléchissante et il est plus facile à utiliser qu'une boule de cristal. De nombreux païens associent Halloween ou Samhain à l'art de la divination, ce qui fait de cette saison un moment idéal dans l'année pour créer un miroir noir.

Le problème avec les miroirs ordinaires est qu'ils sont trop réfléchissants. Lorsque vous regardez dans un miroir, vous vous voyez et voyez votre environnement dans une réflexion parfaite, mais inversée. Cette réflexion parfaite est généralement une distraction, bien qu'il existe de nombreuses histoires de personnes « voyant des choses » dans des miroirs normaux.

Pour voir efficacement, un miroir moins réfléchissant sera plus utile. Un moyen facile de fabriquer un miroir noir est de prendre un cadre photo vide et prêt à l'emploi, comme ceux vendus dans les magasins discount ou d'articles ménagers.

Retirez la vitre du cadre comme si vous vous apprêtiez à y mettre une photo. Mettez le cadre de côté temporairement, puis peignez une face du verre en noir. Appliquer la peinture noire uniformément sur toute la surface du verre, sans laisser de traces visibles. Laissez la peinture sécher pendant la nuit.

Le lendemain, replacez le verre dans le cadre avec le côté non peint tourné vers l'extérieur. Vous avez maintenant un miroir noir !

La vision est quelque chose qu'on éprouve, pas qu'on apprend intellectuellement. Asseyez-vous devant votre miroir et essayez de vider votre esprit. Il peut être utile d'éteindre les lampes et d'allumer une ou deux bougies. N'essayez pas de forcer quoi que ce soit, il suffit de regarder dans le miroir et d'être ouvert à toutes les impressions que vous pourriez recevoir. Certaines personnes décrivent un effet de « trouble » juste avant de voir des images, donc si le miroir se voile, cela signifie probablement que vous commencez à maîtriser cet art.

Si le miroir ne se voile pas, ne vous inquiétez pas, cela peut toujours fonctionner pour vous d'une manière différente. Les impressions psychiques ne se manifestent pas toujours sous forme de visions (voyance). Soyez ouvert à tout ce qui se produit lorsque vous regardez dans le miroir. Vous pouvez entendre des voix (clairaudience) ou ressentir des odeurs (clairalience). Vous pourrez aussi tout simplement « savoir » des choses que vous ne saviez pas auparavant (claircognizance).

Les miroirs noirs seront de parfaits cadeaux pour vos amis païens. En fait, bon nombre des choses décrites dans ce chapitre (miroirs noirs, bougies rituéliques personnalisées, couronnes solaires, sachets et pots-pourris) peuvent être créés tout au long de l'année comme à Yule, ce qui vous facilitera la vie lorsque vous devrez offrir des cadeaux en fin d'année.

# CHAPITRE 10
# YULE

Yule est souvent confondu avec le solstice d'hiver, mais le premier est une saison tandis que le second est un moment précis dans le temps. Yule commence par la lune Ærra Geola, la première pleine lune en fin novembre ou début décembre. La saison dure pendant deux mois lunaires.

Pour les païens saxons (ainsi que les païens suivant d'autres chemins), la célébration de Yule ne commence généralement pas avant la nuit des Mères (le solstice) et continue pendant une semaine ou deux après. Je célèbre Yule pendant douze jours, de la nuit des Mères au jour de l'an. J'ai même été invité à des fêtes de Yule à la mi-janvier. Et parfois, j'ai assisté à des célébrations de Yule ayant lieu dix jours et plus avant le solstice. Yule est une saison, ces dates étaient donc justes.

J'adore Yule, en partie parce que c'est la fête sainte la plus importante du calendrier sacré saxon. Les Wiccans n'ont pas vraiment de raison de s'enthousiasmer pour le solstice d'hiver, car il s'agit d'un « sabbat mineur » par rapport aux fêtes majeures comme Beltane ou Samhain. Je n'ai jamais connu de païen hellénique faisant grand cas des Halôa, le festival sacré de décembre dédié à Déméter et pour Dionysos, du moins pas plus que n'importe quel autre festival grec. Et pourtant, Yule semble avoir une place spéciale dans le cœur de la plupart des païens, indépendamment de leur chemin spirituel, simplement parce qu'il est très répandu dans notre culture en raison de l'influence du christianisme. La majorité des païens de première génération (ceux d'entre nous qui ont été élevés par des familles non païennes) ont grandi dans des foyers chrétiens où nous avons été habitués au Père Noël, aux clémentines, aux biscuits et au verre de lait dès notre plus jeune âge, et pour les plus anciens d'entre nous, nous avons transmis tout cela à nos propres enfants, les païens des deuxièmes et troisièmes générations de ce siècle.

Bien que les païens ne fêtent pas réellement Noël (du moins en tant que « naissance du Christ »), nous n'avons aucun désir de renoncer aux plaisirs de cette fête. Certains païens affirment que ces traditions sont les nôtres, même si personne ne peut revendiquer la paternité de ces festivités.

Bien que les traditions de Noël ne soient pas exactement les nôtres, les célébrations de Noël n'ont également rien à voir avec la naissance de Jésus, et elles ne s'en trouvent en rien dénaturées lorsqu'elles sont traduites dans le mode de vie païen. Cela est particulièrement vrai pour les païens qui suivent les chemins germaniques, car de nombreuses coutumes de Noël que nous connaissons proviennent du nord de l'Europe. Chez moi, nous décorons un arbre de Yule chaque année. Pour nous, il représente l'Arbre Monde qui relie les sept mondes. Nous aimons déguster les biscuits de Yule et nous avons nos chants préférés de Yule. Nous faisons tout ce que font nos voisins, qui eux remplacent le mot Yule par le mot Noël.

Certains pourront appeler cela un « vol », mais je ne vois pas du tout pourquoi. Ce sont les traditions de mes ancêtres et, bien que je suive un chemin religieux différent, mes ancêtres ont également choisi de suivre un chemin qui différait de celui de leurs propres ancêtres, et rien de tout cela ne change le fait que ce sont des traditions familiales n'ayant pas grand-chose à voir avec Jésus ou Woden.

C'est pourquoi je ne vois rien de mal ou d'étrange à ce que les païens non-germaniques choisissent de célébrer Yule avec des conifères, des guirlandes et des « ho ho ho ». Ces choses ont un sens pour les païens suivants tout type de chemins, et à juste titre.

C'est dans notre expression spirituelle que la diversité de cette saison se manifeste. En tant que païen saxon, la naissance d'un garçon juif il y a plus de deux millénaires n'a pas de signification particulière pour moi. Je ne crois pas non plus que le soleil « renaisse ». Je ne célèbre pas les rites dédiés à Déméter et à Dionysos. Bref, je célèbre la saison en tant que Saxon.

Le solstice d'hiver, pour les Saxons, est connu sous le nom de *Mōdraniht*, ou la nuit des Mères. C'est la nuit la plus longue de l'année, et c'est là où mes proches se réunissent pour offrir un Hùsel à nos ancêtres féminins. On pense que certaines mères continuent de veiller sur leurs enfants et les enfants de leurs enfants après leur décès. Au cœur du rituel, une corne à boire est remplie d'hydromel, et nous buvons à tour de rôle à la mémoire de nos grands-mères, arrière-grands-mères et arrière-arrière-grands-mères, et ce en remontant jusqu'à l'aube de l'humanité. Beaucoup d'entre nous honorent des ancêtres féminins spécifiques en citant leur nom. Pour nous, c'est la nuit la plus importante de l'année et elle précède la célébration des douze jours de Yule.

Vos rituels de Yule devraient exprimer votre propre spiritualité. Même si vous aimez les traditions de « Noël », il est important de se rappeler que ce sont des coutumes laïques, donc ne les laissez pas occulter ce que la saison signifie pour vous en tant que païen.

Le *wassailing* est une tradition de Yule qui revendique légitimement une lignée pré-chrétienne (Simpson et Roud, p. 380). Le mot *wassail* vient du vieil anglais *wes hal*, qui signifie « être en bonne santé » ou « être entier », et est encore souvent utilisé aujourd'hui comme salutation par les païens saxons. Il existe deux coutumes traditionnelles de *wassailing* : celle associée aux femmes et l'autre aux hommes. Les deux se célèbrent avec une boisson chaude et alcoolisée simplement appelée *wassail*.

Lors du *wassailing* associé aux femmes, on visitait les maisons des voisins. Un groupe de jeunes femmes apportait un bol de *wassail* de maison en maison, en offrait aux habitants et chantait une chanson. On croyait que cela portait chance au foyer. Le lien entre cette coutume et la croyance païenne en des ancêtres féminins bénissant leur peuple lors de la nuit des Mères est évident.

Cette tradition est difficile à recréer aujourd'hui, car la plupart, sinon la totalité, de vos voisins n'honorent plus leurs ancêtres ou les anciens dieux. Mais le but sous-jacent du *wassailing* est de célébrer la communauté ou la famille, et c'est très facile à recréer. Lorsque votre famille ou vos proches se préparent à se rassembler pour une célébration du solstice, faites votre sélection de chants et imprimez les paroles pour que tout le monde puisse les chanter. Ces chants peuvent être des chansons païennes, mais ils peuvent tout aussi bien être des chants profanes. Préparez un bol de *wassail*, donnez-en à tout le monde, puis éteignez la télévision. Au lieu de regarder une autre rediffusion d'une émission du type bêtisier, demandez à tout le monde de chanter ensemble, d'unir leurs voix et leurs esprits dans la célébration païenne.

Le *wassailing* des hommes, également appelé le « cri des pommes », était totalement différent. Les hommes du village se rendaient dans les vergers locaux et « wassailaient » les arbres. Cela consistait à chanter pour les arbres et à jeter sur eux le breuvage *wassail*. Les pratiques variaient d'un village à l'autre. Du pain grillé imbibé de *wassail* était parfois placé dans les branches. C'est une tradition destinée à porter chance, mais aussi une bénédiction pour les vergers afin d'avoir une récolte abondante pour l'année à venir.

Vous pouvez pratiquer le cri des pommes si vous avez planté ne serait-ce qu'un seul arbre fruitier ou un noyer dans votre jardin. Versez un peu de *wassail* autour des racines de votre arbre (ou de vos arbres), ou mettez une tranche de pain grillé imbibé de *wassail* dans ses branches. Entonnez un chant pour l'arbre. Là encore, le choix de la chanson dépend entièrement de vous. Cela pourrait être une chanson païenne que vous aimez, « Les arbres de l'Annwfn » de l'album de 1982 de Gwydion Pendderwen *The Faerie Shaman,* serait certainement adapté. Sinon, vous pourriez choisir un chant profane. Je ne pense pas que les esprits des arbres se soucient vraiment de ce que vous chantez, c'est l'attention qu'ils apprécient.

La boisson traditionnelle à base de *wassail* était une bière ou un cidre épicé, et par « cidre », j'entends le cidre brut (alcoolisé). Elle était souvent décrite comme de la « laine d'agneau » en raison de la mousse blanche qui apparaissait à sa surface. La recette suivante est similaire à ce qui aurait pu être jadis utilisé comme *wassail*, « similaire » parce que le païen du nord de l'Europe n'avait évidemment pas accès au sucre, au gingembre ou à la muscade.

## Le *wassail* traditionnel

Vous aurez besoin de :

6 petites pommes

1,5 L de bière ou de cidre brut

50 g de sucre

5 g de muscade râpée

5 g café de gingembre moulu

Préchauffez votre four à 50 °C. Retirez les pépins des pommes, puis placez-les sur une plaque à pâtisserie légèrement beurrée. Les pommes gonfleront légèrement au cours de la cuisson, alors espacez-les. Laissez cuire les pommes pendant 1 heure.

Pendant ce temps, mettez 1 verre de bière (ou de cidre) et tout le sucre dans une grande casserole. Réchauffez le tout à feu doux en remuant pour dissoudre le sucre. Une fois le sucre dissous, ajoutez la muscade râpée et le gingembre. Continuez à remuer en ajoutant lentement la bière ou le cidre restants.

Une fois les pommes cuites, retirez-les du four et laissez-les refroidir pendant 10 à 12 minutes. Coupez ensuite chaque pomme en deux et déposez la « chair » cuite dans un bol. Jetez les peaux (idéalement dans votre compost !). À l'aide d'une fourchette ou d'un pilon, écrasez les pommes jusqu'à ce qu'elles soient pâteuses.

Ajouter lentement les pommes écrasées à la bière chaude, en les mélangeant avec un fouet. Continuez à réchauffer le *wassail* à feu très doux pendant environ une demi-heure. Fouettez à nouveau juste avant de servir.

## Le *wassail* moderne

La caractéristique du *wassail* traditionnel est qu'il est alcoolisé. Une grande partie de l'alcool se dissipera lorsque le *wassail* sera chauffé, mais il pourrait ne pas convenir à tout le monde. La recette qui suit est un *wassail* sans alcool que tous vos proches pourront apprécier.

Vous aurez besoin de :

2 L de jus de pomme ou de cidre de pomme doux

535 mL de jus d'ananas

475 mL de jus d'orange

236 mL de jus de citron

100 g de sucre

1 bâton de cannelle

5 g de clous de girofle entiers

Mettez les clous de girofle dans une boule à thé et mélangez tous ces ingrédients dans une casserole. Réchauffez le *wassail* à feu doux. Une fois chauffé, retirez la boule à thé et servez la *wassail* dans des tasses.

Si l'arbre de Yule est un point central dans toute célébration du solstice, c'est uniquement en raison de sa taille. Amener un conifère dans la maison au solstice est une coutume relativement moderne, mais elle n'a rien d'explicitement chrétien (Israël n'est pas connu pour ses vastes forêts de sapins), et en tant que tradition germanique, il s'intègre très bien avec ma spiritualité saxonne. Pour moi, l'arbre de Yule représente l'Eormensyl, le grand *axis mundi* qui touche chacun des sept mondes.

Les païens nordiques voient l'arbre d'une manière similaire : c'est l'Yggdrasil, reliant chacun des neuf mondes nordiques.

L'arbre peut devenir une expression de votre spiritualité même si vous ne suivez pas un chemin nordique. Le païen hellénique (grec) peut vouloir décorer l'arbre avec des vignes et des raisins réels ou artificiels en l'honneur de la fête des Halôa pour Dionysos. Le païen romain peut incorporer l'arbre dans une célébration des Saturnales. En créant des ornements à accrocher aux branches de l'arbre (Saturne est parfois représenté tenant une faux) certains représenteront le soleil en l'honneur de Sol Invictus.

En supposant que vous ayez l'habitude d'avoir un arbre de Yule chaque hiver, ou que vous souhaitiez le faire à l'avenir, examinons la nature essentielle de cette pratique. Ceux qui achètent de vrais arbres peuvent choisir parmi une variété d'espèces de conifères. L'autre facteur primordial est que l'arbre, qu'il soit réel ou artificiel, sera toujours installé à l'intérieur. Vous pouvez également décider de mettre des lumières sur les conifères à l'extérieur de la maison, mais l'arbre de Yule lui-même sera positionné à l'intérieur.

Que vous installiez un véritable arbre (j'hésite à parler d'« arbre vivant », car techniquement, il meurt dès qu'il est coupé) ou un arbre artificiel est une question de préférence personnelle. Certaines personnes soutiennent qu'il vaut mieux acheter un arbre artificiel que de tuer un arbre vivant, mais, comme pour tant de choses, cette question a deux aspects. Très peu d'arbres introduits dans nos maisons au solstice sont des arbres que nous sommes allés chercher en forêt. Presque tous ont été plantés, cultivés et récoltés dans le but de décorer nos maisons pendant les fêtes de fin d'année. Pendant leur croissance, ils font ce que font tous les arbres, purifiant et oxygénant l'atmosphère. Après les fêtes, plus de 90 % de ces arbres sont recyclés grâce à des milliers de programmes de replantation. A contrario, les arbres artificiels ne sont ni recyclables ni biodégradables, et ils ne contribuent absolument pas à renouveler notre atmosphère.

Je ne dis pas qu'acheter un arbre artificiel fait de vous un monstre. Ce que je dis, c'est que vous n'êtes pas un monstre si vous avez choisi un véritable arbre.

Le véritable arbre a un autre avantage : ses aiguilles. Cela peut vous étrange si vous avez déjà pesté lors du ramassage de toutes ces aiguilles sur votre tapis, mais elles sont de merveilleux ingrédients aromatiques pour un pot-pourri ou un encens ! Après les vacances, avant de sortir votre arbre pour le recycler, retirez les aiguilles sèches et rangez-les dans des contenants hermétiques, à l'abri de la lumière. Posez du papier journal sous l'arbre pendant que vous enlevez les aiguilles pour récupérer tout ce qui tombe.

## L'encens forestier

4 portions d'aiguilles d'arbre, coupées aussi courtes que possible

2 portions de copeaux de cèdre

1 portion de baies de genièvre écrasées

Mélangez-les ensemble pour créer un encens dont le parfum évoque les forêts profondes. Il est particulièrement approprié pour les rituels honorant les divinités de la nature ou forestières. Le parfum variera légèrement selon l'espèce d'arbre que vous utilisez, mais le résultat sera toujours agréable.

Pour l'utiliser comme pot-pourri, ajoutez plusieurs gouttes d'huile essentielle de pin ou de genévrier et déposez le mélange dans un joli bol. Les aiguilles n'ont pas besoin d'être coupées aussi finement dans cette recette.

Lors de votre achat de l'arbre de Yule, vous verrez sans doute des topiaires de romarin pour remplacer votre arbre. Ils seront adorables, mais je vous recommande de résister à l'envie d'en acheter. Le romarin n'est pas une plante d'intérieur. Il a besoin d'air frais ! Il peut (et doit) être amené à l'intérieur avant les premières gelées, mais dans des conditions adéquates et il peut être difficile de le maintenir en vie pendant l'hiver. Le topiaire de romarin qui semble si attrayant dans le magasin n'a pas du tout bénéficié des « meilleures conditions » : ses tailles fréquentes l'ont stressé et il n'a dû recevoir que le minimum de traitement nécessaire en attendant qu'il soit acheté.

Si un ami bien intentionné vous offre un de ses arbrisseaux, le mieux que vous puissiez faire est d'espérer le garder en vie jusqu'au printemps. Placez la plante dans un endroit frais qui reçoit beaucoup de soleil (oui, c'est une contradiction mais c'est une des raisons pour lesquelles il est difficile de garder le romarin en vie pendant l'hiver). Arrosez la plante avec parcimonie, en gardant la terre assez sèche. Enfin, vaporisez de l'eau sur les aiguilles au moins trois ou quatre fois par semaine.

Ensuite, priez la divinité de votre panthéon spirituel qui gouverne les destinées des végétaux. Si votre romarin survit au printemps, sortez-le dès que le danger des gelées est écarté.

Si vous vivez dans une région qui ne connaît pas de fortes gelées, ignorez tout ce que je viens de dire. Profitez de votre « arbre » de romarin pendant quelques jours, puis plantez-le à l'extérieur où il pourra prospérer.

Que devez-vous faire avec une plante de romarin morte ? Faites la même chose qu'avec votre sapin après les fêtes : retirez les aiguilles et utilisez-les comme aromate. Les aiguilles de romarin font un merveilleux encens, qu'elles soient seules ou mélangées à d'autres herbes.

Que faire le 25 décembre ? Peu de gens se poseront la question. Si votre foyer compte des chrétiens ou si vous avez des proches chrétiens, il est très probable qu'ils voudront que vous soyez avec eux alors qu'ils commémorent la naissance de leur divinité, et il n'y a rien de mal à cela. Vous pouvez avoir un travail qui vous oblige à travailler le 25, et il n'y a rien de mal à cela non plus. Mais certains d'entre vous seront peut-être dans une position similaire à celle du moi passé, où je me suis retrouvé assis dans mon appartement sans rien avoir à faire. Mes parents chrétiens vivaient tous assez loin de moi, je n'avais donc pas l'obligation de passer les fêtes en leur compagnie. Mon lieu de travail était fermé, donc aller travailler n'était même pas une option. La télévision par câble n'existait pas encore, ni les ordinateurs (dans une certaine mesure), et j'ai rapidement découvert que mes options en matière de divertissement télévisuel se limitaient à un match de football sur une chaîne et au Pape sur l'autre.

Après cela, et chaque année depuis lors, le 25 décembre est connu chez moi sous le nom de « jour des Cadeaux ».

J'invite toujours mes *híredmenn* pour le jour des Cadeaux, et d'autres amis païens libres de toute obligation sont également invités à nous rejoindre pour une journée de joie et d'échange de cadeaux. Il y a un style anglo-saxon à notre célébration. Nous avons toujours disposé au centre de la table un gros jambon, car le sanglier était un animal sacré pour nos ancêtres saxons. Le thème de la journée est « Groupe et communauté » ; nous avions déjà rendu hommage à nos ancêtres plusieurs jours plus tôt, au solstice.

Je pourrais envisager le 25 décembre comme n'importe quel autre jour de l'année, mais pourquoi laisser passer l'occasion de profiter au maximum d'une journée où presque tout le monde a un jour de congé, et où beaucoup n'ont rien d'autre à faire ? Donc je célèbre le 25 décembre comme un moment pour offrir des cadeaux et pour célébrer mon peuple. Ce jour fait partie de mon calendrier sacré. Pour moi, c'est aussi le moment de remercier tous mes amis et mes proches.

Plus haut, j'ai mentionné que je célébrais Yule pendant douze jours. La nuit des Mères et la journée des cadeaux ne sont que deux de ces jours. Le réveillon du Nouvel An est une troisième célébration. Et les neuf autres jours alors ?

Pour ma part, cela varie chaque année. Demander ce que nous faisons pour célébrer Yule, c'est comme demander où chacun est allé en vacances : ce n'est jamais la même chose d'une année sur l'autre. J'aime cette flexibilité, car notre famille est un peu différente tous les ans. Les horaires de travail changent. Quelqu'un s'inscrit au lycée ou bien fête son diplôme. Je peux gagner un nouveau híredmann par le mariage, ou nous pouvons perdre quelqu'un qui est parti. Un défi pour la famille du XXI$^{e}$ siècle est de s'adapter aux exigences de la vie du XXI$^{e}$ siècle ! Nous pourrions nous réunir pour boire le *wassail* un soir, ou construire une maison en pain d'épice, ou encore organiser une fête en l'honneur de Sunne (l'esprit souverain du soleil), mais la date de tel ou tel événement varie chaque année. Le jour où la plupart d'entre nous sera libre, nous planifierons des festivités plus longues.

D'autres païens, cependant, préfèrent un calendrier plus structuré. Nick Egelhoff est un païen nordique qui observe les douze jours de Yule avec une série de dévotions. Chaque soir, sa famille honore une divinité ou un ensemble d'esprits nordiques différents :

• 20 décembre : nuit des Mères. Des offrandes sont faites aux ancêtres féminins, tout comme je le ferais. Les Scandinaves et les Saxons sont des cultures germaniques, nous partageons donc beaucoup de choses, bien qu'il existe de nombreuses différences. Dans la maison de Nick, une libation de vin est également offerte à la déesse nordique Frigg en cette nuit de solstice.

• 21 décembre : hommage à Máni et à la chasse sauvage. Máni, le dieu nordique de la Lune, est loué et appelé « le frère du soleil brillant ». Des offrandes de bière, de flocons d'avoine, de pain et de lait sont données à la fois à Máni et à Oðinn (Wodan) qui mène la chasse sauvage à cette époque de l'année.

• 22 décembre : journée de Sunna. Des offrandes d'encens et d'hydromel ou de vin sont données à Sunna, la déesse nordique du soleil.

• 23 décembre : journée des jumeaux. Des offrandes de bière, de pain et de lait sont données à Freyr et Freyja, deux divinités connues des païens saxons comme Ing et Fréo. Ce dieu et cette déesse sont des frères et sœurs associés à la prospérité ou à l'abondance de la terre.

• 24 décembre : nuit des alfars. Les alfars sont des ancêtres masculins qui gardent ou veillent sur la terre de leurs descendants. Nick raconte que les alfars « se sont confondus et se sont connectés avec d'autres types d'esprits » dans la culture nordique, ils sont donc à la fois des esprits ancestraux et des esprits terrestres. Dans la maison de Nick, les alfars reçoivent des offrandes de bière, de pain, de lait ou de « tout ce que les ancêtres masculins auraient pu apprécier ».

• 25 décembre : journée des enfants. Nick et sa femme n'ont pas encore d'enfants, mais ils pensent qu'il est néanmoins important de les honorer ce jour-là. « Nous nous souvenons et célébrons l'innocence et la joie des enfants », explique Nick. La journée des enfants est également pour lui un moyen d'honorer les esprits du foyer et de la maison. Les offrandes (généralement du lait et des biscuits) sont mises à disposition des hausvættir (esprits de maison).

• 26 décembre : nuit de Dvergar. Les dvergars sont des nains nordiques. Ces créatures seraient d'excellents artisans. Nick les honore avec des offrandes de bijoux, de métaux et d'hydromel.

• 27 décembre : nuit des Pères. Des ancêtres sont déjà honorés lors de la nuit des Mères et de la nuit des alfars, mais cette journée est consacrée à tous les ancêtres dans un sens plus général. Comme le dit Nick, la journée est un moment pour honorer les « milliers sans nom dont le sang, les actes et la destinée coulent en nous. » Les offrandes peuvent être tout ce dont ces ancêtres pourraient profiter, mais Nick donne souvent une libation d'hydromel ou d'une autre boisson fermentée.

• 28 décembre : nuit de Hel. Dans les traditions germaniques, Hel est à la fois un lieu et la déesse qui règne sur ce lieu. Ce n'est pas un endroit particulièrement mauvais, et la déesse Hel (ou Hela) n'est pas non plus une déesse particulièrement mauvaise. Nick lui offre de l'hydromel, du pain et de la viande.

• 29 décembre : nuit de Ygg. Ygg est un autre nom pour le dieu Oðinn, et cette nuit lui est dédiée. L'offrande votive est toujours de l'hydromel ou une boisson fermentée similaire, et Ygg est loué comme le dieu qui a éclairci les mystères runiques.

• 30 décembre : journée de Thor. Cette journée est dédiée au dieu Thor, connu des païens saxons sous le nom de Thunor. Dans la liturgie dévotionnelle de Nick, il est appelé « celui qui défend le Midgard, celui qui est l'ami de tous les hommes, celui dont le rire résonne comme un coup de tonnerre. » La bière est l'offrande habituelle, mais Nick me dit qu'il pourrait aussi donner à ce dieu de la viande ou du pain.

• 31 décembre : douzième nuit. La dernière nuit de l'année, Nick et sa famille honorent les Nornes, trois esprits puissants qui façonnent le destin des hommes. La boisson fermentée est l'offrande habituelle.

De toute évidence, il s'agit d'une approche beaucoup plus structurée pour célébrer les douze jours de Yule, et Nick admet que cela nécessite parfois de s'adapter aux demandes du monde extérieur. L'année dernière, il m'a dit : « Nous avons dû être flexibles une ou deux nuits en raison de la géographie et du calendrier. Nous sommes retournés à Columbus (dans l'Ohio) la veille de Noël pour être avec ma famille, et donc nous ne pouvions pas vraiment faire les dévotions comme prévu initialement. Mais en nous adaptant, nous y sommes quand même parvenus. »

Si vous savez vous adapter et modifier votre planning, une célébration structurée de douze jours peut vous intéresser. Cela pourrait prendre la forme d'une série de douze rituels, comme Nick l'a fait, mais votre groupe pourrait aussi alterner les rituels avec le *wassailing*, la cérémonie ou d'autres activités de Yule. La bonne façon de faire est celle qui est à la fois fidèle à votre tradition spirituelle et épanouissante (pour vous et votre groupe). Lors de la célébration des douze jours de Yule, l'important n'est pas ce que vous faites ou quand, mais de faire quelque chose tout au long de cette période de transition de douze jours d'une année à l'autre.

Pour ceux d'entre nous qui vivent dans l'hémisphère Nord, Yule met fin à une année. Et puis une nouvelle année commence, se déroulant devant nous alors que nous marchons sur un chemin païen.

# GLOSSAIRE

Alfars : les ancêtres masculins qui gardent ou veillent sur les terres héritées de leurs descendants. (Norrois)

Ásatrú : paganisme islandais. Ce terme est parfois utilisé de manière plus générale pour inclure tous les chemins germaniques, en particulier les chemins scandinaves.

Beltane : un festival célébré le ou près du 1er mai, marquant le début de l'été. (Celte irlandais, wiccan)

Blót : un sacrifice aux dieux ou aux ancêtres. Le mot signifie littéralement « sang », mais les païens nordiques utilisent généralement ce terme pour toute type d'offrande. (Norrois, saxon)

Calan Awst : fête célébrée le ou avant le 1er août, marquant le début de la saison des récoltes. (Gallois celtique)

*Demos* : mot utilisé par de nombreux païens helléniques pour désigner la tribu ou famille spirituelle. Au pluriel : *demoi.* (Hellénique)

*Dodekatheon* : les douze dieux et déesses de l'Olympe liés au panthéon hellénique. (Hellénique)

Dvergar : mot en vieux norrois désignant les nains en tant qu'esprits souterrains, associés aux métaux et aux gemmes, à l'artisanat et à la sagesse. (Norrois)

Eormensyl : l'*axis mundi* qui relie les sept mondes de la cosmologie anglo-saxonne. Parfois appelé l'Arbre Monde. (Saxon)

Épeautre : une variété de blé qui était une culture de base de l'âge du bronze au Moyen Âge. Souvent privilégié par les païens romains et helléniques comme offrande.

Esbat : une réunion conventionnelle qui a lieu à un moment autre que l'un des sabbats. Les Esbats ont généralement lieu à la pleine lune ou aux alentours. (Wiccan)

Gaulois : individu originaire de la Gaule, région de l'Europe qui correspond plus ou moins à la nation française moderne. Les païens gaulois vénèrent des divinités celtes continentales telles que Taranis, Ogmios et Lugus.

*Gesith* : un membre assermenté d'un *inhíred*, ayant juré confraternité. Le mot signifie littéralement « camarade » ou « compagnon ». Au pluriel se dit *gesithas.* (Saxon)

*Hal Sidu* : ancien anglais signifiant « coutume saine ». Ensemble de traditions holistiques qui associent le corps et l'esprit.

Hama : le corps astral qui entoure et protège le moi physique. En tant que nom propre, il s'agit également du nom du dieu Heimdall pour les Nordiques. (Saxon)

Imbolc : un festival célébré le ou à proximité du 1er février, marquant le début du printemps. Il est associé à la lactation des brebis. (Celte irlandais, wiccan)

*Inhíred* : la tribu ou la famille élargie. Le nom signifie « ménage ». Au pluriel se dit *inhírdas.* (Saxon)

Kémétique : relatif aux anciens Égyptiens. Les païens kémétiques vénèrent des divinités telles qu'Isis, Osiris et Horus avec des reconstitutions du rituel égyptien.

Paléopaganistes : terme désignant les païens préchrétiens, par opposition aux néopaïens modernes.

Parenté : la tribu ou la famille élargie. (Norrois)

Lammas : fête célébrée le premier jour du pain cuit lors de la première récolte de blé, vers le ou le 1er août. (Saxon, wiccan)

Lararium : un autel domestique. Littéralement, le lieu de résidence des esprits gardiens du ménage. (Romain)

Litha : le solstice d'été. (Saxon, wiccan)

Lugnasad : fête célébrée le 1er août ou à une date proche pour commémorer la déesse Tailtiu, mère adoptive de Lugh. Comme Lammas et Calan Awst, c'est un festival de la récolte. (Celte irlandais, wiccan)

Midgard : le monde physique. La « Terre du Milieu », contrairement aux mondes extra dimensionnels qui entourent l'univers physique dans la cosmologie germanique. (Norrois)

*Mōdraniht* : la nuit des Mères, au solstice d'hiver. La nuit la plus longue de l'année est une occasion de rendre hommage à ses ancêtres féminins avec des libations et des louanges. (Saxon)

*Myse* : la surface de travail pour les rituels magiques ou spirituels. Le nom signifie « table » en ancien anglais. (Saxon)

Néopaïens : terme désignant les païens contemporains. Les néopaïens suivent un large éventail de chemins spirituels.

*Numina* : mot signifiant « pouvoirs », parfois utilisé en référence aux esprits gardiens. (Romain)

*Recelsfæt* : un encensoir. N'importe quel récipient pour contenir de l'encens. (Saxon)

Saxon : relatif aux tribus germaniques qui se sont établies en Angleterre à partir du IIIe siècle. Les païens saxons vénèrent des divinités telles que Woden, Frige et Thunor en reconstituant des rituels anglo-saxons.

*Wéofod* : un autel. Littéralement, l'endroit où se trouve l'image de la divinité. (Saxon)

*Wofofsteall* : sanctuaire ou espace rituel sacré. Littéralement, l'endroit où se trouve l'autel. (Saxon)

*Wéoh* : une image ou un symbole d'une divinité. Une idole. (Saxon)

Ygg : un des nombreux noms du dieu Oðinn. (Norrois)

# BIBLIOGRAPHIE

Albertsson (Alaric), *Travels Through Middle Earth: The Path of a Saxon Pagan*, Llewellyn Publications, Woodbury, 2009.

———, *Wyrdworking: The Path of a Saxon Sorcerer*, Llewellyn Publications, Wood-bury, 2011.

Ambrose (J. T.), *et al*, *The Hive and the Honeybee*, Dadant & Sons, Hamilton, 1992.

Andrews (Ted), *Animal Speak*, Llewellyn Publications, St. Paul, 1993.

Bartholomew (Mel), *Potager en carrés : la méthode Bartholomew*, Rustica Éditions, Paris, 2014.

Beyerl (Paul), *The Master Book of Herbalism*, Phoenix Publishing, Custer, 1984.

Blake (Deborah), *Everyday Witch Book of Rituals*, Llewellyn Publications, Woodbury, 2012.

Bremness (Lesley), *Le Livre des herbes : jardin, décoration, cuisine, beauté, santé*, Hachette, Paris, 1996.

Briggs (Katharine), *An Encyclopedia of Fairies*, Pantheon Books, New York, 1976.

Burkert (Walter), *Greek Religion*, Blackwell Publishing, Malden, 1985.

Cunningham (Scott), *L'Encyclopédie des plantes magiques*, Éditions AdA, Paris, 2020.

Dennis (John V.), *The Wildlife Gardener*, Alfred A. Knopf, New York, 1985.

Griffiths (Bill), *Aspects of Anglo-Saxon Magic*, Anglo-Saxon Books, Norfolk, 1996.

Guirand (Felix), *Mythologie Générale*, Larousse, Paris, 1992.

Hartley (Dorothy), *Lost Country Life*, Pantheon Books, New York, 1979.

Jones (Prudence) and Pennick (Nigel), *A History of Pagan Europe*, Routledge, New York, 1995.

Kilarski (Barbara), *Keep Chickens!: Tending Small Flocks in Cities, Suburbs, and Other Small Spaces*, Storey Publishing, North Adams, 2003.

Langer (Richard W.), *Grow It!*, Avon Books, New York,1972.

Murray (Elizabeth), *Cultivating Sacred Space: Gardening for the Soul*, Pomegranate, San Francisco, 1997.

Murray (Margaret Alice), *Le Dieu des sorcières*, Camion Blanc, Rosières-en-Haye, 2011.

Olkowski (Helga and William), *The City People's Book of Raising Food*, Rodale Press, Emmaus, 1975.

Pitcairn (Richard H. and Susan Hubble), *Dr. Pitcairn's Complete Guide to Natural Health for Dogs and Cats*, Rodale Press, Emmaus, 1982.

Riotte (Louise), *Planetary Planting*, Simon & Schuster, New York, 1975.

Schwanz (Lee), *The Family Poultry Flock*, Farmer's Digest, Brookfield, 1979.

Simpson (Jacqueline) and Roud (Steve), *A Dictionary of English Folklore*, Oxford University Press, Oxford, 2000.

The Findhorn Community, *Les Jardins de Findhorn*, le Souffle d'or, Barret-le-Bas, 1999.

Trout (Darrell), *Kitchen Garden Planner*, Country Home Books, Des Moines, 1999.

# INDEX


A

abeilles 7, 10, 98, 124, 126, 129, 159, 160, 161, 162, 163, 164, 165
absinthe 120
Æfterra Geola 43, 44
Æfterra Litha 43
Ærbcerbot 116
Ærra Geola 43, 44, 213
Ærra Litha 43
Agathodémon 34, 48
akhet 61
alfars 223, 224
ancêtres 14, 18, 19, 24, 25, 27, 28, 29, 30, 31, 32, 35, 36, 42, 44, 45, 48, 59, 62, 65, 66, 68, 69, 70, 78, 100, 107, 115, 122, 123, 144, 145, 146, 149, 168, 172, 174, 182, 183, 185, 195, 199, 214, 215, 222, 223, 224, 227, 229
aneth 120
Anthestérie 49
Anthestérion 49, 50
Anubis 86
Aphrodite 47, 48, 49, 55, 120, 196
Apollon 20, 34, 47, 48, 50, 161
Arbre Monde 131, 139, 140, 142, 214, 227
armoise 202, 209
Ár nDraíocht Féin 4, 15, 19, 39, 42, 77
Artémis 48, 50, 86, 94, 161, 163
Asclépios 80, 86
Asgard 21
Athéna 15, 20, 48, 132
Athènes 14, 48, 49, 50
aubépine 125, 129, 130, 131
autel 18, 22, 25, 26, 27, 28, 30, 31, 32, 35, 39, 68, 69, 72, 78, 85, 86, 94, 96, 103, 113, 139, 140, 142, 146, 187, 192, 194, 195, 200, 207, 209, 228, 229

B

Bacchus 22
baie 125, 220
baies de genièvre 220
basilic 11, 120, 122, 203
Bastet 91, 94
Bau 86
Beith-luis-nin 71
Beltane 9, 35, 42, 44, 46, 55, 213, 227
betteraves 146
beurre 73, 134, 135, 167, 172, 181, 182, 183, 184, 185
bière 31, 68, 69, 86, 151, 170, 216, 217, 223, 224
blé 31, 88, 168, 169, 171, 175, 208, 228, 229
Blodmonath 43
Blót 34, 227
Boédromion 48
bois de santal 201, 203, 204, 205
bougies 11, 16, 17, 18, 19, 26, 28, 44, 45, 95, 150, 159, 182, 187, 188, 189, 190, 191, 192, 193, 194, 195, 210, 211

bouleau 129
bourrache 120
Brigid 20, 46, 61, 64, 120, 181, 182, 199
Britannia 94
brocoli 175

## C

café 32, 59, 62, 147, 217
Calan Awst 167, 168, 208, 227, 228
calendula 120
camomille 119, 207
cannelle 169, 203, 205, 207, 218
cardamome 204
carême 143
carottes 89, 90, 97, 117, 118, 175
cataire 120
cèdre 207, 220
céleri sauvage 120
cerises 121
cerisiers 138
Chandeleur 112, 181, 182, 183, 187, 188, 192
châtaigniers chinois 138
chats 21, 75, 76, 77, 91, 92, 93, 94, 95, 96, 97, 98, 100, 101, 104, 105
chêne 125, 127, 129, 130
chèvrefeuille 125
chiens 29, 59, 75, 76, 77, 78, 79, 80, 81, 82, 83, 84, 85, 86, 87, 88, 89, 90, 91, 92, 93, 94, 95, 97, 98, 100, 101, 105, 158
ciboulette 122
cire d'abeille 17, 159, 189, 192
cobayes 101
cofgodas 67
Colombie 54, 55
compost 156, 177, 217
confiture 167, 178, 179, 180
conserves 97
consoude 120, 121
coqs 148, 152
courge d'été 175
courgettes 89, 90, 167, 172
coven 9, 11, 38, 66, 96, 136, 159, 169, 198
crapauds 75, 76, 85
croix de Brigid 64, 199
cusith 79

## D

Dagda 61
Dazhbog 61
Déméter 48, 49, 52, 53, 161, 163, 213, 214
demos 37
devas 112
Diana 94
Dionysos 49, 50, 52, 53, 108, 196, 213, 214, 219
Dodekatheon 20, 227
dryades 55, 132, 134
Dylan Eil Ton 33

## E

Éadaoin 61
Écorce d'orange 146
Einherjar 55
Élaphébolion 49, 50
Elfes 27
elfes de maison 67, 68, 69, 70
encens 11, 16, 17, 18, 23, 25, 27, 28, 31, 48, 51, 69, 72, 95, 118, 122, 163, 201, 202, 203, 204, 205, 206, 207, 220, 221, 223, 229
entomophobie 10
Éostre 20, 43, 44, 143, 144
Eostremonath 43

épinards 108, 109, 112
épine-vinette 125, 164
Epona 108
épouvantail 111, 195, 196, 197, 198, 199, 200, 208
équinoxe d'automne 35, 54, 55
équinoxe de printemps 9, 35, 44, 54, 113, 144
Esbat 34, 37, 227
Ewemeolc 112, 171, 181, 182, 183

F

familiers 7, 11, 24, 75, 76, 91, 98, 99, 102, 104, 105, 106, 151
fées 24, 79
fenouil 56, 119
Findhorn Garden 112
flocons d'avoine 223
forsythia 111, 125
fraises 121, 178
framboises 146
frangipanier 201
Fréo 45, 94, 223
Freyja 55, 91, 94, 151, 223
Freyr 223
Frige 20, 45, 119, 120, 229
Frigg 223
Futhorc 129, 145

G

Gaïa 138
Gallytrot 79, 80
Gamelia 49
Gamélion 49
Gardner, Gerald 5, 44
Genesia 48
gerbilles 99
gombo 175
gomme arabique 206
Grand Dionysos 49, 50
grande aunée 120
grande camomille 119
grenade 49
grenouilles 126, 127
Groundhog Day 183
Gwyn ap Nudd 86

H

Haligmonath 43
Halloween 35, 55, 210
Halôa 49, 52, 53, 213, 219
Hal Sidu 14, 15, 16, 17, 24, 32, 42, 45, 55, 57, 112, 168, 228
Hama 228
hamsters 99
haricots verts 175
Hathor 34
Hécate 47, 48
Hécate Dephinion 47
Hecatombéon 48
Hel 224
Hélios 61
Héphaïstos 50
Héra 20, 47, 48, 49, 51, 120
Hera Thelchinia 48
herbes 11, 17, 23, 27, 43, 45, 111, 118, 119, 120, 121, 122, 123, 124, 155, 156, 198, 201, 202, 203, 207, 209, 221, 231
Hermès 48
Herthe 43, 56, 57, 63, 64, 138
Hestia 13, 86
Hláfmæsse 44
houx 110, 125, 164
Hrethmonath 43
huile d'olive 17, 22
huile essentielle 190, 191, 201, 202, 203, 220

Húsel 34
hydromel 16, 17, 22, 31, 55, 86, 151, 159, 180, 181, 183, 215, 223, 224

I

Imbolc 11, 35, 46, 112, 171, 181, 182, 183, 184, 185, 228
Ing Fréa 27, 163
Isis 61, 132, 228

J

Jour de la Terre 55, 58
Junon 120

K

Khoes 49, 50
Khytrai 50

L

laurier 120, 204
lavande 201, 204, 207
Liéchi 132, 134
lilas 125
liseron 207
Litha 9, 11, 43, 44, 53, 133, 134, 135, 136, 199, 200, 228
Lugh 44, 86, 167, 228
Lugnasad 11, 35, 44, 46, 167, 208, 228
lune 4, 34, 42, 43, 44, 47, 48, 66, 67, 87, 116, 117, 118, 137, 143, 144, 169, 176, 179, 181, 196, 199, 213, 227

M

Maimactérion 49
maïs 24, 88, 100, 107, 110, 114, 127, 155, 172, 173, 208, 209
Manannán Mac Lir 20
Máni 223
marché de producteurs 173
marjolaine 124
marronnier 120
Mars 107, 108, 151
Mât de mai 131, 132
mélisse 124
menthe 124, 207
Métageitnion 48, 50
miel 22, 55, 56, 57, 98, 124, 159, 160, 162, 163, 164, 180, 181
millefeuille 120
Mona 45, 66
Mounichia 50
Mounichion 50
moutons 182, 183
Murray, Margaret 75, 85, 98
Muses 34
myrrhe 205
myrtilles 178

N

naïades 33
nains 82, 137, 224, 227
Nodens 80, 86
noisetiers 138
noix 136, 169
Nornes 225
Noumenia 48
Nova Roma 25
noyers des Carpates 138
nuit des Mères 44, 213, 215, 222, 223, 224, 229
Numina 229
nymphes 24, 33, 132

O

Odin 86, 223, 224, 229

œillets 204
œufs 71, 89, 143, 144, 145, 146, 147, 148, 149, 150, 151, 152, 153, 154, 155, 156, 157, 158, 172
Ogmios 33, 228
oignon 146
oomantie 157
origan 120
orthopraxique 15
Osiris 132, 228

## P

pain 11, 31, 43, 85, 86, 167, 168, 169, 170, 171, 172, 183, 216, 222, 223, 224, 228
Panathénées 48, 54
parents 22, 26, 28, 65, 69, 73, 221
pentagramme 64
Perséphone 48
Pithiogia 49
Pléiades 151
plumes 102, 103, 124, 201
poires 112
poiriers 138
Poivron 175
pommes 110, 117, 118, 121, 122, 134, 135, 216, 217
pommes de terre 110, 117, 118, 121, 122
pommiers 125, 138
Pompaia 49
Poséidon 47, 48, 49, 132
pot-pourri 118, 207, 220
poules 11, 104, 144, 147, 148, 149, 150, 151, 152, 153, 154, 155, 156, 157, 158
poulet 85, 86, 89, 97, 150, 152
Priape 196
pruniers 138
Pyanepsion 48
pyracantha 125

## R

racine d'iris 203, 204, 205, 207
radis 109, 110, 117, 121, 122, 123
rats 91, 99, 100, 101, 102, 134
Rê 61, 161, 163
Rituel de dédicace 16
Robin des Bois 130
romarin 66, 119, 202, 203, 207, 220, 221
Rome 14, 42, 132
rose 147, 193, 204
Roue de l'année 9, 35, 41, 45, 47, 51, 55, 59, 181, 187
rue 6, 99, 120, 122
runes 26, 60, 61, 70, 71, 120, 145, 196, 198

## S

sabbat 67, 172, 213
sachets 207, 211
Saint-Valentin 55
salpêtre 204, 205, 206
Samhain 42, 44, 46, 47, 199, 210, 213
sarriette d'hiver 124
Saturnales 219
Saturnus 45
satyre 132
sauge 11, 119, 124
Séléné 48
semoule de maïs 24
Set 132
Shashthi 91
Sidhe 47
Sinistre 79
Skirophorion 50
sol-cakes 111, 171
Sol Invictus 219

Solmonath 42, 43
solstice d'été 35, 43, 48, 53, 54, 133, 134, 135, 168, 228
solstice d'hiver 35, 44, 54, 133, 144, 213, 215, 229
sorbier 131
soucis 119
souris 15, 75, 76, 91, 101, 102
Sunne 45, 60, 61, 63, 64, 222

T

Tailtiu 167, 228
tarot 71
Thargélie 50
Thargelion 50
Thesmophorie 48, 51, 107
Thor 21, 108, 224
thrilithe 42, 43
Thrimilci 43
Thunor 20, 26, 45, 64, 86, 108, 130, 150, 151, 174, 224, 229
thym 120, 124, 207
tomates 110, 112, 113, 121, 127, 172, 173, 176, 177, 178, 180
trèfles 120, 124
troène 125, 164

V

Valiente, Doreen 67
vénération de l'arbre 133
Vénus 108
verveine 120, 204
vin 17, 22, 24, 49, 55, 69, 159, 167, 223
Vinalia Rustica 108
violettes 111, 204
Volturnus 33

W

Wassail 57
Weodmonath 43
wéofod 25, 27
wéoh 13, 25
whisky 68
Wild Hunt 80
Winterfylleth 43, 47, 199
Woden 20, 30, 32, 33, 45, 79, 80, 86, 119, 157, 202, 214, 229
wuduilfen 129, 134

Y

Ygg 224, 229
Yggdrasil 131, 218

Z

zeste de citron 204
Zeus 20, 47, 49
znaki 71
zodiaque 116, 117, 118, 181

## Avez-vous aimé *Itinéraire païen* ?

Si vous avez aimé ce livre, nous aimerions vous demander une petite faveur en retour. L'écriture d'un ouvrage représente des mois de rédaction et souvent de longues années de travail en amont pour acquérir les connaissances nécessaires. C'est pourquoi, si vous le voulez bien, nous vous serions reconnaissants de prendre quelques minutes pour parler de ce livre autour de vous, à vos amis, à vos libraires, sur les forums, blogs, sites Web, pages, réseaux sociaux, etc., mais aussi pour laisser un avis sur les sites de vente en ligne.

Vos commentaires participent beaucoup à la visibilité du travail de nos auteurs, mais les aident (et nous aident) aussi à mieux cerner vos attentes, à apporter des améliorations à leur travail et à écrire des ouvrages sur d'autres sujets qui pourraient vous intéresser.

Un livre ne vit et n'existe que lorsqu'il se partage et devient accessible à d'autres. Or, cela ne peut se faire que s'ils en entendent parler. Voilà pourquoi votre participation est aussi importante, et pourquoi nous nous en remettons à vous.

# *Ouvrages du même éditeur*

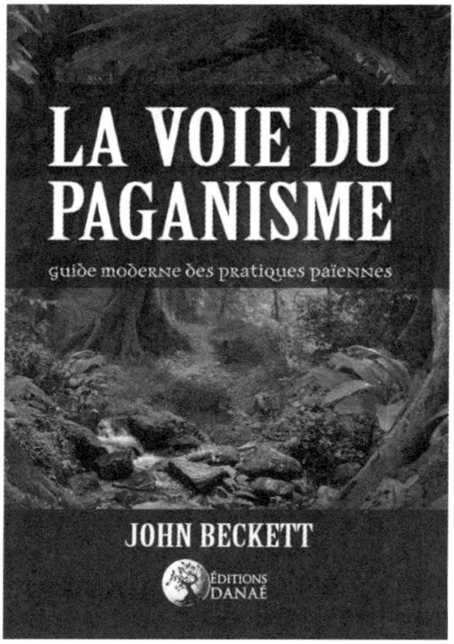


## La Voie du paganisme

AUTEUR : JOHN BECKETT

Le paganisme est une façon de voir le monde et la place que vous y occupez.

Il implique de revoir les présupposés enseignés par la société traditionnelle et de renforcer votre relation avec les dieux, la nature, l'univers, les gens qui vous entourent, mais aussi vous-même.

Cet ouvrage vous donne des conseils pratiques pour respecter vos valeurs et vivre une vie païenne authentique au sein de la culture occidentale traditionnelle.

Découvrez des conseils pour établir ou approfondir une pratique régulière. Explorez comment votre spiritualité peut vous aider à gérer les difficultés inévitables de la vie.

Apprenez les bases du leadership et découvrez les autres étapes à franchir au fur et à mesure que vous gagnez en expérience et que vous passez à des pratiques plus avancées.

Ce livre vous propose de nombreuses méditations et des rituels pour vous aider à intégrer de nouveaux concepts et vous guider sur un chemin de vie riche de sens.

*Broché 15 × 21 - Illustrations N&B - 336 pages*

# La Voie du druidisme

AUTEURE : PENNY BILLINGTON

Découvrez la beauté sacrée et la sagesse de la voie des druides. Écoutez l'appel de l'esprit et cherchez la vérité dans les bosquets sauvages, les changements des saisons et la beauté des Anciennes Voies. Découvrez comment vous embarquer sur ce vert sentier sacré et laissez son antique sagesse enrichir votre vie. Penny Billington, druide pratiquante, vous offre un cours clair et structuré ancré dans l'histoire et la mythologie celtiques et met en évidence les mystères et la pratique moderne de cette tradition basée sur la nature. Chaque chapitre commence et finit par une visualisation évocatrice et des contes mythiques gallois captivants tirés du *Mabinogion*, introduisant des cours et des concepts clés.

Une série d'exercices pratiques vous aidera à intérioriser ces vérités, à développer une conscience spirituelle enracinée dans la nature, à construire une relation avec le monde multidimensionnel et enfin à adopter une vision druidique du monde qui vous guidera dans votre vie quotidienne. Seront développés dans ce livre : les archétypes, l'énergie animale, les éléments, le *nwyfre*, les symboles, la roue de l'année, l'autre monde, les arbres vus comme enseignants et guérisseurs. Que vous vouliez vous joindre à une communauté druidique ou commencer à pratiquer en solitaire, ce guide spirituel, unique en son genre, offre des conseils sur tout ce que vous avez besoin de savoir pour pratiquer le druidisme aujourd'hui.

*Broché 15 × 21 - Illustrations N&B - 384 pages*

# La Wicca traditionnelle

AUTEURE : THORN MOONEY

S'il existe de nombreux courants très puissants en sorcellerie contemporaine, la Wicca traditionnelle offre des expériences uniques à ceux qui s'y adonnent. Ce livre étudie les grandes structures wiccanes, basées sur des covens, dont les praticiens peuvent normalement retracer le lignage initiatique aux premiers fondateurs de la Wicca. Traitant de covens, d'initiations, de lignages, de pratiques, d'éthique, et de bien d'autres sujets, *La Wicca traditionnelle* vous offre des astuces et des idées sur la manière de bénéficier au maximum de cette approche approfondie de la sorcellerie.

*Broché 15 × 21 - Illustrations N&B - 234 pages*